本当に家を買っても
大丈夫か？
と思ったら読む

住宅購入の思考法

江口亮介

ダイヤモンド社

はじめに

「住宅購入は安くなるまで待ったほうがいい」は本当？

突然ですが、はじめに簡単な質問をさせてください。次の3つの選択肢のなかで40年後の資産形成として最も優れているのはどれでしょうか。

1. 賃料16万円の家に賃貸で住み続ける
2. 5000万円の中古マンションを購入し、月々支払い総額16・5万円程度で住む（ローンと管理費等。年額の固定資産税は12カ月に等分）
3. いま不動産価格は高いと聞くので、5年後に5%価格が下がったら買う

細かいことがわからないと決めようがないという方のために次に前提を示します。また、「どう考えてよいかわからない」という方は直感で構いません。

前提

・住宅ローン金利は１％で35年固定、元利均等払いとする（２０２４年３月現在の最安金利は変動金利で０・29％、35年固定金利で１・４％程度）
・住宅ローン控除額は２０２４年時のものを採用（今回のケースでは、14万円控除×10年）
・不動産市況は変化しないとし、物件の価値は年間でマイナス１・５％減っていく
・管理費・修繕積立金・固定資産税は年間35万円で固定
・物件購入諸費用は７％と一般的な金額がかかる
・賃貸は24カ月ごとに、１カ月分の更新料が発生
・購入は、10年に１度、１００万円分のリフォームを実施

どうでしょうか。月々の支払い金額は2番の中古マンション購入が最も高いです。加えて、5年後に5％安く家を買える3番も魅力的な選択肢な気がします。

答えは次のグラフになります。

結論、２番の「５０００万円の中古マンションを今すぐに買う」が40年後の資産形成として

累計住居費の比較（物件売却後手残りを考慮）

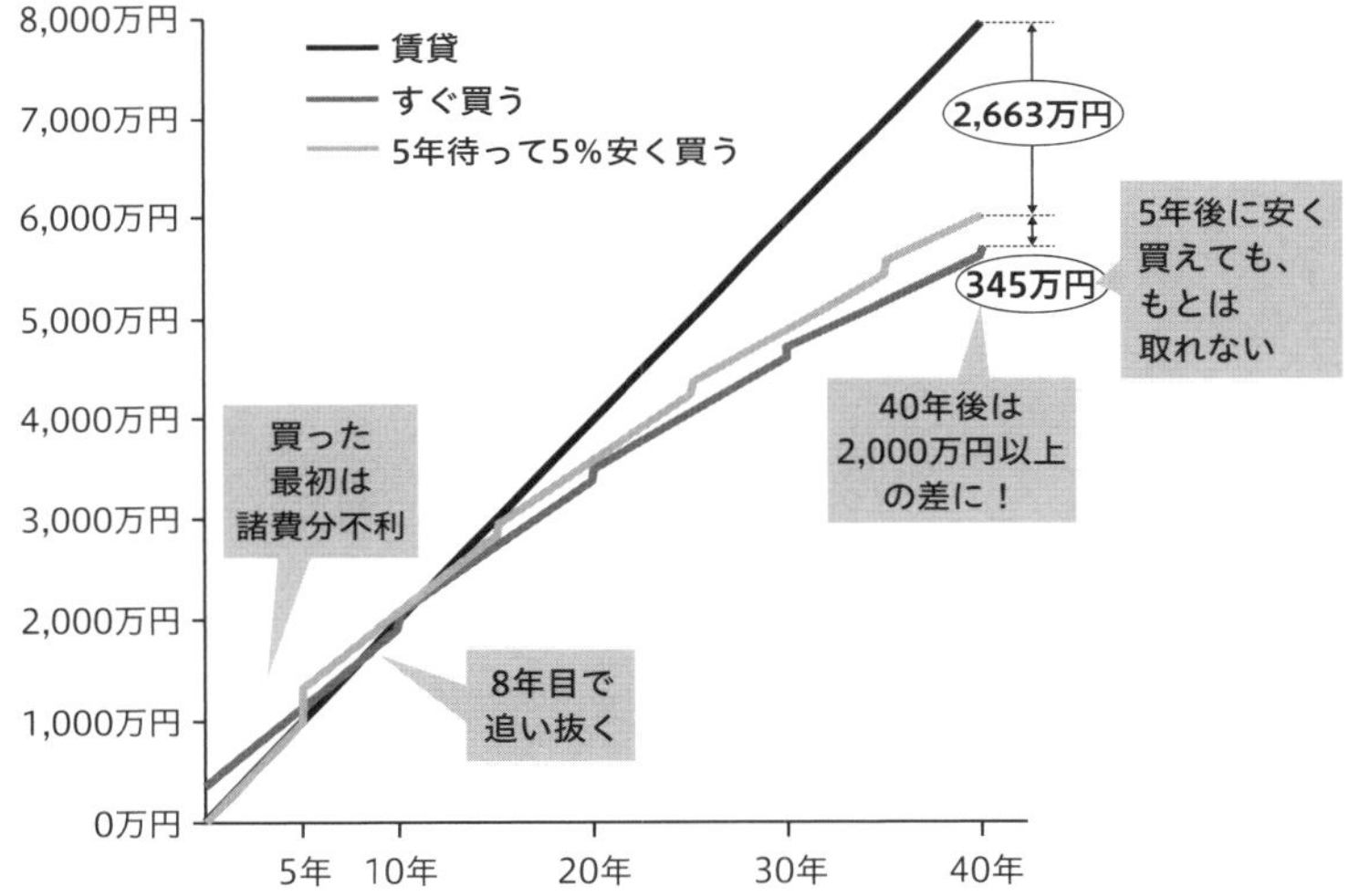

最も優れています。

その差はグラフからもわかるとおり、なんと賃貸に住み続けた場合に比べて、累計の住居費は２０００万円以上もの差がつきます。

また、驚くべきことに5年後に家を安く買った場合でも、家を買わずに待っていた時間の差は埋められず、5年待った以上の差がついてしまうことがわかります。

とはいえ、賃貸の場合でも将来的に子供の独立に伴って小さい家に引越して家賃を抑えることもあれば、購入でも将来的に修繕積立金が上がることもあります。より細かく比較したい方のために本書では、ご自身の状況にあったシミュレーションができるよう、各種数値を変更して計算ができるダウンロード特典を用意しましたので、併せてご活用ください。（21ページ）

資産性の高い住宅の購入は早いほうがいい３つの理由

このシミュレーションを見たうえで考えてほしいのは次の３つです。

１つ目は、「**売却後の手残りがある**」という点です。これは、物件を売ったときに得られる金額が考慮されるという意味です。

たとえば、５０００万円の中古マンションの場合、ローンを完済した35年後の累計支払額は８０００万円ほどです（金利１％の場合）。これだけ見てみると実は賃貸と大きく変わりません。しかし、手元には自宅があります。それを売ったときの金額を得られることが、賃貸との大きな差になっています。

以前大手新聞社が、賃貸VS購入のシミュレーションをしていた際に、この手元に残る不動産の価値を一切考慮に入れておらず、非常に驚いた記憶があります。まずここは、皆さんに住宅を持つことは資産を持つことであるという思考をぜひ持っていただきたいです。

そうすると次に気になるのは、「**それなら、将来いくらで売れると想定するのか**」だと思います。まさに２つ目のポイントです。

今回のシミュレーションでは、毎年１・５％ずつ価格が下落していく想定で作成しています。当然この数値が小さければ小さいほど、将来高く売れるということですが、果たしてこの下落

物件の下落率の目安

	マンション(RC造)	戸建て(木造)
土地割合	30%	70%
建物割合	70%	30%
減価償却の耐用年数	47年	22年
年間償却率(1/減価償却率)	2.1%	4.5%
物件価格下落率	**1.5%**	**1.4%**

率1・5%という数字はどれほど現実的なのでしょうか。

まず、昨今の不動産市況は2008年以降順調に上昇を続けています。そのため、今は築年数が増えても価値が上がっている物件が多く、下落率を正しく出すことがなかなか難しいのが実態です。

では、税務上の減価償却の規定、すなわち何年で価値が0になると帳簿上見立てるか、というと、木造の戸建てで22年。マンションにおける一般的な構造RC造で47年とされています。

また、一般的に土地は価値が減らないと考えます。エリアによって大きく変わってきますが、首都圏戸建てであれば土地7割・建物3割程度、マンションであれば土地3割・建物7割程度が平均的な価値の比率です。つまり、前ページの図のような形で毎年の価値の下落がわかります。

そのため、今回のシミュレーションでは、物件の価格下落率を1・5%と計算します。

ただ、もちろんこれよりも下落率が高い物件もあれば、低い物件も存在します。つまり、なるべく価値が減らない物件を手に入れることが資産を残すという観点からは大事と言えるでしょう。

最後は、「**待つことのコスト**」です。

5年後に5%安く買えたとしても、実は将来の住居費比較では得をしていないことがわかりました。それは待っている間に払う賃料が実は大きいことが理由です。加えて、健康状態が悪化してローンがいい条件で組めなくなるリスクもその分高まります。

さらに言えば、「5年待てば安くなる!」と予想するのは我々プロでも非常に難しく、もしそれが可能ならば、皆さんのところに情報が届く前に不動産会社がその物件を押さえてしまうでしょう。

つまり、「待てば安くなってトクをする」というのは悲しいですが幻想でしかないのです。

「じゃあ、5年で5%と言わず、もっと相場が下がるまで待ったらお得なんじゃない?」という声も聞こえてきますが、この点については本編で詳しく解説しておりますのでぜひご一読ください。

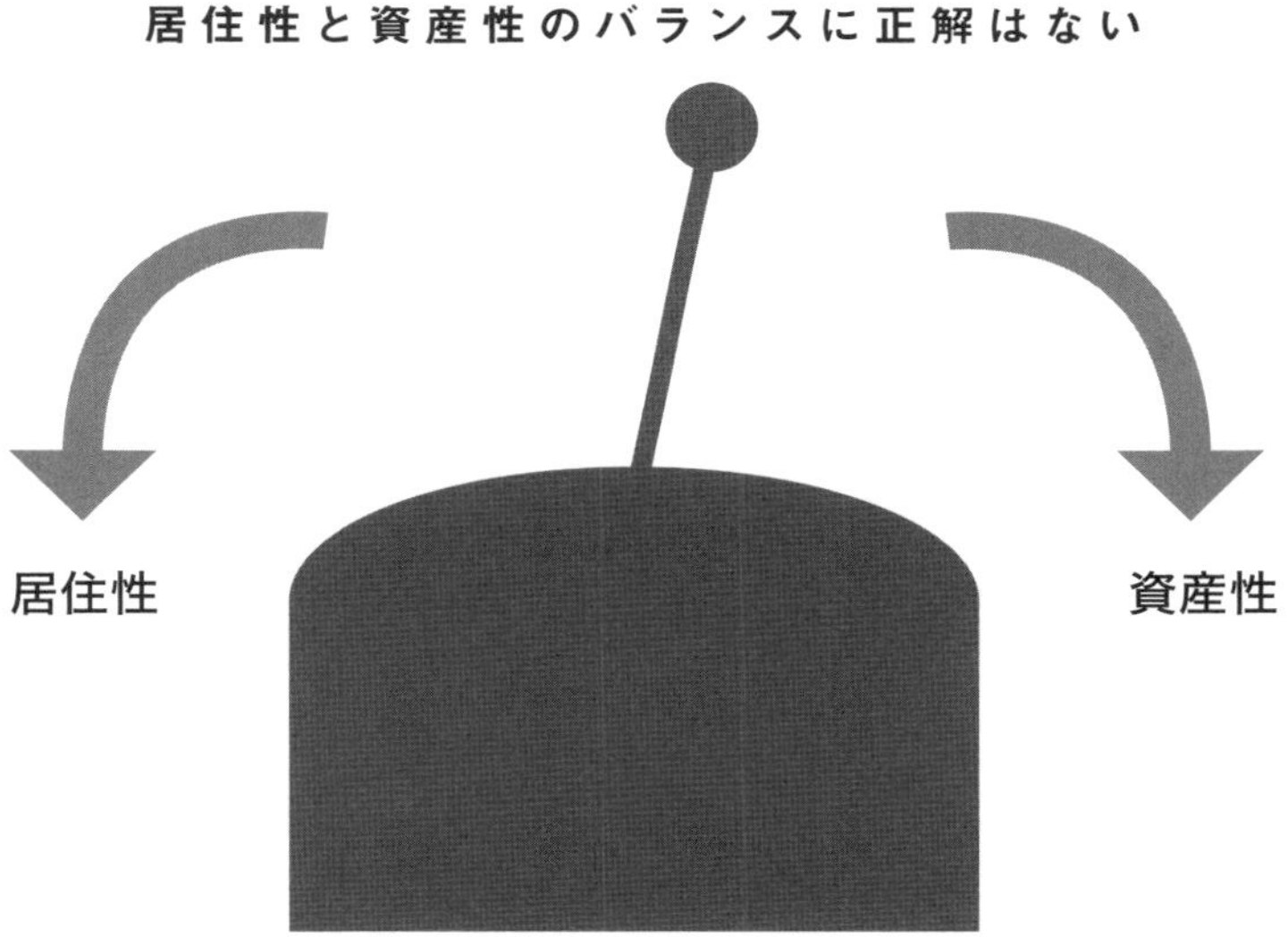

居住性と資産性のバランスに正解はない

とはいえ、家を買うのは資産のためだけではない

このような話をしていると、資産性のためだけに家を買うわけではないはずだという話が出てきます。まさにそのとおりです。

私は、**住宅購入においては、「居住性（気持ちよく住めるか）」と「資産性（将来価値を保てるか）」の2つを調整するレバーがある**と思っています。それをどのバランスに持っていくかは、各々の家庭・世帯の価値観によって異なります。そしてそのどれもが正解です。重要なのは、レバーのポイントをどこに置くかしっかりと決めること、そしてそれに沿った正しい物件購入ができているかです。

今回「**住宅購入の思考法**」と銘打ったのは、住宅購入は十人十色で異なり、そのなかで最適解を出すには画一的なノウハウだけではなく、そもそもの考え方・思考法が必要だからです。それを手にしてほしいと思い、この本の執筆に取り掛かりました。

年間4000件のサポートで築いた住宅購入の思考法

ご挨拶が遅くなりました。私は株式会社TERASS（テラス）という会社の創業者・代表を務めている江口亮介と申します。

TERASSは不動産の売買・賃貸の仲介（取引のサポート）を行う不動産エージェントを支え、お客様に安心して住宅を選んでいただく事業を行っています。2024年1月現在、TERASSには500名以上の腕利きのエージェントが所属し、毎月300件超・年間約4000件もの不動産売買のサポートを行っています。

ここで一度、私の自己紹介をさせていただければと思います。

私の最初のキャリアはリクルートという会社からはじまりました。おそらく「SUUMO（スーモ）」や「ホットペッパー」といったリクルートのサービス名を聞いたことがある方も多いかと思います。私の場合、たまたまではありますが、配属されたのはSUUMOでした。そこでは、営業や企画、開発などを経験し、計5年間を過ごしました。

その後は、会社経営や組織、金融について学びたいと思い、マッキンゼー・アンド・カンパニーに移ります。マッキンゼーで、M&Aのサポートなどの実務を3年弱経験したのち、世の中をより直接的によくしたいと思い、29歳のときに起業しました。

起業するならば、「市場規模と社会的インパクトが大きく、自分が課題を感じつつも、好きで語れる領域」を選ぶべきだと考え、不動産領域での起業を決めました。起業するにあたり、国内外の不動産市場についてさまざまな研究を行いましたが、そこでは日本と世界で大きな差があることに気がつきました。

日本では、不動産会社に勤めて仲介を行う、いわゆる「サラリーマン仲介」が主流ですが、アメリカでは個人で不動産仲介業を営む人が多く、成功している不動産エージェントはセレブリティに近い存在として扱われていました。また、成功すれば億を超える高給取りにもなり、トップアーティストと不動産エージェントが結婚するというニュースが出るくらい華のある職業だと考えられています。

加えて、もう1つ驚いたのが、その生産性の差です。アメリカの不動産エージェントの生産性を100%とした場合、日本の不動産業の生産性は28%程度に過ぎないと言われています。国税庁が発表している給与の調査によると、不動産エージェントの時給もアメリカに比べると日本は46%しかなく、非生産的な環境で時間やノルマに追われている人が多いという結果も出ています。

このような違いを目の当たりにした私は、日本の不動産業界を、もっと優秀な個人が、効率的な環境で活躍しやすい環境に変えたいと考えました。人生で重要な不動産を扱う人々の労働環境や物件情報の扱いを変え、顧客に対して付加価値の出せる不動産エージェントがもっと世に増えてほしい。こういった思いから、不動産エージェントのためのプラットホームとサポートを提供しています。

創業期は私自身も不動産取引のサポートを直接的に数多く行ってきましたが、現在は500名を超える独立エージェントをしくみでサポートし、彼らが顧客に最適なサービスを提供できるようにしています。一人ひとりのエージェントが持つ知識と経験が、最終的には多くの方に大きな影響を与えると信じています。

どうしてここまで不動産エージェントにこだわるかというと、優れた不動産エージェントという存在こそが、不動産に興味を持っている皆さんにとって一番有益だからです。

不動産購入に関していえば、実はポータルサイトで物件に問い合わせて出会う不動産会社の人というのは、ほぼ「その物件を売る担当者」であり、皆さんと相性のいい担当者とは限りません。その物件を売ることがミッションであるため、どのようなお客様に対しても「この物件はいいですよ」と言うしかないのです。

新築のマンション営業がその最たる例ですが、モデルルームにいる担当者はその物件しか扱うことができないため、「この物件はあなたにぴったりです！」とどんな人にも言えるようなトークを練習するのが合理的になっています。

ただ、こういったときに仲介担当者・エージェントがいれば、皆さんの担当者として、条件などを厳正に加味し「この物件はやめておきましょう」と言うことができます。右も左もわからず、勢いで物件を決めてしまって後悔してしまう人を減らしていくことができるでしょう。

つまり、**いいエージェントが増えれば、その分、消費者がいい選択ができる確率も上がる**のです。

このような考えのもと、私は日々、「この時代のいい不動産取引とは何か」という問いに向き合いながら不動産業界で働いています。とはいえ一番大事なのは、消費者である皆さんの不動産に対する考え方です。

本書では、「不動産リテラシー」と呼んでいますが、**不動産・住宅に対して、ロジカルに考える力があれば、人それぞれで正解が異なる住宅取引においても、間違いのない選択が取れるようになります。**

このように私が言い切れるのは、「不動産の仕事をしているから」だけではありません。私も皆さんと同じように、いち消費者として住宅購入を経験してきたからです。その回数は、購入と売却を合わせて6度にも及び、不動産購入・売却の楽しさと難しさの両方について知ることができました。

初めての不動産購入はSUUMOにいた26歳のときですが、その経験が自分の会社の創業のきっかけにもなっています。そのときには、住宅購入は資産がどうだ、お金がどうだのではない、経済合理性とは別の魅力が住宅購入にはあるということも身をもって知りました。

住み心地はもちろんのこと、リフォームやリノベーションで得られる自分好みの空間、また所有するからこそ得られる物件への愛着やエリア・駅への愛着。そして経済や金融に対する関心など、普通に会社員として働いているだけでは獲得できない経験と知識、そして価値観を得ることができました。

そして幸運にも、その自宅購入は資産性という観点からも優れており、複数年住んだあとに購入時よりも高値で売却できるという成功につながりました。こうして私は、資産性が高い・価値が落ちない物件を購入することの重要性を身をもって体験したのです。

そんな原体験もあり、今ではＡＢＥＭＡやＮｅｗｓＰｉｃｋｓ、ＰＩＶＯＴといった経済ニュースメディアにも出演させていただくようになり、住宅売買に関する情報を日々発信し続けています。

年々、難易度が上がる住宅購入

こういった仕事をしていると「今から家を買うのは難しいですか？」とよく聞かれます。結論から言うと、10年前と比較して、現在の住宅購入の難易度はたしかに上がっています。そこには、明確な理由が2つあります。

年収倍率（全国）
築10年中古マンション価格比較

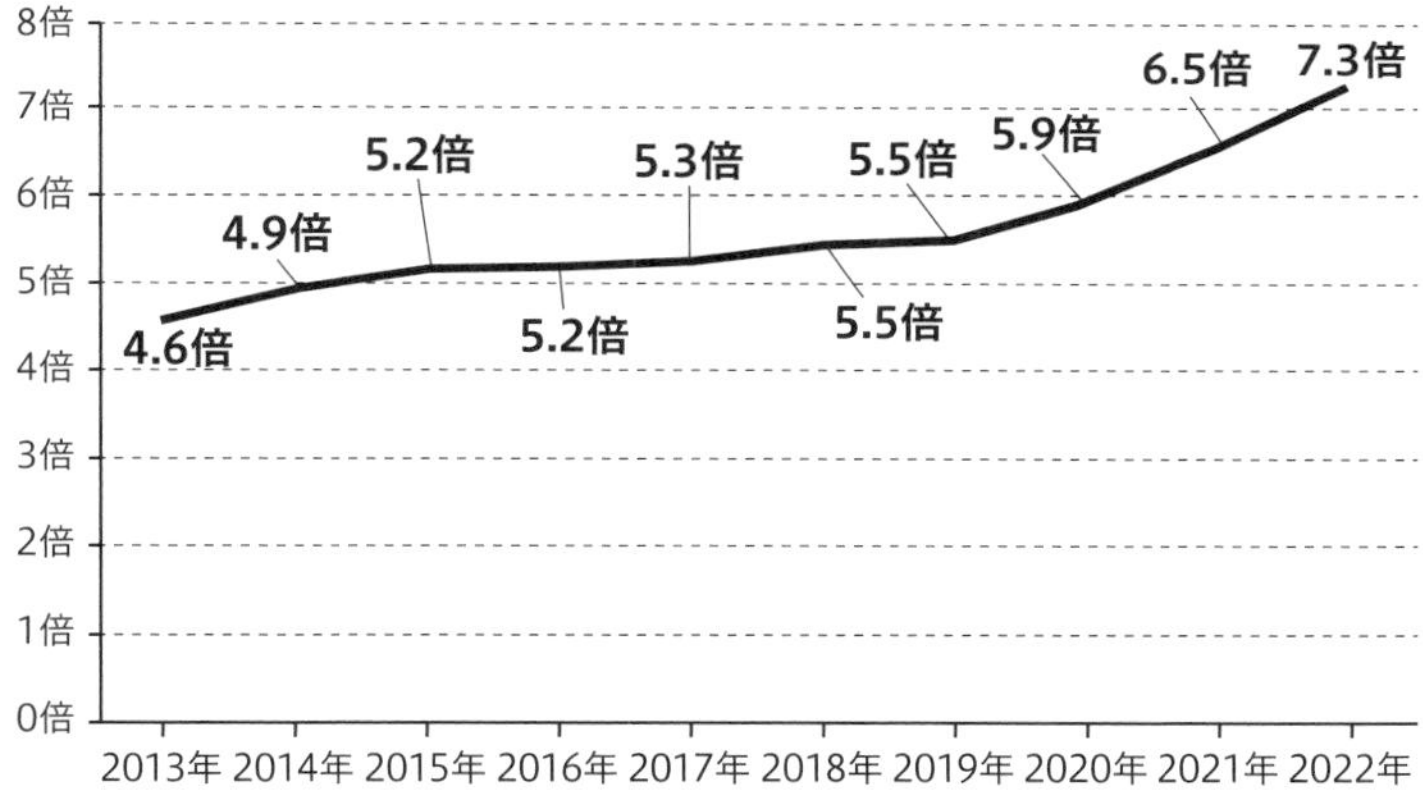

東京カンテイ『新築・中古マンション価格の年収倍率』をもとに著者作成

1つ目の理由は、年収倍率の高まりです。昨今、不動産価格は上昇しているのにもかかわらず、賃金は横ばいのままです。そのことによって、物件価格の年収倍率（物件価格が年収の何倍にあたるか）は年々上昇傾向にあります。

つまり、以前より支払い面で「頑張って」物件を購入する必要があるため、難易度が上がったと言えるわけです。（ただ、同時に住宅ローン金利は下がっているため、月々の支払金額がグラフのように上がっているわけではありません）

もう1つの理由は中古（既存）住宅の取り扱いの増加です。

新築住宅の着工減少と良質な中古住宅物件数の増加によって、不動産取引における中古住宅の取引率は上昇が続いています。この傾向・比率は都市圏ほど強く、国としても既存

既存住宅流通比率（全国）

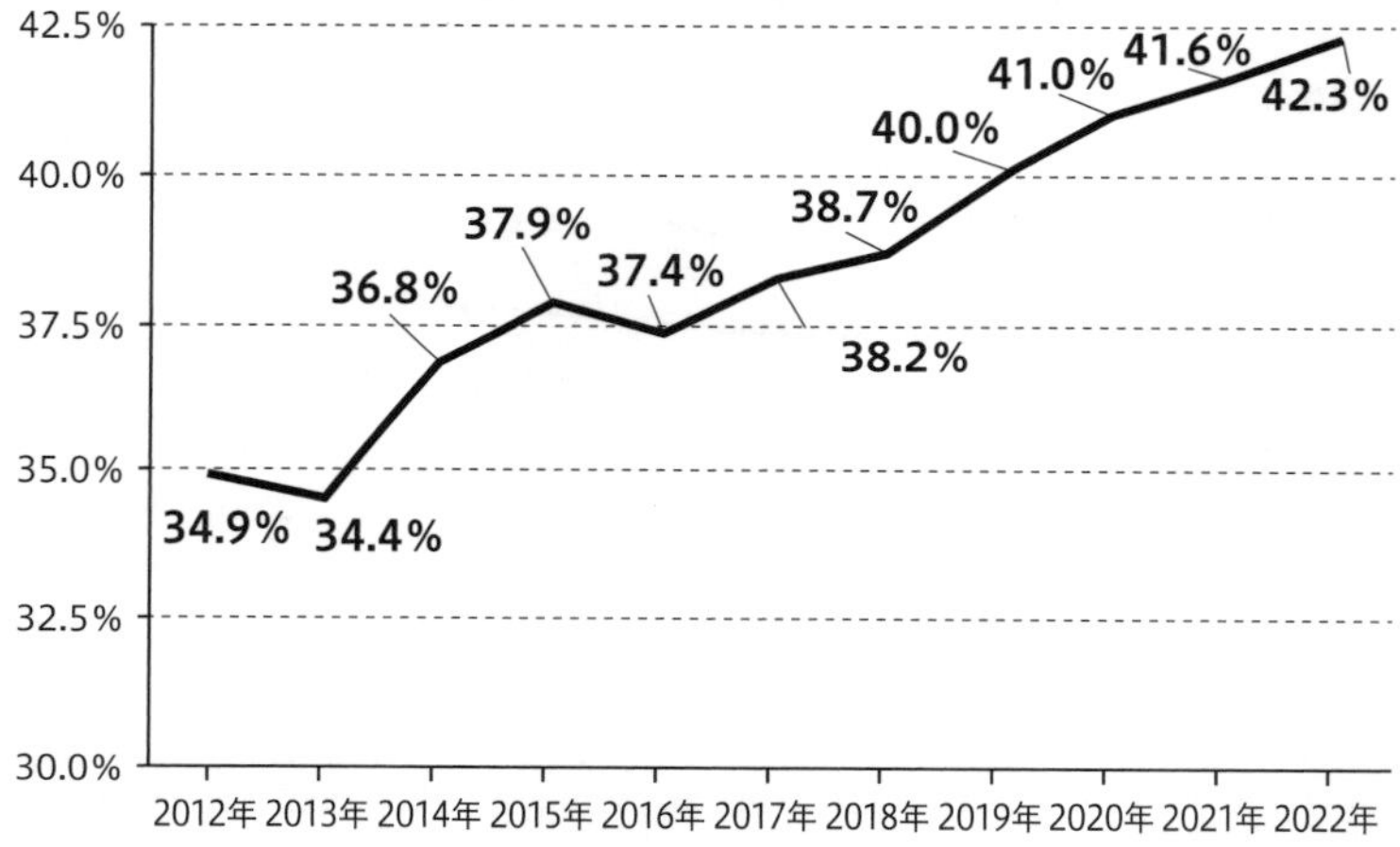

既存住宅流通比率＝FRK既存住宅流通推計量／新築着工戸数＋FRK既存住宅流通推計量
一般社団法人不動産流通経営協会『既存住宅流通量の地域別推計について』をもとに著者グラフ作成

住宅の取引活性化を狙っているため、今後も増加傾向となるでしょう。

中古住宅とは、その名のとおり前オーナーが利用した物件であり、表面上の傷みから、構造・配管といった目に見えないところまで気にかける必要があります。また、新築マンションであれば豪華なモデルルームや説明資料が豊富に用意されていたりしますが、中古マンションとなるとそういうわけにもいきません。

また、販売されている物件の築年数も年々増加しており、築年数が古い物件ほど購入する際の注意点やトラブルは多く、加えてリフォームなども絡んでくるため、住宅ローンの組み方にはじまり、専門的な視点が欠かせなくなってきます。

年収倍率の高まりと中古住宅取引の増加。

この2つによって、もともと簡単ではない住宅購入の難易度は高まっているのです。

住宅・不動産リテラシーを上げていこう

ただ、住宅購入の難易度が上がっているからといって、お金を持っている富裕層だけの選択肢になっているかというと、そんなことは決してありません。

むしろ、こういったなかで感じることは、いい家を買えるかどうかは資金の差ではなく考え方の差によるところが大きいということです。

言い換えれば、多くの人が、**住宅・不動産リテラシーが未熟である**と私は感じています。ここでいうリテラシーとは、**「情報を適切に理解、解釈して活用すること」**を指します。これは、知識がないというよりは、住宅購入に対する考え方やスタンスの部分が未熟な人が多く、またそういったことを学ぶ機会がほとんどないことも意味します。

書店に行けば、住宅購入の本はたくさん置いてあるのに、住宅購入に悩んでいる人や一歩目を踏み出せない人は増える一方です。だからこそ、我々のような不動産仲介・サポートの需要があるとも言えますが、同時に、日本における消費者の不動産リテラシーそのものも上げなければいけないと私は思っています。「何も考えずに勢いで買ってしまう」「本当にいい物件なのに必要以上に怖がって決断できない」。これらはすべて不動産リテラシーがないがゆえに起こることです。

不動産について考えることは、資産形成を考えることと同義です。近年ＮＩＳＡ投資をはじめとする金融リテラシーの重要性が説かれるようになりましたが、どうして人生で最も大きな買い物である住宅・不動産のリテラシーは重要視されないのでしょうか。私はそれをずっと疑問に感じていました。

本書でお伝えするのは、ポータルサイトや動画サイトで学べる知識や技術ではなく、「住宅購入の思考法」です。

世間では住宅購入を議論する際に「賃貸VS購入」、「マンションVS戸建て」、「新築VS中古」、「変動金利VS固定金利」など、対立軸を作って議論されることが多いですが、**正解は人によって違います。**

ですから、大事なのは、こういった対立軸に惑わされずに自分にとっての最適解を出す力、まさに思考法なのです。

本書は年間約４０００件の不動産取引サポートや不動産エージェントの教育だけでなく、多くの不動産プロフェッショナルとの膨大な議論によって築いた、住宅購入に必要な考え方だけを抽出した本です。

「大事なのはわかるけど、住宅とか不動産って、漢字も数字も多くて、なんかとっつきにくく

てわかりにくいんだよね……」

その気持ち、わかります。

でもそんなふうに思っている人でも大丈夫。安心してください。

本書は青井 翔平と青井 花の夫婦二人が、苦労と葛藤を経て「住宅購入の思考法」を学んでいく姿をストーリー仕立てで描いています。まさにスタート地点は今の皆さんと同じです。ストーリーを楽しみながら、気づけば自分も知識と思考法が身についている。そんな狙いでつくりました。

また、私自身、実は読書があまり得意ではないため、読書が苦手な方でもなるべく読みやすい仕掛けでつくっています。

ぜひ皆さんには、それぞれのシーンで、自分ならどうするかを想像しながら、住宅購入の思考法を手にしていただければと思います。

もちろん、共感できる部分もあれば、自分はこの点においてはこの夫婦とは違うかも…と思う部分もあるでしょう。それでいいんです。大事なのは皆さんなりの軸を持つことです。

冒頭の挨拶としては最後になりますが、私は決してすべての人が家を買うべきだとは思っていません。大事なのは、知識と思考法を正しく得たうえで、「自分は買わない・今は買わない」

と意思決定することです。
「正しい考え方で、最善の選択肢を取ること」。住宅購入の成功者が実践している思考法とは一体どんなものなのか、また住宅購入において知っておくべきポイントはなにか。
これらのエッセンスをあますところなくこの本に詰め込みました。

さぁぜひ、一生役立つ住宅購入の思考法に触れていってください。

それではさっそく、ある夫婦の物語を見ていきましょう。

本書の読み方
この本はストーリーの合間に、住宅購入に必要な考え方をちりばめています。
また、★の数が、その重要度を示しているので併せて参考にしてください。
★★★　押さえておかないと失敗する内容
★★　押さえておくと安心して住宅購入ができる内容
★　できれば押さえておきたい知識

「賃貸or購入シミュレーションシート」は下記よりダウンロードいただけます。お使いのシステム環境によっては、シートが正しく作動しない場合もございます。あらかじめご了承ください。

https://www.diamond.co.jp/books/118252/01.zip

はじめに

第1章

家を買うのは意外とスムーズに進む？

第2章 伝説の不動産エージェントとの出会い

第3章 住宅購入のバランスシートで見えてくる現実

第4章

家族だからこそ、家のことでは意見が割れる

第5章

究極の問いは、どうして家がほしいのか

第6章

理想の家を見つける4つのステップ

第7章

家を買うのはゴールじゃない

青井翔平

32歳

大学進学を機に広島から東京に上京し、そのまま東京のIT企業に勤める。入社から10年が立ち、新しいプロジェクトなども任されるようになってきた。優柔不断で押しに弱いが、自分がいいと思ったものに対するこだわりは強い。

青井花

32歳

翔平の妻であり、大学の同級生。現在は妊娠中で安定期に入ったところ。末っ子ならではの行動力がある。なにごとも自分で調べて納得できる答えを出してきた。趣味は恋愛リアリティドラマを見ること。元ヤンキーで怒ると怖い。

灰島慶一郎　47歳

新卒から不動産業界に関わり20年以上。賃貸・売買・不動産投資・事業用不動産など多くの経験を積んできた。最初にヘッドハンティングされた会社では、10年連続売上1位となった伝説のエージェント。体格もいいので凄みがあるが、実際はとても人懐っこい。

登場人物紹介

増田朋子
37歳

青井夫妻が暮らしている賃貸マンションのお隣さん。共通点が多いこともあり、花とは仲がいい。親が転勤族だったこともあり、マイホームに憧れがある。

白濱亮
33歳

翔平の大学の同期。当時からゼミの幹事長を務めるなど、同年代の輪の中心となるリーダー的存在。面倒見がよく困っている人を放って置けない性格。大手メーカー勤務で、未婚ながら数年前に都内でマンションを購入した。

赤田豊
42歳

翔平の会社の上司。所属部署の経歴が長いこともあり、社内でもかなり顔がきく存在。毎晩のように誰かと飲みにいっているが、実はかなりの愛妻家。数年前に郊外に注文住宅を建てた。仕事はできるはずだが、距離感が近くちょっとうざいときもある。

小原雅樹
40歳

高松不動産所属の営業担当者。不動産仲介歴は15年。20代のときはブラックな営業会社にいたが、売上至上主義の営業に耐えきれなくなり退職。高松不動産の社長に拾われ、今では顧客第一の仲介を実現するトップエージェントの一人。

青井由美子
60歳

翔平の母。広島市生まれで元銀行員。夫の正とは町の祭りで出会い、シャイだが奥深い優しさに惹かれる。昔はよくモテたというのが口癖。最近は老眼をはじめとする体力の衰えが悩み。得意料理は青椒肉絲《チンジャオロース》。

青井正
63歳

翔平の父。広島県の田舎生まれ田舎育ち。高校まで柔道で鍛えた屈強な身体を活かして、大工の道へ。35歳で独立して、腕一本で家庭を支える大黒柱。いわゆる昔ながらの親父。庭いじりが数少ない趣味。

家を買う覚悟が君にはあるか

その男に会った日のことを今でも覚えている。
それは僕が家探しの壁にぶつかり、途方に暮れていたときだった。
伝説の不動産エージェントと呼ばれるその男は、
家探しに悩む僕にこう言った。

家探しは甘いものではない。
これは、脅すわけでも、選ばれた人だけの権利だという意味でもない。
ただ、土地や物件の数が限られている以上、
住宅購入は取捨選択がつきものだ

ずっと青い鳥探しをしていても家は永久に手に入らない。
心から納得して進められるかどうかは
買う側の努力で決まるところが大きい。
家を買うだけなら誰でもできる。
ただ、「いい選択をした。買ってよかった」と
この先もずっと思えるかどうかは君次第だ。
君にはその覚悟があるか。

これは、ただのサラリーマンだった僕が、
幸せな家を買えるようになるまでの物語だ。

第1章

家を買うのは意外とスムーズに進む？

家を買うきっかけは、いつも「突然」やってくる

「ねぇ、今ちょっといい？」

ある晴れた休日の午後、僕がリビングでくつろいでいると妻の花が話しかけてきた。

「いいけど。どうしたの？　体調悪い？」

花のお腹には赤ちゃんがいる。若干ではあるがお腹も大きくなりはじめている時期だ。

「ううん。体調は大丈夫。昨日、ユキちゃんに会いに行ってたでしょ？」

「うんうん。楽しかったんでしょ？」

「うん。楽しかった」

「いいなぁ。僕も久々に友達に連絡しようかな」

「それでさ、ユキちゃん、家買ったって言うからお邪魔してきたんだけど、広くておしゃれですごいよかったんだよね」

「へぇ！　いいじゃん！　戸建てだっけ？」

「そうそう。場所は駅から少し遠いんだけど、リビングがこんなに広くて、大きいソファもあってさ」

「あ～それはいいね」

「それでさ、そういう暮らしもいいなって思ったんだけど、私たちも家考えてみない？」

「買うってこと？」

「……うん。うちは難しいかな……？」

「え、いいじゃん！　買えるかどうかはわからないけど、買えるならほしいよね！」

「やった！」

「この家も広くはないし、子供も生まれたらもうちょっとスペースもほしいしね。きっと引越しすることにはなるんだろうなって思ってたから、ちょうどいい気がする」

「そうだよね！」

「ただ、あれね。買えればって感じだよ？　いくらかかるのかもよくわかってないし」

「うん！　でも、最近は金利とかも低いっていうしローン控除とかもあるから昔よりは買いやすいんだって！」

「へぇ！　友達に聞いてきたの？」

「うん！」

住宅ローン控除について　★★☆

国が住宅購入促進のために設けている税控除の制度です。住宅購入の大きなメリットの1つといえます。

新築住宅かつ省エネなどの要件を満たした住宅購入の場合は13年間にわたり、合計で最大455万円の税金が控除されます。（子育て世代かつ2024年購入の場合）また、一般的な中古住宅の場合は10年で最大140万円の控除です。（住宅ローンの借入金額によります）しかし、旧耐震マンションの場合は適用外であったり、居住面積が50㎡以上である必要があったりといくつか要件もあります。また、借入金額や所得によっても控除額は大きく変化するため、詳しくは不動産担当者・エージェントおよび税務署に確認しましょう。

住宅購入の大きなメリットであり、また売却時にも（制度は将来変わる可能性もありますが）次の購入者がメリットを感じやすいため、基本的には住宅ローン控除対象物件を狙って探していくのがよいでしょう。


花に背中を押された部分はあるが、僕も家のことは少し気になっていた。実際にモノも増えて、今の家には多少の窮屈さを感じている。在宅で仕事をすることも多くなり、家にいる時間が増えてきたからというのもあるだろう。

「じゃあ、その花の友達の話も聞かせてもらいつつ、いろいろ調べてみないとだね」

「よっしゃ！　やるか！」

花のテンションにつられて僕のテンションも少しずつ上がってくる。いつか家を買ったらやろうと思っていたあれやこれやがようやく叶うかもしれないと想像して楽しい気分になった。

花とは同じ大学で、学生の頃に付き合いはじめた。28歳のときに結婚して今年で二人とも32になる。大学卒業後、僕はＩＴ企業に就職してシステムエンジニア、花は中堅メーカーで営業アシスタントの仕事をしている。なんとなくはじまった家の話ではあったが、僕たちの年齢に加えて、これから子供も生まれることを考えたらちょうどいいタイミングに思えた。

「ちなみに、その友達はどうやって家買ったの？」

「全部聞いたわけじゃないんだけど、地元歩いているときに土地が出てるの見つけて、そのまま電話してあれよあれよとだって」

「なにそれ、すごっ。でもあんまり参考にならなそうだなぁ」僕は笑う。

「でも、家のなかはこだわりが詰まってる感じだったよ！　書斎とかもあって！　翔平も書斎ほしいって言ってたじゃん？」

「書斎か……たしかにいいな…」まんまと僕のテンションは上がる。

「でしょ？　それで、子供部屋もつくったりしてさ」

「うんうん。お風呂も大きいのがいいなぁ」

「それもいいね！　あと収納もたくさんほしい！」

「たしかに……！」

「とりあえず、ポータルサイトでも見てみる？」

「そうだね。そうしようか」

城東4丁目新築戸建て　ダイヤホームの最新住宅！

【物件の特徴】
- 地震に強い家！耐震基準は住宅性能評価において最高ランク取得
- 徒歩圏内で2駅利用可能な利便性
- 今だけ！基本プランから無償間取り変更可
- 人気の２階建住宅
- 土地20年、建物最長35年保証
- 前面建物ないため日当たり良好
- 最寄り「城東参道」駅まで徒歩4分
- 急行停車駅「台屋前」まで徒歩12分
- 買い物施設・教育施設が徒歩10分圏内に揃う充実の住環境

このエリアにはほかにも
23件の物件があります。
（詳しくはこちら）

そういって僕らはタブレットを開いて大手企業が運営しているポータルサイトにアクセスした。賃貸のときも同じサービスを使ったから勝手はわかっている。

「場所はとりあえずこのあたりでいいか」

「そうだね」

「戸建て？　マンション？」

「戸建てかな～。でもマンションも見てみたいかも」花は元気に答える。

「そうだよね。まずは戸建て見てみようか。戸建てっと……出てきた」

「結構ありそう」僕は画面をスクロールしながら言う。

「この５９００万円とかいいじゃん！」花が画面を指差す。

「おっ！　……でも、これ駅からバスだって」

「あぁそっか。じゃあこっちのやつは？」

「徒歩圏内だけど8000万円とかするみたい」

「ええ!?　じゃあこっち！」

「8200万円……」

「これ！」

「6800万円だけど、駅から15分だしだいぶ古そう…」

「待って、家ってこんなに高いの？」

「この街がいいの？　場所にこだわらなければもうちょっと安くていいのがありそうだけど」

「できればこの街がいいなぁ。住み慣れてるし、この路線便利だしさ」

「そっかそっか」

「翔平は？」

「僕は会社から遠すぎなければどこでもいいなって思ってるから、花にそこまで思い入れがあるならこの街がいいと思うな」

「ありがと。でも実際高すぎてイメージできないなぁ。自分で言い出しておいてあれなんだけど、家ってなんとなく4000万円くらいだと思ってた」

「まだわからないことだらけだからね。6000万円台のもなんとなく高いなとは思ったけど、ちゃんと調べたら意外と買える、とかもあるかもよ？」

「そうかなぁ」

「そうだよ！　調べたからってその時間が無駄になるわけじゃないし。やるだけやってみようよ！　それでも買えないってなればやめてしばらく賃貸で子育てすればいいし」

少しだけ落ち込む花を見て僕は必死に励ます。家の話がはじまって自分のモチベーションが上がったのもあるが、せっかくの機会だ。花にも家を諦めてほしくないと感じていた。

「そうだね…！　たしかに、やるだけやってみるか！」

「お金のことはたしかに気になるし、大事なことだけど、逆を言えばお金のことさえクリアすればいいんだから」

「うん！」

「とりあえず、ネットだけじゃなくてちゃんとした情報も揃えてみたいよね。来週書店も見に行こう」

「わかった！　なんか楽しみになってきた！」

すっかり機嫌が直って喜ぶ花を見て、僕はすごく嬉しかった。子供も生まれる、家も買う。なんとなくいつか思い描いていた幸せな未来像に近づいている実感がして、体温が上がる気がした。

こうして僕らの住宅購入はスタートしたのだった。

青井家の基本情報

青井翔平　あおい・しょうへい
32歳　都内IT企業勤務　年収650万円
趣味：ゲーム配信系動画を見る
性格：まじめで慎重。押しに弱いが、こだわりは強い

青井花　あおい・はな
32歳　都内中堅メーカー勤務　年収450万円
趣味：美容・恋愛リアリティドラマを見ること
性格：負けず嫌いで情に厚く、行動的。中学生時代は地元を
　仕切っていた元ヤンキー

現在の住まい
都心まで電車で約15分
駅から徒歩10分　1LDK　家賃15万円

少し曇り空が広がる週末の土曜日、約束通り駅前の中規模な本屋に二人で足を運んでみた。最近は電子書籍で本を買うことも多くなったが、こういうときはやっぱり本屋のほうが役に立つ。店内はそれなりに人がいて慌ただしそうに書店員が歩き回っている。

「家……。インテリア……。このあたりだ」

店内を見渡しながら、僕らは住宅関連のコーナーにたどり着いた。そこには家に関する多種多様な本が並んでいる。『はじめて家を買うときに読む本』『注文住宅、チェックポイント１００』、『賃貸ＶＳ購入、あなたはどっち？』『中古マンションで後悔しない本』。雑誌から単行本まで、カラフルな表紙が目に飛び込んでくる。

ふと花に目をやると、『有名建築家 至極の別荘建築20』を手に取っている。そんな本はまだ早いのではと思いつつも、楽しそうにする花を見るとそんなことは言い出せず、つい僕も一緒になってインテリア本を開いてしまう。

「北欧系はテッパンだよね」僕が言う。

「でも最近は英国系が来てると思うんだよね」

「ヴィンテージな感じ？」

「そうそう!」

「このソファ、高そ〜」

「お客様。最近はお安くてもおしゃれなソファがたくさんあるんですよ」花はふざける。

こんな調子で横道にそれつつも僕らは家を買うのに必要な本を選んだ。

最終的に選んだ本は『はじめて家を買うときに読む本』そして『夫婦で決める快適おしゃれなインテリアデザイン』の2冊だ。必要なのは1冊目だけのような気がするが、おしゃれなインテリアの写真が並ぶ2冊目を読むとモチベーションが上がる気がして、思わず購入してしまった。

僕らは家に帰るなり、早速本を開いた。「はじめて家を買うときに読む本」は買っては見たもののやはりハードルが高いような気がして、まずは二人でインテリア本から読みはじめる。思ったとおりモチベーションは上がるもので、家がほしいという気持ちが湧き上がってくる。

「ねぇこれ見て。私、やっぱりパントリーはほしいなぁ! ほら、こうやって天井まで同じ箱で並べると素敵じゃない?」

「いいね。僕はやっぱり書斎。仕事場にもできるし、今二人とも在宅ワークなときもあるし、書斎があれば、仕事がはかどると思うんだよね」

「うんうん。あと、リビングはなるべく広くして、友達とか呼べたらいいよね。この前のユキちゃんの家、めっちゃよかったんだよね」

「へぇ！　いいじゃん！　けど、あれね。インテリアにこだわるとキリなさそうだしほどほどにね」僕は笑いながら言う。

「わかってるって」花も笑う。

ひと通りインテリア本に目を通したあと、僕は『はじめて家を買うときに読む本』を開く。もくじを見る限り、家を買うときの注意点やローンについてなど必要なことはある程度網羅していそうだ。

「購入金額に加えて諸費用っていうのがかかるんだって」本を読みながら僕が言う。

「そうなんだ。私たちの貯金で足りるかな？」

「それと、購入金額の目安は年収の7～8倍くらいなんだって。しかも、僕らみたいな共働きだったら世帯年収でいいらしい。だから計算上は７０００万円のを買っても大丈夫みたいよ」

「えぇ！　そうなんだ！」

「だから言ったでしょ？　調べてみないとわからないって」

「すみませんでした！　翔平の言うとおりです！」花は笑いながら頭を下げる。

「とにかく、手も足も出ないなんてことにはならなそうでよかったね」

「うん！」

ざっと本を読んだだけで、まだ具体的なイメージはまるで湧いていないが、これから生まれてくる子のためにも、いい環境・いい家に住みたい気持ちは僕も強い。しかし、同時に「いい家ってなんなんだろう」「他の人はどうやって家探ししているんだろう」と素朴な疑問が頭をよぎった。

🏠

よく晴れた休日。花の妊婦健診のために家を出ると、廊下の床には養生シートが貼られている。どうやら同じフロアで引越しがあるようだ。荷物を出しているところを見ると、入居ではなく、どうやら出ていくらしい。それも、たまに挨拶をしていた三人家族の増田家だ。年齢が近いこともあり、なにかと息が合う家族だった。保育園に通う一人息子も元気いっぱいで、いつも会うたびに挨拶をしてくれていた。

「あら、こんにちは! お引越しされちゃうんですね!」妻の花が声かける。

「そうなんですよー! これまで本当にお世話になりました」女性同士仲良く話しはじめる。どうやら、引越し先はここから少し離れ、郊外のほうへ向かうそうだ。

「もしかして、おうち買ったんですか?」おお、ズバッと聞くな我が妻は。でもそれが気になっていたのはたしかだ。

「そうなの! 結構長いこと探したんだけどね。ほら、うちの子が来年から小学生じゃない? 入学前には済ませておかないとと思って、最後は気合いで。あと実は……二人目も今年生まれる予定なんです」

「えー！　おめでとうございます！　うちの子と同級生になりそうですね！　そうか。たしかにそうですよねー、家族増えるとなると手狭になりますもんね」立ち話は盛り上がる。僕は横で相槌を打ちながら話を聞く。

詳しく聞くと、**今の部屋の大きさも2ＬＤＫでそれなりに満足はしていたものの、やはりもっと住みやすく子育てしやすい環境に行きたかった**とのことだった。引越し先は快速電車も停まる駅の徒歩8分のマンション。最近駅前にちょっとしたショッピング施設もできて、僕も気になっていた街だ。たしかに子供もいるとなると、都心への近さよりもよっぽど重要視すべきポイントがありそうだ。

「うちも家を買いたいとか少しずつ考えてるんですけど、なかなか大変で……」

「我が家も大変でしたよ、結局2年くらい探したんじゃないかなぁ」

「えーそんなに！　だったらなおさらよかったですね！　お引越しおめでとうございます」

「増田さん！　ソファも出してしまっていいですかね？」引越し会社のスタッフが汗をかきながら増田さんに話しかける。

「あぁはい。大丈夫です！」

「あ、すみません。長い立ち話になってしまって、最後にお話しできてよかったです！」

「いえいえ、こちらこそご挨拶できてよかった」

こうして、思わずはじまった立ち話は終わった。僕も会話に入ろうとしたものの、そんな隙はなく、ほとんど話せなかった。

🏠

病院に向かう途中、バスに乗りながら外を眺めていると街のあらゆるところで工事をしているのに気がついた。戸建てもあれば、アパートの建設もある。ちょうどご近所さんの引越しを見たあとだからなのか、今までよりも家に意識が向く。このあたりは都会というわけではないが、決して郊外でもない。

都心まで最短15分くらいで出られる場所なため、一般的な家庭が多く、ビジネスパーソンから小学生までいろんな年齢層の人が住んでいる。しかも、5年前に大学が移転してきて大学生が増え、街が一気に若返った。駅前の開発も進み、どうやらマンション建設の話も出ているようだ。空き地には不動産会社ののぼりが立っていて、一度不動産会社に話を聞きに行くのもありなのではと僕はふと思う。

「ねぇ花」

「ん？　どうしたの？」

「とりあえず今度不動産会社行ってみない？」

「不動産会社？」

「そうそう。本も読んである程度知識も入れられたし、一回話聞いてみるのもいいかなって思って。急すぎる？」

「そんなことないんじゃない？　行ってみたい！」

「じゃあ行ってみようか。実はさ、さっき増田さんの引越しの話を聞いてたら、なんかより気持ちが上がってきちゃって」

「なんかわかる気がする。いいなぁって思ったよね」

「ちょうど、さっき空き地に不動産会社ののぼりが立ってたし、まずは連絡してみようか」

「賛成！」

「じゃあ、ちょっと落ち着いたタイミングで連絡してみよう」

「そうだね！」

先人のアドバイスは参考になる？

翌日、オフィスで昼食のコンビニのパンをかじりながら、前日に引き続きスマホで家のことを調べていた。

昨日は健診のあとも花のテンションは高かった。インテリア好きの花は家のことを話しつつも「あの家具がいい」とか「せっかくなら家電も全部黒に統一する」とか元気よく言っていたことを思い出す。僕も住宅購入に前向きではあるが、インテリアに詳しいわけではないので、なんとなく話を合わせていた。しかし、これからの子育てに不安を感じていた花が前向きに楽しそうにしている姿を見て、とても嬉しく思ったのだった。

花の笑顔を思い出しながら、自分も家が買える年齢になったのかとしみじみしながら、ついつい開いてしまう住宅情報サイトの画面をスクロールする。

「おすすめの住宅ローンランキング」「人気の街ランキング」など、大手情報サイトには家を買うための情報のあれこれがぎっしりと並ぶ。人気の街なんかはどうせ毎回同じような街がランクインするのだろうとわかっているのにもかかわらず、ついクリックしてしまう。

「おい青井。お前、家でも買おうとしているのか」

野太い声と同時に肩口からにゅっと首が伸びてきた。上司の赤田である。人の画面を覗き見してもなんとも思わないデリカシーのない男だ。２年前の異動で僕の上司になったのだが、正直こういうところが苦手だ。

「まぁ多少は……、まだなんとも言えないですけど」とりあえず、その場をやり過ごそうと僕は答える。そういえば、赤田は7年前に千葉の郊外に家を買ったとかなんとか言っていた。

「青井、マイホームはいいぞ。都会でマンションなんて買っても、まず庭がなくて狭すぎる。それに、自分で設計する楽しさってやつがあるんだ。なんせ注文住宅だからな」

「赤田さんは戸建てにされたんですね。通勤も2時間くらいかけていらっしゃるんでしたっけ。すごいですね」マイホーム＝注文住宅だと思っているのだろうか。辟易する気持ちを抑えつつ、なんとか会話を続ける。

「始発駅だから座って通勤できて最高だ！」

皮肉で言ったつもりなのだが、この男はそんなことにも気がつかない。

「いいか、家ってのはな、先輩からきちんとアドバイスをもらうのが大事なんだ。なんせ、人生で一度しかしない買い物だからな。結婚よりも難しいぞ」

あぁ、聞いてもいないのに語ってくるこの感じが苦手なんだ。そう思いながら僕は作り笑いでなんとか応える。

「よしわかった、青井今夜飲み行くぞ！　俺がいろいろ教えてやるから！」

「え？　今日ですか⁉」

「空いてないのか」

「いや空いてますけど……」

「じゃあ決まりだな！」そう言って赤田はガハガハと笑いながら去っていった。

正直気は進まないが、たしかに住宅購入経験者から話を聞くのは悪くないだろうとも思う。

デスクに戻って、花には連絡を入れておいた。

〝今夜、上司の赤田さんと飲みに行くことになったから少し遅くなる。家の購入のこと教えてくれるって〟

〝いいじゃん。いろいろ聞いておいて〟

具体的になにを聞いたらいいのかわからないものの、なんとかなるだろうとスマホをポケットにしまって僕は仕事に戻った。


その夜、赤田がよく行く会社近くの居酒屋に入った。

「まずな、とにかく大事なのは工務店選びなんだ。どこも同じように見えるだろ。でも全然違うんだよ。わかるか?」勢いよく席に座って、生ビールを注文するやいなや赤田は早速話し出す。

「は、はぁ……でも、まだ戸建てかマンションかも決まってないんです。赤田さんはなんで戸建てに……、というか、注文住宅にしたんですか?」

本当は戸建てがいいとは思いつつ赤田に余計なことを言われないよう話を振る。

「なんだお前、そんなとこから悩んでいるのか。そんなもの悩まずに戸建て一択に決まってるだろ。男は大黒柱だっていうだろう? 広いキッチン、日当たりのいいゆったりしたリビング、開放的な庭で、子供がのびのびと遊ぶ。そもそもそれが家を買う理由ってもんだろう?

な？」

うちの会社随一のオールドスタイルとして知られる赤田は、プライベートもなかなかに古い価値観に固執しているようだ。けど、これから生まれる子供のためにはたしかにそれがいいのかもしれないとも思ってしまう。

「で、でも、赤田さんの家って菅田駅ですよね？　会社まで2時間は僕にはちょっと無理かなぁって……」

「ま、そんなものは慣れだよ、慣れ。2時間の自分の時間が貴重だったりするんだよ、ほら、子供とかいると」そんな会話を繰り返しつつ、出される焼き鳥を食べながら、ほどほどにアルコールが進んでいく。

「奥様はどんな希望だったんですか？　女性のほうがこだわり強い印象ありますし」僕は花のことを思い出しながら聞く。

「いや、お前な、そんな二人の意見をどっちもすり合わせようなんて、発想からして無理。いいか、自分が住みたい理想を描き、それを実現する。工務店の人とその夢を形にしていく。細かいこだわりを存分にちりばめ、理想の家族像をそこに落とし込む……大事なのは自分がどうしたいかだな」

聞いたことの答えにはなっていないような気がするが、要するに赤田の独断で決めたのだろう。設計士との打ち合わせや、こだわりのポイントをとうとうと語ってくる。7年も前なのによく覚えているものだ。このいかにも昔の男っぽい言い方は少しだけ実家の父の面影を感じてしまって、僕は無意識に肩に力が入っていた。

「ま、まぁうちは結構話し合って決めるタイプなので」

赤田の話を聞きつつも僕は思わず本音を言ってしまう。

「青井、お前は仕事と同じで優柔不断だな! どうせまだ不動産屋にも行ってないんだろ」

さすがに仕事の話をここで出されるのは腹が立つ。比較的じっくり考えるほうなのは認めなくもないけれど、慎重なだけであって仕事でまで優柔不断だとは思っていない。

「時間がなかっただけで、行きますよすぐ! 妻とも話してましたし!」

と啖呵を切ってしまった。とはいえ、花からも不動産屋にはまだ行かないのかと催促されていたのでちょうどいい。

「へぇ、そうか。じゃあそこで優柔不断なお前の話をよく聞いてもらうんだな。きっと言われるぞ、まずどういう家が欲しいのか決めろってな。その話、楽しみにしているぞ」

いちいち一言多いが、まだ不動産屋と話していないのはたしかである。こうなったら仕方ない。後悔混じりな気持ちを断ち切り、連絡しなければと考えた。

その後も結局、赤田からは戸建てを建てるときの細かいこだわりポイントの話を聞かされるばかりで、ほとんど今の自分の役には立たなかった。赤田の終電が早いことに救われてなんとか22時前には帰路につくことができたが、月曜日からどっと疲れた。

帰りの電車に揺られ、地元の不動産会社の問い合わせフォームから連絡をした。ハウスビクトリーという名前だったが、この前バスから見た戸建て物件の前に、そのたくさんののぼりが立っていたことを思い出す。見たところ、僕らの地元を中心に全部で３つ店舗を持っているようだ。

ホームページには「全力投球地元一筋！　地域の皆様に選ばれ続けて15年！」といかにもな文言が書いてあって、なぜか脳内で赤田の声で再生される。普段なら引いてしまって連絡なんてしないかもしれないが、少し酔っているせいなのか、僕は勢いで送信ボタンを押したのだった。

最寄り駅の直前になるとスマホが光った。ふと画面を見ると22時過ぎだというのにハウスビクトリーからの返信がもう来ていた。

中古・新築・注文の商流の違い　★☆☆

中古住宅、新築住宅、注文住宅、どれも家の購入には変わりないですが、実は商流（ビジネスモデル）に大きな違いがあり、その違いを理解しておくことで各住宅の特徴がわかります。

次ページで表にしたので、参考にしてみてください。

中古・新築・注文の商流の違い

種別	売主	仲介手数料	ポイント
中古戸建/マンション	個人	かかる	仲介会社経由であれば、中古物件と併せて新築戸建て物件も紹介してもらえる。ただし新築マンションは紹介できない。
	不動産会社(買取再販事業者)	場合による	売主の会社から直接購入する場合は仲介手数料がかからない。一方で売主はその物件のみをおすすめする。
新築戸建て	不動産会社(戸建てディベロッパー)	場合による	仲介経由で購入する場合は、さまざまな物件を紹介できる。売主直販の場合は、手数料はかからないが、自社の物件のみをおすすめする。
新築マンション	不動産会社(マンションディベロッパー)	かからない	新築マンションの営業は自分の担当物件をおすすめするのが仕事。
注文戸建て	土地:個人か、ハウスメーカー 建物:ハウスメーカー	土地の仲介手数料がかかる	ハウスメーカーは、自社の設計をおすすめするのが仕事。SUUMOカウンターやHOME'S住まいの窓口は、中立的な立場としておすすめを提案できるが、あくまで送客契約をしている会社に限る。土地と設計・施工がセットになった「建築条件付宅地」というものもある。

不動産営業と住宅購入のプレッシャー

翌日、少し二日酔い気味になりながらなんとか午前の仕事を終えた。昨日は疲れてしまってハウスビクトリーからのメールに返信はできていない。一息ついてコンビニに向かおうとするとスマホが鳴った。知らない番号だ。

「はい。青井です」

「お忙しいところ申し訳ございません。私、ハウスビクトリーの毛利と申します。昨日、弊社の問い合わせフォームよりご連絡いただきましてありがとうございました」電話の向こうでも笑顔で話しているのがわかる口調だ。

「いえいえ、こちらこそメールの返事ができていなくてすみません」

「とんでもございません。お忙しいなか、お電話に出ていただきありがとうございます。早速ではあるんですが、現在住宅購入をご検討されているとのことで……」

「あぁ、はい！　ただ、すぐにというわけではないんですが……少し見てみようかなくらいでして……」

男の早い口調に少しだけ圧倒される。

「そうですか、そうですか！　もちろん一生に一度の買い物ですから、つい慎重になってしまいますよね。もちろん、すぐにどうでしょうということはいたしませんので、一度ご来店いただき、住宅購入の概要説明などをさせていただくのはいかがでしょうか」

「えぇ、あ〜、え〜っと、じゃあ…お願いします……!」

花に相談してからのほうがいいのではと思いつつも、どうせ花は「行く!」と即答することを予想して、僕はその場で不動産会社と約束を取り付けた。

「ありがとうございます! 昨日のフォームの情報だと、奥様もいらっしゃるということで、奥様と一緒にご来店いただくのはどうでしょうか。そうですね、今週の土曜日の13時からはいかがでしょうか?」

いきなり具体的な日程を提示されて僕は少しだけ驚く。

「え、あっ、はい。わかりました。妻にも聞いてみます」

「承知しました。大丈夫かどうかわかりましたら、こちらのお電話にご連絡いただくか、お送りしたメールに直接ご返信ください。すぐに対応させていただきます」

「わかりました」

「ありがとうございます。それでは失礼いたします!」

時間にしてわずか1分程度だっただろうか、あれよあれよと話が進み、早ければ今週末には不動産会社に行くことになった。もちろん勢いで決めてしまった部分はあるものの、赤田との口約束もあることを考慮すると、ちょうどよかったのかもしれない。

土曜日。花も予定を合わせてくれて、一緒にハウスビクトリーの店舗に行くことになった。憧れのマイホームに胸を躍らせる花は、朝から機嫌がいい。いつもより早く準備をして、出かける直前までインテリア本を読み直していた。

そんな僕も花とテンションは大して変わらず、身支度をしながら住宅系のYouTube動画を見ていた。

不動産会社の前に着き、少し緊張しながらお店の扉を開ける。

「いらっしゃいませ」と受付の中年女性が笑顔で話しかけてくる。

「ご来店いただきありがとうございます。本日はご予約などされていますでしょうか」

「あ、はい。毛利さんと約束をしておりまして」

「ありがとうございます。青井様ですね」

「すぐに毛利も参りますので、先にご案内いたします」

終始笑顔を崩さずに女性は接客をしてくれる。奥に通されるまでのあいだ、見える店内はすっきりとしている。子供が遊べるスペースも用意されておりファミリー向けの店内であるということがわかる。

「なんだか緊張するね」めずらしく花が小声で話しかけてくる。

「そうだね。けど、いいドキドキだと思わない？」なぜだか僕も小声で返してしまう。

「そう思うよ」花は笑った。

店内の奥にある打ち合わせスペースに案内されるとほかのブースでも数組の家族が、担当者らしき人たちと打ち合わせをしている。会話の内容は聞こえないが楽しそうに話しているのが伝わる。

出されたお茶を飲みながら待っているとピシッと髪の毛を整えた男性の顔が仕切りから出てきた。

「青井さんはじめまして！ハウスビクトリーの毛利でございます。本日はお忙しいところ、ご来店いただきまして誠にありがとうございます」

電話で話したのみだったが、会ってみると意外と若い。細身な身体に紺のスリーピースのスーツは、失礼ながらあまり似合っていない印象を受ける。いかにも営業といった雰囲気で、ツーブロックの髪型が決まっている。

「いやー、最近、お二人のように購入を検討されるご夫婦が増えてるんですよ！」

名刺をさりげなく渡してきながら毛利は言う。

「そうなんですか？」毛利の発言に花が食いつく。

「ええ、昔は住宅購入ってハードルが高かったところもありますが、今はいろいろ制度も変わりましたからね。問い合わせフォームにご記入いただいた内容を拝見しましたが、お二人のようなご夫婦でしたら選択肢はかなり多いですよ！　じっくり選んでいきましょう！　全力サポートいたします！」

毛利の言葉を聞いてほっとしたのか、花の表情は明るくなる。僕はなんだか調子のよさに違和感を覚えつつも、持ち上げられて気分が悪いわけではない。すると、恰幅のいい男性が毛利の後ろから出てきた。

「はじめまして、ハウスビクトリー中央支店・店長の佐々木と申します。本日はご来店いただきましてありがとうございます。また、住宅購入のご相談に弊社を選んでいただき重ねて御礼申し上げます。いろいろと不安な点もあるかと思いますが、そこはぜひ毛利を頼っていただいて、少しでもお二人のお手伝いができればと思っております」

佐々木は毛利よりも丁寧な口調で挨拶をしてくる。背は僕よりも低いが肩幅は広い。立派なもみあげが特徴的で店長の風格を感じる。

もらった名刺をチラッと見ると「宅地建物取引士」「1級ファイナンシャル・プランニング技能士」「住宅ローンアドバイザー」などの文字が名前の横にずらっと並んでいる。よくわからないがすごそうだ。

佐々木は挨拶を済ませると奥へ戻っていき、毛利を含めた三人での打ち合わせがはじまった。

「お二人は、マンションと戸建て、どちらをご検討されているんですか？」

「まだ、確定ってわけではないんですけど、戸建てがいいんじゃないかと思っていて。子供が生まれたらそのほうが広くていいかなって」

花が前のめりになりながら毛利の質問に答える。

「なるほどなるほど、やっぱりそうですよね。そういった方非常に多いです。エリアはこのあたりでお探しですか?」

「そうですね! できればこの近くでいい家があれば嬉しいです!」ハキハキした毛利に釣られて僕の声も大きくなる。

「いいですね〜、弊社ももちろん広いエリアのご案内が可能ですが、地域密着でやっておりますから、このあたりであればどこよりも情報を持っています。きっといい家が見つけられるかと!」

毛利を含めた僕ら三人の打ち合わせは想像以上に盛り上がる。

「ちなみに、ここまでお話を聞いていただいて言うのも恐縮なんですが、金額的にそもそも買えるのかどうかもかなり気になってまして。貯金もまったくないわけではないですが、子供のために取っておきたいというのもあって、そのあたりはご相談できるんでしょうか」

僕はテンションは高いものの、一番気になっているお金についての疑問を早めに毛利に投げてみる。

「もちろんご相談ください! 弊社では無茶なご提案などはいたしませんので!」

「よかった〜！」花が嬉しそうに言う。

「弊社の場合、初めて家を買う方が非常に多いですから、今みたいに気になることは遠慮せずなんでも言ってくださいね！　では、まずはそのあたりも含めてヒアリングさせてくださ い！」

そういって毛利は、今の勤務先・年収を手はじめに、今の家の間取りや家賃、なぜ住宅購入をしたいのかを矢継ぎ早に質問をはじめた。おそらく不動産会社のフォーマットがあるのだろう。


不動産会社のヒアリングで聞かれること ——★★☆

次の項目であらかじめ用意できる情報があれば手元に揃えておくと不動産会社のヒアリングがスムーズに進みます。

・勤務先
・勤続年数
・年収
・資産額（株式などを含めて住宅に充てられる資金）
・ほかの借入れの有無

・購入理由
・入居希望時期
・親からの資金援助の有無
・資金計画（ペアローンや収入合算にするかなど）
・希望条件（広さ・築年数・駅徒歩など）
・現在の住まいの売却の有無（現在が持家の場合）

25分から30分くらいだろうか、雑談を交えながらいくつかの質問に答えた。話をしていてわかったのは毛利にも家族がいて2年前に家を買ったということだ。子供も二人いて楽しいと話を聞いて、少しだけ「この人いいかも」と思った。

話がある程度落ち着くと、毛利は今どき珍しいような古いモニターに向かってカチカチとマウスを動かしはじめた。そのあいだも話題を時折振りながらあくまでさりげなく手元を動かす。何回かスクロールしたあたりまで来たとき、毛利の手がピタッと止まった。

「ここまでいろいろとお話を伺って、こちらの物件なんかいかがでしょうか！　A駅とB駅のちょうどあいだにある物件なんですけれども、お二人にぴったりかと思います！」そういって毛利は1枚の紙を僕らの前に差し出した。

高台につき日当たり良好！

大人気オール電化！

城東線　宮町駅から
徒歩 12 分

物件種目	新築分譲戸建				
価格	7,800 万円				
間取	3LDK				
所在地	○○○県○○市○○町○○○				
交通	城東線宮町駅から徒歩12分				
土地	面積	土地面積80.4㎡　建物面積91.2㎡			
	付帯権利	抵当権あり／なし			
	土地権利	所有権			
	地目	住宅	地勢	平坦	
	接道	北東側：幅員約 4m 南西側：幅員約 5m			
建物	構造・規模	木造ストレート葺　地上２階建			
	駐車場	あり			
	間取り	3LDK			
	建築年月	令和Ｘ年Ｘ月			
法制限	都市計画	市街化区域			
	用途地域	第一種低層住居専用地域			
	建ぺい率	60%			
	その他	0m 高度地区、準防火地域			
施設設備	水道	公営水道	ガス	なし	
	汚水	本下水	電気	○○電力	
	その他	給湯暖房、浴室乾燥機、床暖房、IH ヒーター			
引渡	現況	空家	引渡時期	即引渡可	
備考	台村小学校（560m）、台村中学校（1200m）				

TEL 03-××××-××××
FAX 03-××××-××××

新築戸建 7,800万円

1F

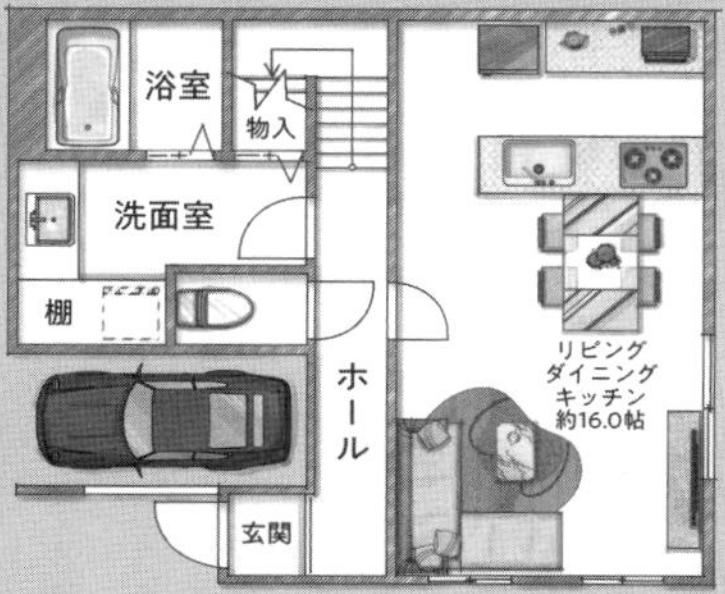

2F

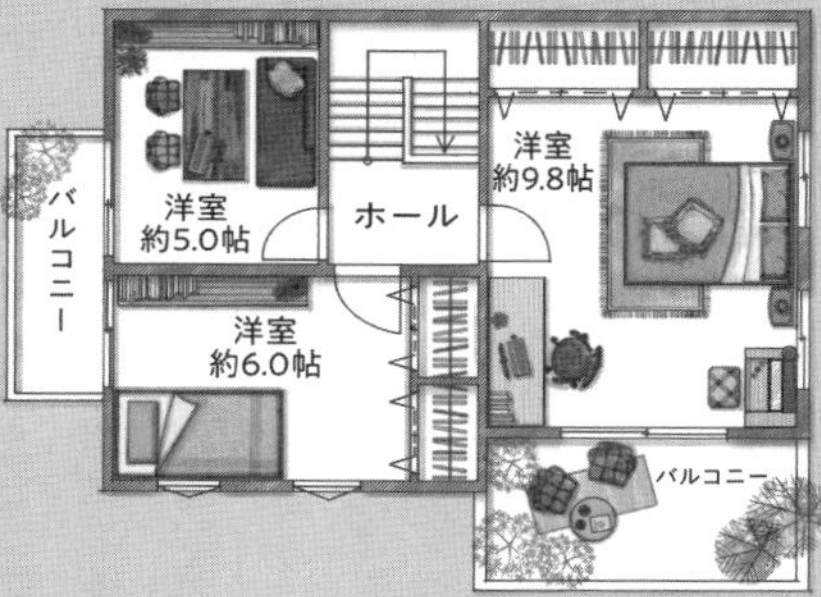

近くに
学校あり！

コンビニ
徒歩 4 分

病院
付近に多数！

2 路線
利用可能！

株式会社ハウスビクトリー

中央支店　XXXXX 省 XXXXX 号

自分たちで想定していた予算の6000万円よりもはるかに高い。最初に金額が目に飛び込んできて僕は固まってしまった。隣の花を見ると僕と同じで、笑顔のまま固まっている。

「最初はびっくりされますよね」毛利は僕らの様子を見て口を開く。だが、戸惑うような様子もない。

「……ええ、はい、ちょっとうちには高いような……」知り合いが家を購入しても価格までは踏み入って聞いたことがなく、みんなもこんな金額の買い物を軽々と決めているのか、それとも不当に高い物件をすすめられているのかと不安になってくる。

「ですが、お二人の収入やご年齢だとペアローンで組めば実はまったく問題ない金額なんです。もちろん奥様はこれから産休に入られるとのことですが、産休中はローンが組みにくい部分があるのはたしかです。ただし、お仕事に復帰される予定とのことですし、ペアローンであれば銀行へちゃんと説明すれば大丈夫です。同じくらいの年収帯の方々が購入されている金額帯ですよ」

「でも本当にお金に余裕があるわけではなくて」これまでノリノリだった花も不安そうな表情で答える。

「わかります、わかります」毛利は頷きながら答えるが、僕らのような不動産初心者の気持ちを本当にわかってくれているようには見えない。

「もちろん、本日決めてくださいというものではないんですが、まだ出たばかりの物件で非常に人気なんですよね。もし私がまだ家を持ってなかったらほしいくらいで、お二人にはピッタリだなと！」

「たしかに間取りとかはすごく魅力的なんですが、いかんせん値段が……自分たちなら大丈夫とは言っていただいてますが、相場がわからず、そのあたりも教えていただきたいのですが」

「もちろんです！　まずはこのあたりの他の物件もお出ししますね」そう言って毛利はパソコンに向かいながら地域と条件の近い他の物件もいくつか提案してくれた。そのなかではたしかに、最初に見せてくれた物件が一番いいように思える。

「たしかに、最初ご提案してくれた物件がこのなかでは一番よさそうです」

「そうですよね！　あとはそうだな……、月々のお支払いのシミュレーションもしてみましょうか？」

「じゃあ、まずはそのあたりから聞いてみる？」僕は花に尋ねる。

「そうだねぇ」花のテンションはやや下がってはいるもののまだ前向きだ。

「店長の佐々木がローンに関しては詳しいので、呼んできますね！」

あなたは詳しくないのね、と思うも束の間、毛利は駆け足で去っていった。

「いやぁ、いきなり高くてびっくりした！」僕は思わず笑ってしまう。

「やっぱりそうだよね⁉　翔平が普通そうにしてるから、私がおかしいのかと思っちゃったよ」同じように花も笑顔になる。

「いやいや、めっちゃびっくりしたよ。ただ、すぐ契約するわけじゃないし、話だけでも聞いておこうと思って」

「まぁね」

「しかも、世帯年収の7~8倍には収まってるし、そういうもんなんじゃないかな」

「そっかー。たしかに、私が営業で、相手が買える人なら同じことするかも」

「でしょ? だから、まぁ提案としては的外れではないのかなって」

「なるほどね」

「とはいえ、高いのは高いと思うから詳しく話聞いて、今回は勉強できればいいんじゃない?」

「そうだね!」

僕と花はこのあとの方針を決めて、毛利のことを待っていた。

「お待たせしました!」毛利と先ほどの佐々木店長がやってきて、その後、彼らは僕らが買える家はどれくらいなのか、また物件購入で必要な費用はいくらかの諸費用をざっくりと計算してくれた。

必要なお金(諸費用)——★★★

住宅ローンを組む場合、物件価格以外に、新築マンションの場合は物件価格の4~5%、新築戸建て・中古マンション・中古戸建ての場合は7～8％程度の諸費用がかかります。物件によっても前後するため、必ず事前に見積りをもらうようにしましょう。また、諸費用を現金ではなく住宅ローンに含めて借入れることもできますが、全体の金利が上がってしまう可能性があるので、シミュレーションを行って冷静な判断をすることが大切です。細かい内訳は後述します。

今回の翔平たちの場合は、物件価格が7800万円の新築戸建てなので、諸費用は少なくとも550万円程度かかり、合計では8350万円となります。

ただ、新しいことがわかったということは特になく、本や情報サイトに書いてあったことを復習する形になった。今日は話を聞くだけと割り切った僕らは冷静に乗り切った。

「どうでした？　お二人にはピッタリなのが少しでも伝わればいいんですが」

店長との会話が終わり三人になると毛利が早速話しかけてきた。

「そうですね。この価格が僕らにとって払えなくはない金額なのはよくわかりました。購入に必要なお金のことまで教えていただけたのもすごくよかったです」

「それはよかったです！　奥様はどうでしょうか？」

「そうですね。私も主人と同じで、納得はしました。ただ、まだイメージが湧いていないというのも一方でありまして」

「そうですよね～。ちなみにお二人まだお時間あります？」

「一応大丈夫ですけど」

「じゃあとりあえず、このまま内見行きませんか？　車でご案内しますので。お金の部分をひとまずご理解いただいたところで、物件も見ていただいてイメージを掴んでもらうのもいいと思うんですよね」隣で店長の佐々木も頷いている。

「内見ですか。でも、本当にまだ買うかどうか決めてはいなくて……」

「それでも大丈夫ですよ！　純粋に見ていただくだけでも問題ありません！　本当は比較のためにも今日提案させていただいた物件をまとめて見に行きたいところですが…」

「どうする？」僕は花に尋ねる。

「うん。ちょっと見てみたいかも！　でもイメージ掴むために、最初の1件だけでいいかなぁ」

「じゃあ、それでお願いできますか？」

「わかりました！　ありがとうございます！　すぐに準備してきますね！」そういって毛利は再び勢いよく去っていった。

しばらくして用意されたハウスビクトリーの車に僕と花は乗り込んで内見へと向かった。車内では毛利が子供とのエピソードを話してくれて場が和む。

お店から15分ほど車を走らせたところにその家はあった。家の外見は白色の外壁が眩しく、明るい印象を受ける。ただ、チラシで見たよりも少しだけ小さく感じる。

「さ、どうぞどうぞ！」

そう言って毛利は家の鍵を開け、中に入るなり毛利のセールストークがはじまる。

「玄関はコンパクトめのつくりなんですよね。ただ、ベビーカーはこのあたりに置けて便利です。あ、シューズボックスはこんな感じです」

「広いね。翔平、スニーカー多いからいいじゃん」

「ね。ちょっと思った」

「それならぴったりですね！　最近のご家族は靴の量もすごく多いので、ここは大きめの設計です。棚板の位置も変えられるのでブーツから小物置きまで変幻自在ですよ！」毛利は調子よく話を合わせてくる。

「で、こちらですね」スリッパをさりげなく出しながら毛利は奥へと案内してくれる。

「ここがリビングです。クセのないベーシックな構造なんで、どんなライフスタイルにも合うと思います。キッチンまでしっかりと光も届きますし、申し分ないように思います。奥様はすごくインテリアにこだわりがあるとおっしゃってたんで工夫のしがいがあるんじゃないですか？」

「そうですね！　テーブルやテレビの置き方もいろいろできそうです！」

この調子で、毛利は僕らの反応を見ながら一部屋ずつ設備や構造について説明をしてくれた。時間にして20分くらいだろうか。僕も花も金額のことは一度忘れて純粋に内見を楽しんだ。今住んでいる賃貸とはやはり違ってそれぞれのスペースが大きく開放感があって魅力的に感じた。

「とりあえず、こんなところですかね！」

「ありがとうございます」

「いえいえ、わからないこととかありますか？」

「えっと、このあとってどんな流れになるんですか？」

「あっ！　一番大事なことをお伝えし忘れてました！　すみません！　実際にご購入される場合は、申込みを入れていただきます。その段階では契約というわけではなくて、あくまでこの家を買いたいという意思表示をするイメージです。加えて同時並行で、ローンの事前審査をして、ローンが組めるか確認し、それから本契約となります！」

「なるほど……」

「どうかされました？」

「いや、見てみたらイメージが湧いたっていうのはありまして、いろいろ考えてただけです。

すみません……！」

「なるほど！　そういうことなら内見にお連れしてよかったです！」

「こちらこそありがとうございます。よかったよね？」僕は花に聞く。

「はい。ありがとうございました」

そう言って僕らは車に乗って店に戻った。お店に戻ってからは申込みやローンの事前審査に関する簡単な説明を受け、書類を受け取り、はじめての不動産屋訪問は終わった。初めての内見ということもあり、今日結論を出すことはできず、保留にして帰宅することとなった。

お店を出るときも、毛利と店長の佐々木が店先までわざわざ出てきて、僕らが角を曲がるまで笑顔で見送っていたのだった。

「なんか疲れたね」

「うん。でも、ちょっと楽しかった！　翔平は？」

「よかったと思う。しかも、内見行ったらめっちゃいいなとも思った」

「わかる〜！」

「なんなら金額は高いけど、支払い的にも問題ないのなら、アリなのではとも思ってしまった。ポータルサイト見てても、なかなかああいう物件って見つからなかったし」

「だよね！　実は私も……！」

「でも、これしか見に行ってないからねぇ…」

「うん。あと私は金額がやっぱり気になったかも」

「そうだよね〜、高いよね〜」

「うん。買えなくないっていうのはわかったんだけど、今後のことも考えるとあんな金額のローン組むのはなんとなく怖くて」

「まぁね」

「翔平はどう思う？」

「金額は現実的にはこんなものなのかなって思ったかな。仕方ないっていうか、説明受けたら納得しちゃって」

「そっかそっか。なるほどなぁ」

お互いに不動産会社に行ったこと自体はよかったものの、金額に対する考え方には差があるように感じた。すべてを真に受けたわけではなかったが、営業や店長から説明をされた僕は、家の金額にどこか納得していて、今回の物件にかなり前向きになっていた。

「花はどうしたい？」

「もう少しほかの家も見てみたいかな。もちろん、今回の家もすごくいいと思ったんだけど、もしかしたらもっと安くていい物件があるかもしれないし」

「それはそうかもね。じゃあ、とりあえず家帰って、いろいろ調べ直しながら検討してみようか」

「うん!」

住宅購入は素早い決断が求められる?

初めての不動産屋訪問の翌日のお昼過ぎ、僕らは二人でずっと家のことを調べていた。違う物件情報を見てみたり、ローンの組み方の動画を見てみたり、あの手この手で家に関する知識を手に入れようとしていた。

昼食のあいだも二人でああじゃないこうじゃないと議論している時間はなぜだか楽しくて、夢のマイホームに一歩ずつ進んでいる気がした。昼食を食べ終わり、再び不動産動画を見ているとスマートフォンが鳴った。広島にいる母からの電話だ。こうして母からはたまに電話がかかってくる。

「もしもし」

「あぁ、翔平? 今大丈夫?」

「うん。大丈夫。どうしたの?」

「お父さんが次はいつ帰ってくるんだってしつこくて、電話したの」

「あぁ~」

いつもの電話と同じ内容だ。半年に1回は帰るようにしているのだが、父としてはそれでは物足りないらしく、いつもこうして母経由で帰ってこいと言ってくる。

「いや、花ちゃんも妊娠してるわけだし、ゆっくり待ちましょうって言ったんだけど。とりあえず聞いておいてくれって、なんだかんだお父さんも寂しいのよ」

「うーん、まぁ僕だけでいいならタイミング見て帰るよ」

「わかったわ。伝えておく」

「そっちはどんな感じ？」

「どんな感じもなにも変わらないわよ。普通に暮らしてるわよ」

「普通って。なんか困ったこととかはない？　大丈夫？」

「翔平がそんなこと言うなんてめずらしい。明日は雪でも降るんじゃないかしら」

「そういうのはいいから」僕はすかさず母にツッコむ。

「困ったこと。そうねぇ……。あ！　あれよ。最近目が悪くなってきちゃって。テレビ見るにもスマホ見るにも大変なのよ」

「老眼？」

「信じたくないけどそうでしょうねぇ。それでこの前通販見てたら老眼鏡売ってて、ほしくなっちゃったのよ。最近の老眼鏡ってオシャレね。普通の眼鏡みたいなのよ」

「買ったらいいじゃん」

「それがモタモタしてたら番組終わっちゃって買えなかったのよ。それで、翔平調べて情報教えてくれない？」

「わかった。いつも見てるジャパン通販でやってたの？」

「そう。いやー助かるわ。お金用意しておかないと」

「いや、このくらいはプレゼントするよ」

「あらぁ。それならもっといいものお願いすればよかった」

「あのね……」

「冗談よ、冗談」

母のいつもこの調子だ。ちょっとした会話でも気がつけば母のペースになっていることが多い。

「ところで母さん、ちょっと聞いていい？」

「はいはい」

母の話に返事をしながら、僕は会話を花に聞かれないようにさりげなく、リビングから移動する。

「あのさ、実は昨日、家買おうかって花と不動産屋に行ったんだけどさ」

「あら、いいじゃない。あんたも大人になったわね」

「いや、買うっていってもすぐにってわけじゃなくて、話くらい聞いてみようかって。それで話聞いてたら、急に7800万円の家とか提示されちゃって。二人して固まっちゃったんだけどさ。行ってみたらいい感じだったのよ。それで、今、花といろいろ調べてたんだけど、どう思う？」

「え～、私もよくわかんないけど、東京ってそんなもんなんじゃないの？　広島とはまた違うでしょ」

「それはそうか～、ちなみに母さんたち今の家買ったときどうしたの？」

「どうしたもなにも全部お父さんが決めたからわかんないわよ。知り合いの不動産屋さんに紹介してもらってどうのこうのって。俺が決めるから任せておけって、それで終わり」

「あぁ、想像できるわ」

父はいわゆる昔ながらの性格の人だった。広島生まれ広島育ちで地元の工業高校を卒業して就職後、35歳で工務店をはじめた。よく言えば男らしいが、悪く言えば頑固なのである。

「まぁだから、私から教えられることはないわよ」

「母さんはそれでもよかったの？」

「いや、そりゃあ言いたいこともあったけど、お父さんに任せるのが一番だし。口挟んでも揉めるだけだし」実に母らしい回答である。

そんな話をしていると電話の向こうから聞き覚えのある太い声が聞こえる。父だ。

「あ、翔平？　お父さんが電話代われって言ってるんだけど」

「え、やめておくよ」僕の表情は思わず曇る。

「そんなこと言わないでよ。代わるからね」そう言って僕の返事を遮ると、母は父に電話を渡した。

「……翔平か」父は少し溜めて言う。

「うん」

「お前、次はいつ帰ってくるんじゃ。別に土日も仕事なわけじゃなかろう」

「まぁいろいろあるんだよ」

「いろいろってなんだ」

「夫婦で出かけたりとか、そういうの」

「じゃったら二人で広島に帰ってくりゃあええじゃないか」父は語気を強める。こういった強引な物言いが嫌いでいつも最終的には口喧嘩になるから電話に代わってほしくなかった。

「いや、さっき母さんにも言ったけど、遠くないうちに帰るって」

「だいたいお前な、なんの相談もしてこんが、子供が生まれたらちゃんとやっていけるんか。いつもみたいになんとかなるって思うとるんじゃなかろうな」

「思ってないって。ちゃんと夫婦で考えとるから」父の広島弁に思わずつられてしまう。

「どがぁなことをだ」父は食い気味で大声で質問をしてくるので早くも嫌気がさしてきた。

「なんでそんなこと言わなきゃいけないわけ？」

「お前がしっかりしとらんからじゃろう！　じゃけぇ心配しちゃってんのに、お前っちゅうやつは本当に…」

「別に心配してくれなんてお願いしてないから！　いつまでも子供じゃないんだから、ほっといてよ」

今日こそは我慢しようと思っていたが、父の一言にカチンと来てつい強い口調で言い返してしまう。

「しかも、お前、家を買うつもりなんか」

しまった。母との電話の内容を父も聞いていたのか。母にはなんとなく家のことを聞いてみたかったが、父は別だ。もしかすると一番聞いてほしくない相手だ。迂闊だった数分前の自分を恨む。

「まさか、東京で家を買うつもりじゃなかろうな」

「なんでそんなこと教えなきゃいけないわけ？」

「東京なんて住むところじゃないからの！　家買うならこっち帰ってこい。俺がいろいろ紹介しちゃる」

「いや、そっちに戻って住むつもりないから、仕事も辞める気ないし」

「いつまでそがぁなことを言うとるんじゃお前は！　東京はいつまでもおるようなところじゃない！　大体、お前だって、大学出たら広島に戻るって約束じゃったのにそのまま東京で就職までして、もういい加減にしろ！」

「それ、何年前の話？」

「うるさい！　しかも家を買うだって？　お前じゃどうせ、東京の不動産屋に騙されるだけじゃけ！　こっちに帰ってきたら俺の知り合いに相談しちゃる。こっちだったら、子供ができてから母さんもお前たちの手伝いができるからいいじゃろう…」

「だから、帰らないんだって！」父の話を遮るように僕は言った。

「もうお前みたいなやつは知らん！」そう言って電話は切れた。

今回も結局、父と口喧嘩になってしまった。どうしていつもこうなってしまうのだろうか。しかし、「東京の不動産屋に騙されるだけ」という父の言葉はなんとなく引っかかった。それはここまでのやり取りがあまりにもうまくいきすぎていることへの不安があったからだ。父に痛いところを突かれた気がして僕は思わずため息をついた。


翌日、会社に行くと、午前中からずっと赤田がチラチラこちらを見ている。おそらく家のことについていろいろと聞きたいのだろう。不動産会社に行ったことなど当然伝えてもいないのに、勘づいているのだろうか。もしそうだとしたら、たしかに管理職には向いている。しかし正直めんどくさい。僕はなるべく目を合わせないように仕事に集中するふりをして自分のパソコンに向かっていた。

　昼休みになる前に僕は財布を持って外に出ようとした。

「青井！」後ろから声がする。赤田だ。

「今日、昼飯奢ってやるから一緒に行こう」

　こうならないように早めに昼休みに入ろうと思ったのに失敗だった。午前中から感じていた悪い予感は当たって、僕は赤田と昼食に行くことになった。

　近くの定食屋に入るやいなや赤田はニコニコしながら「で、どうだった？」と聞いてきた。

「なんのことですか？」

「なにって、家のことだよ。行ってきたんだろ？　不動産屋」

「ま、まぁ」

「まったく。隠さずに言えよな」

「隠してるわけじゃないんですけどね」

「その感じだと、うまくいかなかったんだろ。俺の言った通りじゃないか」

「いや、別にうまくいかなかったわけじゃないですよ。むしろよかったというか」

「なんだ。まぁ、俺の言った通りだろ？　行かなきゃはじまんないんだって」

　いちいち自分の手柄にしようとするあたりがやはり赤田の苦手なところだ。

「で、話は前に進んだのか？」

「うーん、まぁ前向きに検討というか。慎重に考えてる感じです」

「出たよ。前向きに検討。何度も言うけど、家は『自分がどうしたいか』が大事なんだって。いいと思ったなら買えよ。俺なんて、不動産会社に行ったときには、もうこうしたいっていうのを決めて行ったからあっという間に決まったもんね」

「でも、お金のこととかあるじゃないですか」

「バカお前！　多少無理してでも買って、家族や家のために仕事頑張るんだよ。それが醍醐味じゃないか。俺だってそうだ」

赤田は自慢げに話す。この調子で、昼食を食べながら話したことは結局僕の住宅購入についてではなく、いかに赤田がこだわりの家を建てたかという話だった。普段だったら、はいはいと思うだけなのだが、新築の戸建てを見てきてマイホームの魅力に引き込まれつつある僕は思わず、真剣に話を聞いてしまったのだった。

昼食からオフィスまでの帰り道、スマホが鳴った。ハウスビクトリーからだ。僕は赤田にバレまいと、一言添えて、一人になれるところまで小走りで向かって電話に出た。

「はい。青井です」

「突然失礼します！　毛利です。お忙しいところすみません」

「あぁ先日はありがとうございました」

「いえいえ、こちらこそありがとうございました。今、2〜3分大丈夫ですか？」

「はい。大丈夫です」

「実はですね、先日見ていただいた物件なんですが、別の人から申込みが入りそうでして。お二人にお伝えしようかと」

「えっ！」いつの間にか家を買うつもりになっていた僕は思わず声を出す。

「とはいえあの物件はウチが一番懇意にしている住宅業者さんのものなので、ギリギリまではなんとかできるんですが」

「そうですか……どうするのがいいんでしょうか。実は妻としっかり話し合えてなくて、僕はいいなと思ってるんですが」

「ご検討いただきありがとうございます。状況を整理すると、翔平様は前向きで、奥様は少し慎重になられているといった感じでしょうか」

「僕も妻も物件自体は気に入っているんですが、妻はやっぱり金額が少し気になるみたいで。あとは探しはじめということもあり…。僕は説明いただいたこともあって、納得感もあるのですが」

「なるほどなるほど。状況はよくわかりました。ただ、奥様も絶対にダメっていうわけではないんですよね」

「そうですね……完全にＮＧってわけではないかと思います」

毛利との会話はテンポよく進んでいく。

「なるほど。たとえばなんですが、ここでお二人にしっかり検討していただきたいところなんですが、それだと間に合わないので、まずは先に事前ローン審査だけ通しておくのはどうでしょうか」

「ローン審査ですか」

「はい。不動産購入の際には2段階ローン審査がありまして、その1つが事前審査です。申込みを入れるときに、自分はローンの事前審査も通っているから家を買えるというのを見せる必要があるんです」

「なるほど……。費用とかかかるんですか？」

「いいえ、費用はかからないですし、ローンの事前審査をしたからといって買えということもありません。申請は比較的簡単なのでどうでしょうか。そうするとお二人が買うとなったときにすぐに動き出せるのですが」

僕は電話を持ちながら少しだけ黙る。どうするのがいいだろうか。個人的には今回の家に少し運命的なものを感じている。金額はもちろん高いが、買えるのであればいいのではないか。なによりも、花とこれから生まれてくる子供があの大きなリビングで笑顔で過ごしているところを想像すると、ここで諦めてはいけない気がした。

「わかりました。ローンの事前審査お願いします」

「ありがとうございます！　なるべく早いほうがいいので、今日の夜、お越しいただくか、近くまで私がお伺いして書類にご記入いただきたいんですが。それとご用意いただきたいものもありまして」

「わかりました。19時くらいになってしまうんですが、そちらに伺ってもいいですか？　妻もおそらく大丈夫なはずです」

「もちろんです！　それではお待ちしております！」

僕は少しだけドキドキしながらオフィスに戻った。オフィスに戻る途中、花にも連絡をしてあらましを説明した。花は少し納得してない様子だったが、時間がないことも伝え、なんとか了承をもらったのだった。

その日の夜。僕は小走りでハウスビクトリーに向かった。店舗に入ると笑顔の毛利が待っていてテキパキと準備を進めてくれた。少し遅れて花も到着する。

「今回みたいに申込みがすぐ入ることって多いんですか？」

「非常に多いです。特に今回のような物件は。お二人に覚えておいてほしいのは、住宅購入はとにかくスピードが命です」

「そうなんですね」花はゴクリとつばをのみ込む。

「なのですぐに来ていただけてよかったですよ。ギリギリセーフです」

「すごいスピード感だな……」

「そうですよね。あらためてですが、今回のローンの事前審査はペアローンで通したいと思います」毛利は途中から声質を変えて言う。

「はい、はい。前回店長から聞いてます」

「はい。具体的には翔平様と奥様で6：4の比率でいきたいと思いますがよろしいですか？

もちろん、この比率はあとで変更はできますが、その場合は、また審査のやり直しとなってしまう可能性もあるのでご注意ください」

僕と花は毛利から簡単な説明を受けると言われるがまま書類に名前などを記入していく。免許証のコピーなども取り、書類記入は40分程度で終わった。

「こちらで以上になります。迅速にご対応いただきありがとうございます」書類の最終チェックを終えた毛利が言う。

「こちらこそありがとうございます」

「こちらの審査を進めつつ、あとはお二人が申込みされるかどうかのご連絡を待っておりますので、なるべく早くご連絡いただけますと幸いです」

「わかりました。今日も帰ったらすぐに話すようにします」

僕らが席を立って帰る準備をしていると奥から、店長の佐々木が出てきた。

「青井様。お忙しいところ本日はありがとうございました。毛利からもあったかと思いますが、素早く対応していただき感謝申し上げます」

「あっ、こちらこそありがとうございます」

「毛利も私も、今回の物件は本当に青井様ご夫婦にピッタリだと確信しておりますので、いい形で終えられるように頑張りましょう！」

威厳のある佐々木の一言で、なぜだか僕の不安はやわらいだ。花や生まれてくる子供のためになんとしても今回の家を手に入れる。僕はそう強く決意して帰路に着いた。

「ただいまー」僕らはドアを開けつつ、声を合わせて言った。

僕はジャケットを脱ぎながらリビングに入ると、家に関する本が机の上に置いてあるのに気づく。きっと直前まで花が読んでいたのだろう。「疲れたぁ」僕はアピールするかのように言うが、花はあまり気にしていない様子だ。

「ねぇ翔平。本当に大丈夫なの？」

「なにが？」

「家のこと。やっぱり7800万は高いんじゃないかなって」

「大丈夫だよ。世帯年収の7～8倍に収まってるし、毛利さん曰く、最大10倍まではいけるらしいから」

「そうだけどさ」

「花だって、気に入ったんでしょ?」

「まぁね……」

「僕もあの家を見て、花と子供と楽しく暮らすの想像できたし。これからのために頑張りたいんだよ」

「翔平、ありがとう…。でも本当に買って大丈夫なのかなぁ。もう少し時間をかけて、ほかの人にも聞いてみたほうがいいと思うの」

「1~2日はローンの審査待ちで返事待てるみたいだからそこで話し合おうよ」

「まぁそうだけどさ」

「それに、お金のことが心配なら、投資に回してたお金も出すから多少は大丈夫だよ。結構貯まってるし」

「えっ! でもそれはなにかあったときのためのお金じゃ」

「今もなにかあったときとも言えるし、家族のために使えるなら本望だよ。みんな多少は無理して買ってるんだって」

「う~ん……。そうだとしても本当にこの物件でいいのかな……」

「花は考えすぎだって。僕がなんとかするから、安心して」

こうして僕らはなんとなく噛み合わないまま、今回の家に申込みを入れるかどうかの検討をはじめた。

しかし、それから2日経っても話は平行線を辿るばかりで、金額に不安を抱える花と、なんとかして今回の物件を手に入れたい僕との意見が噛み合うことはなく、結局結論は出なかった。途中で毛利からの電話もあったが、もう少し待ってくれとしか言えず、僕はあの家が売れてしまわないかと気がかりで焦りが募るばかりだった。

「あのとき買っておけばよかった」という後悔と葛藤

事前審査を入れてから3日目。会社で仕事をしているとスマホが鳴った。画面にはハウスビクトリーと表示されている。僕は談話スペースに小走りで向かって電話に出る。

「はい。青井です」

「お世話になっております。毛利です。今大丈夫ですか?」

「はい。少しなら。ローンの件ですかね?」

「いえ、実は大変申し上げにくいのですが、今しがた例の物件に正式に申込みが入ってしまったみたいで……」

「えっ……」

「申し訳ございません。売主様にももう少し待ってもらえないか説得をしましたが、ダメでして…」

「それは今からこっちも申込みを入れるというのはできないんでしょうか」

「できなくはないですが、相手方もすでにローンの事前審査を通過しているようで…、お二人が現金一括で買うなど、よほどのことがない限り難しいかと」

「えぇ……そんな……」

「今回は残念ですが、ほかにもたくさんいい物件はあるので、そちらもご案内させてください。お二人なら選び放題ですので」

僕の落ち込んだ声を聞いて、毛利は次の提案をしてくれる。

「ありがとうございます。とりあえず、今は仕事中なので、また妻と話し合ってから連絡します」

「承知しました。よろしくお願いします」

その日の夜、僕は家に帰って花に状況を説明した。花も少しだけ悔しそうな表情を見せたが、同時に少しほっとしているようにも見えた。

「はぁ…なんかここ数日、どっと疲れたな…」僕はソファに深く座りながら言う。

「いろいろ頑張ってくれたのにごめんね」

「ううん。けど欲しかったなぁ」

「まぁ今回は縁がなかったんだよ。やっぱり高かったのは事実だしさ」

「ごめんね。僕の稼ぎが少なくて……」

「そんなこと言ったら私もでしょ！　年収がどうとかじゃなくて、身の丈ってあるじゃん。そういう話ってこと」

僕はなんだか自分が情けなく思えた。一人前の大人として、そしてこれから父になる人間として、家が欲しいという妻のためになんとか頑張ったつもりだったが、最終的にはうまくいかず、虚無感に襲われた。

「でもさ、翔平。今回で家のことはある程度流れとか、やりとりの方法とかもわかったわけだしさ、また次もあるよ」

花は落ち込む僕を見て必死に励ましてくれる。

「そうだね」僕は気の抜けた返事しかすることができなかった。

🏠

週末。最後はバタバタしたものの、これがいい選択だったと僕は考えるようにしていた。今になって考えてみると想定していた予算を1000万円以上超える物件だったし、同時に一軒目であれだけの物件が出てきたわけだから、ほかにもいい物件があるだろうとなんとか自分に言い聞かせていた。

花も僕を励ますためなのか、同じようなことを言ってくれて、なんとか前を向いて家を探そうとしてくれていた。

その後僕らは、毛利から物件の提案をもらい、新築戸建て・中古戸建て、さらにはマンションの提案ももらって、週末になっては気になった物件を見に行ったものの、金額は果たして妥当なのか、どういった観点で見ればいいのかがどうにもわかりきらず、見に行っては二人で「悪くないいけど、うーん」と頭を抱えるばかりだった。

戸建てには戸建ての、マンションにはマンションのいいところがある。一方で物件ごとに惜しい部分ももちろんあって、どれも決め手に欠けているように思えてしまう。そんななかでも、横取りされた感のあるあの戸建物件のことはなんとなく頭に残り続けていた。逃した魚は大きく見えるものだ。

「今回もピンとこなかったねぇ……」家に帰って花はくたびれた声を出した。

「そうだねぇ……」

いつの間にか僕らの家探しは、暗礁に乗り上げてしまったようだった。

🏠

1カ月後。季節はすっかり変わっていた。

その後も変わらず、家のことは二人で探していたもののどこか身が入らない。この金額だったら、あの家のほうがよかったんじゃないかとつい比較してしまい、フワフワした気分のままポータルサイトを見ていたのだった。

「いいのあった？」僕がいつものサイトをタブレットで眺めていると花が話しかけてきた。

「微妙かな。高いくせに狭いんだよなぁ。もしくは駅から遠いか」

「そうだよね〜」

「あとなんかこの前の件でどっと疲れちゃって。いまいち気持ちが入りきらないっていうのもある」

「私が迷ってたから。ごめんねぇ。モチベーションは下がった感じはするよね」

「ううん。花が悪いとかではなくて、自分の問題だから気にしないで。花のほうはいいのあった？」

「実は私もいいの見つけられてなくて。あれだけ迷ってたのにこんなこと言うのも悪いんだけど、物件としてはこの前のがやっぱりよすぎたから」

「そうだよね。僕もいろいろ見てるんだけどさ、いいなって思っても、この前のと比較すると物足りないって思うのが多くて」

「実は本当にいい物件だったのかな」

「どうなんだろうね」

「まぁ、一旦家のことは休憩したほうがいいのかもね」

「いいの？」

「まぁ疲れちゃったし、翔平にも無理させちゃったから、一度家探しは休んだほうがいいかなって。今のままでも住めはするし」

「無理なんてそんな……」

あれだけ家に前向きだった花がやる気を失っていく姿を見て、僕は悲しい気持ちになった。加えて、僕も家のことは真剣に考えていただけに、心にぽっかり穴があいた気分だった。

翌日。どんよりした気分のまま帰路についていると、大学のときのゼミ同窓会メンバーでの飲み会の連絡が来た。言い出しっぺは白濱だ。

白濱はゼミのなかでもとびきり優秀で人望があった。僕も就活から仕事のことまで何度も白濱に相談したし、結婚式の挨拶もお願いした。加えて、ゼミの友達はみんないいやつで、卒業してからもなにかと連絡をとりあっている。もしかしたら、このモヤモヤもみんなと思いっきり飲んだらスッキリできるかもと思い、誰よりも早く参加ボタンを押したのだった。

家を買うきっかけは人それぞれ

物語は青井夫妻が家の購入を検討するところからはじまりました。

本書は初めて家の購入を検討するすべての人の役に立つ学びを提供していきますが、家を購入しようと思うきっかけはもちろん人・家庭によって異なります。

最も多いのは「子供の出生（第一子＋第二子）」です。次いで「結婚」、そして「在宅勤務が増えた・転勤」といった仕事関連。そして「賃貸の更新」と続きます。

本書を手に取っている皆さんも、きっと当てはまるものがあるのではないでしょうか。ただ、これは表面的なきっかけであり、家を買いたいと思う本当の理由はまた別にあるのが実態です。

なぜなら、子供が生まれたからといって、必ずしも家を買う必要はないからです。もちろん家族が増えることによって、今の間取りでは手狭になる、子育て環境もこれから考えないといけないのはたしかです。

しかしながら、子育てには戸建てのほうがいいかも、となったとして、戸建ても賃貸で借りられます。「子供のために、広いところに引越そう。賃貸で」となってももちろんいいわけです。ただ多く人は購入を検討しはじめます。なぜかというとその根底に、「一生家賃を払い続けたくない。家賃がもったいない」という考えがあるからです。

この部分についてはのちの章でより深く学んでいくことになりますが、住宅購入においては必ず資産性（将来にわたって価値が維持されるのか）と「賃貸よりもどれくらいリスクがあり、メリットがあるのか」ということの2つを正しく理解する必要があります。

よくあるのが、家を買うことが目的になってしまい、資産性をないがしろにしてしまっているパターンです。これは特に、「子供の出産」をきっかけにした住宅購入に多いです。子供ができたから家を買わないといけない、戸建てを買わないといけないと思い込んでしまい、「家族のため」が強すぎて十分に検討しないまま資産性の期待できない住宅購入に至り、あとでなんとか売却できないかと相談をされる方もいらっしゃいます。

住宅購入には居住性と資産性において、その家族なりのバランスをとることが重要です。どちらを優先するのも各々の価値観です。資産性だけで購入をする必要もないのですが、必ずしも一生手放さない「終の住みか」にしなくてもよいのです。

家の購入を検討するタイミングは、これからの数年、十数年の人生についてよく考える好機でもあります。ぜひ、住宅購入をあなたの人生をより豊かにするきっかけにしてください。

第2章
伝説の不動産エージェントとの出会い

不動産知識だけを身につけた人がぶつかる壁

数日後の夜。僕は仕事をいつもより早く切り上げて、案内のあった店に向かう。久々に大学の近くに来たが、いくつか店は変われど街の雰囲気は変わっておらず、どこか落ち着く。大学生の頃はここで友達と喋ったりしたな、などと思い出に浸りながら歩いているうちに、気分も少しずつ上がってきた。11月も中旬に差し掛かると冷たい風が吹く。

店に入ると集合時間前だというのにみんな揃っていて、僕を含めた全員がこの会を楽しみにしていたことがわかる。

とりあえずハイボールを頼み、軽い挨拶を済ませているうちに皆がしゃべりだし、僕は嫌なことを忘れられるような気がした。

「最近どう？　花ちゃんは元気にやってる？」

同窓会開始から30分ほど経ったとき、白濱がグラスを持って僕の隣にやってきた。相変わらず短い髪をしっかり整えていて、いかにもデキそうな雰囲気がある。

「うーん。どうだろうねぇ。今は雰囲気はそんなによくないかも」お酒が入って気分が大きくなったからなのだろう。ぽろっと本音を言ってしまった。

「えっ！」と白濱は驚く。そこまで驚かれると事情を言わざるを得ない。

「いやいや、喧嘩とか離婚とかではないんだけど……」

「なんだ。じゃあ、なに？」

「実はさ、花と家買おうかって話になってさ。別にそんなたんまりお金があるわけじゃないんだけど、買えたらいいなと思って不動産会社に行ったのよ」

「いいじゃんいいじゃん」

「でも、実際に不動産会社に行ったら全然うまくいかなくて。いきなりトンデモな高めの金額の家とか提案されて、俺も舞い上がっちゃったのもあるけど、申込みも入れる前に結局他の人に取られちゃって。それ以降もいい物件見つからずでさ。なんだか空回りしちゃったような、いいところを見せれなかった感じでさ。以降なんか気まずいというか疲れちゃったというか」

「よかった……、いや、よくはないんだけど、仲が悪いとかではなさそうで」

「そこはね。とりあえず大丈夫。来年子供も生まれるし」

「そうじゃん！　翔平もパパになるのかぁ」

「まだ先だけどね」僕は少し照れながら答える。

「けど、たしかに家は難しいよな。俺もわりと失敗しそうになったよ」

「ハマが？」驚いて僕は身を乗り出した。なんでもさらりとこなす白濱が失敗しそうになるなんて想像もつかない。

「というか、その言い方は家を買ったってこと⁉」僕はとっさに質問する。

「去年ね。中古のマンションだけど」白濱は誇るわけでもなく言う。さすがだ。

「いいなぁ、やっぱりハマはすごいよ。一流企業で仕事もできて、プライベートも充実させるなんて」

「そんなことないって！　みんなと変わらないよ。給料だって残業があるから多めに見えるだけで、基本給はみんなと違わないはず。普通の会社勤めって感じ」

「またまた！」僕が茶化すと、「まったく……」と言って、白濱は僕にこっそり年収を教えてくれた。たしかに僕とそこまで変わらない。もしかするといいときは僕のほうがもらっているかもしれない。

「な？　変わらないだろ？」

「それなのにどうしてマンションなんて買ったの？　大丈夫なの？」僕は食いつく。

「そう思うよねぇ。俺も当時は本当に買うとは思ってなかったもん。翔平と一緒でなんとなく不動産会社行ってみて、ちょっといいなと思って乗せられて買いそうになって不安になっての連続。情報サイト読んだり、YouTubeで情報集めたりするけど、その度に知識は増えるだけで、物事は前に進まないっていうかさ。しかも、人によっては正反対のこと言ったりしてて、『どっちだよ！』ってなってもう迷宮に迷い込んだよね」

「わかる！　僕もローンがどうとかそういう動画見たし、サイトで調べてみたり、本読んだりしたけど正しい情報がわからなくて」

「だよなぁ。でも、それってほとんど意味ないっぽいというか、必要だけど、多分そもそもその段階じゃないんだよね」

「どういうこと？」

「家買うってなるとさ、まずは金額が大きいから、お金のことから考えはじめるじゃん？　もちろんお金は大事なんだけど、そもそもどう暮らしたいとか、どんな人生にしたいとかってところから考えなきゃいけないんだよね。だから、お金より先に考えなきゃいけないことがあるんだよね」

「でも、僕もそのあたり考えてたよ？」

「おっ！」

「子供生まれるから大きな家でのびのびと育てて、在宅で仕事になっても大丈夫なように仕事部屋がある的な」

「なるほど。たしかにそれも正しいんだけど、もう一歩踏み込むと、**その家で将来どんな人生を送りたいかってことも大事**なんだ」

「というと？」

「今の翔平の考えはこれからの2~3年くらいのプランとしてはいいんだけど、10年後とか20年後として考えたらどう？　子供が大きくなったときとか」

僕は白濱の言葉にハッとする。たしかに僕も花も近い未来のことは想定しながら家のことを考えてはいたが、将来とまで言われると途端に自信がなくなる。

「ね？　意外と考えられてなかったりするでしょ？」

「うん。今めっちゃハッとしたかも。さすがハマだわ」

「いやいや、俺も誇らしげに言ったけど、受け売りだからね。実際は半年後のことすら考えてなかったから。賃貸の家賃もったいないないなくらいの気分で」白濱は笑いながら言う。

「まじ？　ほぼ一緒じゃん！」

「だから、やばかったって言ったじゃん！　だから、当時の俺より翔平のほうがちゃんと考えられてるよ」

「でも、そんなハマがどうしてマンション買ったの？　不動産会社に知り合いがいたとか？」

「うーん、まぁそんなところかな。人にいろいろ教えてもらったのは間違いない。けど翔平も知ってる人だよ」

「え？　誰？」

「灰島さん。覚えてる？　ゼミＯＢの」

「え〜っと……」僕はどこかで聞いたことがあるその名前を必死に思い出そうとした。元々僕や白濱が所属していたゼミはかなり縦のつながりが強く、かなりの人数のＯＢＯＧがいる。実際に、就職活動のときも先輩たちにいろいろアドバイスをもらい、自分もいい就活ができたことを思い出す。しかし、灰島の顔は出てこない。

「あれだよ。あのいつも日焼けしてた人」

「あぁ！　わかった！　ヨット部の人か！　肩の筋肉すごい人！」

「筋肉って！　まぁでもそう、あの人」

灰島は体育会系に所属していて勉強もできる人だった。先生のゼミ生として優秀論文賞を初めて受賞したのも灰島だったと先生が自慢げに話していたのを思い出す。僕らの代で言う完全に白濱ポジションで、その代のみんなのリーダーのような男だ。

「あの灰島さんに相談に乗ってもらってさ。ほら、就活のときもいろいろ話聞いてもらったりして関係が続いてたから」

「灰島さんってそういう仕事してるんだっけ？」

「仕事してるなんてもんじゃないんだよ。もう不動産業界じゃ伝説」

「伝説って大袈裟な」

「いやマジだって。あの人、新卒で大手の不動産会社に入社して1年目から大活躍。なんか、担当してた地域の家は全部灰島さんが売ったんじゃないかくらいの感じで、毎月新記録出しまくってたらしい。それで、外資系にヘッドハンティングされて、そこでも10年間エース社員」

「やばいね」自分とは大違いすぎて嫉妬心すら起こらない。

「でしょ？」

「じゃあ今はその外資系にいるんだ」

「いや、そのあとはＦＩＲＥして、今は不動産投資しながら、紹介制で不動産コンサルタントもしてる。で、あの人のなにがすごいかって、経歴もそうなんだけど、自分でも不動産買ったり売ったりを何回も経験してることなんだよ。わかる？」

「何件も？」

「そう。なんかお客さんと同じ気持ちにならなきゃいけないとか言って売り買いしたらしい。だから、成功だけじゃなくて失敗もしてて、マジで重みが違うんだよね」

白濱の言葉には熱がこもっている。灰島の記憶がたくさんあるわけではないが、たしかにそういった大胆さも持ち合わせていたような印象がある。

「で、そんな灰島さんにいろいろ教えてもらっていいマンション買えたって感じ」

「なるほどね」

「だから、さっきの『どんな人生にしたいのか』みたいなことも灰島さんに教えてもらった。ちなみに灰島さんはそれを『住宅購入の思考法』って呼んでて、それを仕込んでもらった感じ」

「へぇ、めっちゃ羨ましいんだけど」

「翔平も会ってみる？　灰島さんに。ゼミの後輩ならいつでもウェルカムって言ってたから」

「え、急に不動産営業みたいなこと言うじゃん！」僕は茶化しながら言う。

「いやいやそんなんじゃないって！」白濱も否定しながらも楽しそうだ。学生時代に戻ったような気分になる。

と心配で……」

「けど、冗談はさておき、本当に大丈夫なの？　なんか売られたりしないかな。それがちょっと心配で……」

「それは大丈夫。なんなら灰島さん、勉強不足の人が家買おうとしてたら止めるような人で、押し売りとは真逆の人だし、そもそも買わせることが仕事じゃないよ」

「そうなんだ」

「俺も最初は止められたし。今の考えじゃ危険だよって」

「へぇ。なんかいいかも」

「俺も立ち会うから会ってみなよ。さっきも言った通り、いろんな失敗話も知ってるから多分モヤモヤも晴れると思うけど」

「じゃあ、会うだけなら」

「オッケー」

そう言って僕は灰島に会うことになった。結局不動産会社に行くことになったときと同じようなことになる気もして、少し不安ではあったが、白濱とゼミOBの灰島であれば身内とも言えるので多少の安心感はある。

そのあとは大学時代の思い出話や会社の愚痴などをまとまりなくみんなで話して楽しい時間を過ごした。

「翔平！　こっちこっち！」待ち合わせのカフェに行くと、白濱が僕を呼んだ。あれから数日後の仕事終わりだ。呼び出されたのは丸の内のおしゃれなカフェで僕は少し萎縮する。

　ふと目をやると、白濱の横にはいかにも仕事のできそうな雰囲気を漂わせた灰島が笑顔でこちらを見ていた。あの三角筋は今も健在のようだ。

「遅くなってすみません」僕は二人に向かって言う。

「大丈夫だよ、僕らが早く来ただけだから」灰島が爽やかに言う。自分とは15歳ほど差があるはずだが、5歳差くらいしか変わらないような爽やかな見た目だ。なにか特別な特徴があるわけではないが、雰囲気がある。じっとこちらの目を見てきて、僕は思わず目を逸らしてしまう。

「こんなに早く来るなんて思わなかった。実は今日の趣旨をなんとなく伝えておいたほうがいいかなって、先に灰島さんと待ち合わせて話してたんだ。別に翔平の具体的な話はしてないけど」

「そういうこと。だから全然遅れてないよ」

「あ、そうだったんですね。そこまでしていただいてありがとうございます」僕は礼を言いながら二人の段取りのよさに少しだけ警戒する。この流れは、なんだかこの前の営業と同じなのではないだろうかと思いドキドキしてきた。

「それにしても青井くん、久しぶりだよね。ゼミにお邪魔したとき以来かな？　元気にしてた？」灰島は本当に僕を覚えていそうな顔で言う。「覚えていてくださってたんですね。ありがとうございます」

「もちろん！　白濱くんから青井くんの話をよく聞いてたからね」

「え？　僕の？　おいハマ、余計なこと言ってないだろうな」

「言ってないって！　ですよね！　灰島さん」白濱は笑いながら答える。

「うん。優秀な同期だっていつも聞いてたよ」

「そんなことないですよ！　まったく……」一応否定するものの、自分が尊敬する白濱に認められているのかと思うと少しだけ気分が高揚した。

「それで、早速だけど、青井くんも家を探しはじめたとか」灰島は表情は柔らかいままに真剣な目で僕に問う。

目の奥には光るものがあって、真剣にこちらの話を聞こうとしてくれているように感じられるが、僕はまだ警戒が解けなくて顔まわりが硬い。

「……そうなんです。とはいえそんなにお金があるわけではないので、あれなんですが……」

経験豊かな二人を相手にすると自信が途端になくなって、少しずつ声が小さくなっていく。

「ここまでどんな流れだったか聞いてもいい？」不動産会社に行ったときの「戸建てですか？

マンションですか？」という一方的な質問とは違い、灰島は僕の話をまず聞こうとしてくれる。たったひとつの会話ではあるが、どこか信頼できそうな雰囲気を感じた。

「はい。来年子供が生まれる予定でして、それで少し家が手狭なんじゃないかって話に妻となりまして。すぐに買うつもりはなかったんですが、不動産会社に行ってみようって行ってみたんです。そしたら店長さんとかも出てきて、7800万円の戸建てを提案されて。結局先に申込みが入ってしまって買えなかったんですが……。それ以外にも雑誌読んでみたり、YouTubeで情報集めたりはしてました」

「なるほどね」灰島は頷きながら手元のノートにメモを書いている。

「これじゃだめですよね……」

「ううん。そういうことじゃないよ。むしろ家を買おうって行動できるのは素晴らしいと思う。知識だけ増やして行動できない人も多いからね。しかも、壁にぶつかるなら早いほうがいいというか、あとになって壁にぶつかると取り返しつかないことが多いから、タイミングもよかったと思う」

「……本当ですか？」

「うん。住宅購入で一番だめなのは舐めてかかることだからね」

「それ俺のこと言ってます？」白濱が笑いながら口を挟む。

「もしかするとそうかもね」灰島も笑いながら答える。

「ハマも最初は舐めてたってこと?」

「まぁ……舐めてたっていうか、ローンさえ通ればなんとかなるとは思ってたかな。賃貸は借り慣れてたし」

「そうだったね。当時の白濱くんにも言ったんだけど、それが一番危険な考え方なんだ。実際、ビジネスの世界ではものすごく活躍している人でも、住宅購入を賃貸の延長線上と考えてしまって、正しく知らずに購入して後悔するってパターンは多い」

「そうなんですか?」

「実感がわかないよね。じゃあまずはそのあたりから話そうか」

住宅購入の思考法

「青井くんは家を買うときに一番大事なことはなんだと思う?」

「うーん……知識ですか? ローンの組み方とか金利とか、土地がどうとかそういう」

「たしかに大事。でも、一番大事かと言われるとそうじゃない」

「じゃあ、一番大事なものってなんですか?」

「それはズバリ『住宅購入の思考法』」

「思考法?」

「うん。思考法。青井くんの今言ってくれた知識もかなり大事、それは間違いない。だけど知識っていうのはRPGゲームでいうところの武器でしかない。武器がどんなにいいものでも、戦い方が間違っていたらゲームではどうなる？」

「負けることもありますね」

「だよね。それと同じで、**住宅購入も知識という武器はたしかに大事だし、人が知らないような情報で有利になることもあるんだけど、それを使いこなすプレイヤーのレベルも同時に上げていかなきゃいけない**」

「なるほど……」

「しかもほとんどの場合、戦い方の学び方もわからないことが多くて、結果そのまま勢いで飛び込んで、人生で数回とない買い物で後悔することになっちゃうってこと」

「俺がそうでしたね」白濱が笑う。

「白濱くんの場合は致命傷ではなかったけどね。でも、勉強とかスポーツだったら何回も経験を積むチャンスがあって、失敗を成功に活かせたりするんだけど、いかんせん、住宅購入はその金額的なインパクトも含めて何度も経験できるものじゃないから、経験が積みづらい」

「賃貸とかでも経験にはならないんですか？」

「いい質問。賃貸は経験になっていいそうで実は違う。もちろん物件を探して住むところを決めるっていうのは同じかもしれないけど、根本がまったく違う。野球とソフトボールみたいな感じかな？　一見似ているんだけどやってみると全然違う」

「そうなんですね」

「そう。ちなみにアメリカだと平均で日本の約3倍の回数、家を買っているといわれている。生涯でなんども家を買う人が多いから、普通の人でも不動産経験値が高くて、不動産に対する思考法をしっかり持っている場合が多いんだけど、日本だと人生で1回だけってこともザラにあるから、**家に対する経験や知識が育たない。これはこの日本の社会課題**とも言える」

「3倍も……すごいですね……」

僕は気がつくと前のめりになって話を聞いていた。注文していたコーヒーは冷めはじめていて、僕は慌てて飲む。

「でも、何度も買わない人はどうやって戦い方を覚えればいいんですか？　結局、経験が積めないとダメってことかと思うんですけど」

「そのための『住宅購入の思考法』。これまで僕が自分で住宅を購入してみてわかったことと か、住宅購入をサポートしたお客さんたちのケースから大事なことだけを選び抜いたのが、この思考法。だから、実際に経験を積めていなくても、何度も購入を経験した人と同じ考え方ができるってこと」

「す、すごいですね」

灰島の雰囲気も相まって思わず感想が口から出る。

「俺もそれで、初めての購入だったけどいい買い物ができたんだよね」灰島の言葉に被せて白濱が言う。

「少しは伝わったかな？」

少し呆気に取られる僕を見て灰島は僕に問いかける。白濱から百戦錬磨と聞いていたが、この数分でそれが嘘ではないことは感じられる。

「はい。すごく興味あります。……とはいえ、その思考法を知るにはお金とかかかるわけですよね？　灰島さん、その道のプロというかコンサルタントなわけですし」

恐る恐る僕は質問する。そもそもこんな話をタダで聞けるわけない。確認はしていなかったが白濱もきっとコンサル料的なものを払っていたんだろう。返事が返ってくるまでのわずかな沈黙が僕をどんどん気まずくさせる。


「そうだね」灰島は口を開く。


はっきり言おう。家探しは甘いものではない。

これは、脅すわけでも、選ばれた人だけの権利だという意味でもない。

ただ、土地や物件の数が限られている以上、住宅購入は取捨選択がつきものだ。ずっと青い鳥探しをしていても家は永久に手に入らない。

心から納得して進められるかどうかは買う側の努力で決まるところが大きい。家を買うだけなら誰でもできる。ただ、「いい選択をした。買ってよかった」とこの先もずっと思える家を買えるかどうかは君次第だ。

君にはその覚悟があるか。

先程にも増して鋭い目つきでそう言った。僕は電流が走ったように、全身に鳥肌がたった。「覚悟」を問われ、どう答えるか。数秒の刹那だが、僕の頭はぐるぐると回った。

「は……はい。あります。あるんです」声が少し震えながらも僕は答えた。

「最初はなんとなくはじめた家探しでした。でも、ちょっとずつ進むにつれて、妻にとっても、僕らの子供にとっても、きっといい未来が作れるんじゃないかと思ってワクワクしながら家探しをしてきました」

僕はなぜか目頭が熱くなる。

「けど、実際はじめてみたら、わからないことだらけだし、不安だし、周りの人はいろんなことを言うし。みんななんで当たり前のように家とか買えているんだろうと悩んだこともありました。自分は優柔不断で、だめな人間なんじゃないかと。けど、家族のために、将来のために、いい家を買いたい。そこでみんなで楽しく暮らしたい。失敗なんてしたくない」

「そのためなら、なんだってやります。だから、覚悟はあるんです」

覚悟なんて言葉を僕は人生で初めて使ったかもしれない。ただ、言い切ったあとの自分は自然と背筋が伸び、身体は熱を帯びていた。

数秒の沈黙のあと、微笑みながら灰島は口を開いた。

「いい覚悟だね。わかった、サポートするよ。お金も大丈夫だよ。今回は白濱くんからの紹介だし、なによりゼミの大事な後輩だからね。その代わり、普通のお客様と違って、不動産会社との打ち合わせに参加したり、口出ししたりはしない。あくまで、青井くんが自分自身で乗り越えていくお手伝いをするってことでOK？」

「いいんですか…。あ、ありがとうございます！」

嬉しい気持ちと同時に、これだけの雰囲気を持った人に自分がついていけるのか少し不安でもあった。だが、頑張ろうと思ったのも事実だ。僕は乾いた喉にコーヒーを流し込んだ。

「じゃあ、今日はスタートとしてひとつだけ。と、その前に二人は次何飲む？　同じコーヒーでいい？」気配りのできる灰島はさりげなく注文をする。こういう気配りも、いかにもちゃんとしたコンサルタントという感じがする。灰島に促されて、僕と白濱は2杯目のコーヒーを注文した。

「さて、1つ目のレッスン。それは『オーナーとしての自覚を持つ』ってこと」

「オーナーですか……」

「そう。住宅購入は、人生で初めて大きな資産のオーナーになるってことと同義なんだ」

「資産のオーナー……」

「あ、心配しなくて大丈夫。ゆっくり説明するから」

僕が不安そうにしていたのを察知したのか、灰島はすかさずフォローを入れてくる。

「あ、ありがとうございます」僕が安心した顔をすると灰島は続きを話しはじめた。

「じゃあ、わかりやすく賃貸と購入を比較しながら、『オーナーとしての自覚』について話していこうか」

「お願いします」

「ほとんどの人は賃貸物件で不動産経験をスタートさせるよね。まぁもちろん、親の不動産購入を見学する、ということもあるかもしれないけど」

「はい。僕も大学進学で東京に来て初めて賃貸を借りました」

「そうだよね。その時点では、あくまで**物件を借りる立場。ただ、同じ家探しでも、購入となると話はまったく違う**」

「そうなんですね」

「青井くんはまだそこまで引っ越しを繰り返したことがないからわからないかもしれないけれど、賃貸を借り慣れてくると、住宅購入も同じ感覚なんじゃないかって勘違いしてしまう人が実は多い。ここにまず落とし穴がある。それこそ、かつての白濱くんじゃないけど」

「でしたね。大学時代と社会人になってからで合計4回は引っ越ししてますから、謎の自信はありました」

「言ってたね。多分知らないことはないと思います！って」

「基本的に不動産会社とやり取りをするだけだし、ある程度のことは自分で調べて理解できてるって思ってたんですよ。不動産会社に行ったらわからないことは答えてくれるだろうし、お金のこともまぁ父親が銀行員だから聞けばどうにかなるかって」

「そうだった、そうだった。当時の白濱くんは本当にダメなあるあるのど真ん中だった」

「本当にそうでした」

「ダメなあるあるって？」

「今の例もそうなんだけど、**大半の人は、結局賃貸の延長線上に購入があると思ってしまうんだ。シミュレーションすると月々の支払い額は賃貸とそんなに変わらないし、どうにかなるで**

しょって。しかも、こんな言い方したらアレだけど、白濱くんみたいに頭のいい人ほど、自分には知らないことはないって無意識にアクセルを踏んじゃうんだ。その意味では、最初は不安な気持ちを抱えながらも住宅購入を侮らずに少しずつ前に進むほうが正解かもしれないね」

「なるほど」

「住宅購入によって初めて、その家のオーナーとなるわけだけど、これは、完全に状況が変わる。今まで他人が所有する物件を借りていた状況から、自分がその住宅の持ち主となって、ある意味自分自身に住まいを貸し出す側になるという、新たなステージへと進むことを意味しているんだ。つまり、**賃貸とはまったく別の次元で物事を考えなければいけない。賃貸の延長線上という考えは絶対にNG**。これは絶対に覚えておいて」

「わかりました」僕はメモを取りながら頷いた。

「オーナーになることがどういうことかわかったところでもう少し踏み込んでみよう。オーナーには必要な資質が3つある」

オーナーに必要な3つの資質

① 住宅購入は事業計画と同じであると考える
② 責任とリスクのコントロールが重要と理解する
③ 意思決定者として振る舞う

①住宅購入は事業計画と同じであると考える

「それじゃひとつずつ見ていこう。まずは『住宅購入は事業計画と同じであると考える』から。これは、**ローンが深く関係**している」

「ローンですか」

「世の中にはさまざまなタイプのローンが存在するけど、多くの会社や事業主にとって、ローンは事業の目的達成に必要な資金面のギャップを埋めるために借りることが一般的だよね。たとえば、工場を建設し大規模な事業を展開したい場合とか、もしくは人を大量に採用したい場合とか、資金が不足しているから銀行から融資を受けることになる」

「ですね」

「つまり、**住宅購入にもローンを適用するのであれば、それは計画を持った事業の1つとなり得る。銀行も、住宅購入という名の事業計画が安定していると判断すれば、喜んでローンを提供してくれる**。そういった意味で、住宅購入はオーナーとしての責任とリスクを考慮しながら、自分の人生における重要な事業として捉えるべきなんだ」

「事業ですか…なんか壮大な話ですね……」

「あぁ、別にプレッシャーをかけるわけじゃなくて、正しく進めていけば、結果として、オーナーとしての視点も身につくって話だよ。だから家を上手に買える人は仕事にもその考え方が活かせているって人が多いように僕は思うかな」灰島はにこやかな表情で続ける。

「なるほど」手元のメモに灰島の話を書き留める。店内は少しずつ人が増えてきて、僕らの話し声のボリュームも少しずつ上がってくる。

②責任とリスクのコントロールが重要と理解する

「2つ目は『責任とリスクのコントロールが重要と理解する』だね。これはそのままで、オーナーとしての責任とリスクのコントロールが必要ってこと。賃貸とは一番違うポイントだね」

「というと？」

「住宅購入は当然、金額も大きいし、リスクが大きいのはわかるよね？」

「はい」

「その分、得られるものも大きいけど、そこには責任も生じる。家にお金をかけすぎて、ほかのことにお金が割けなくなってしまったとか、幸せになるための家なのに、ローンでずっと家計が圧迫されちゃうとか、そういったことがないようにしなければいけない。賃貸住まいであれば、すぐに引っ越して家賃を変えることは比較的簡単なんだけど、住宅を持っているとそうはいかない。**行き当たりばったりではなくて、オーナーとして、人生設計を立てたり、修正したりすることを癖づけていかないといけない**」

③意思決定者として振る舞う

「それで最後が『意思決定者として振る舞う』だね。これが一番難しい」

灰島の言葉にペンを握る力が少しだけ強くなる。

「スーツとかカバンとか、買い物するときってどうしてる？」

「僕は……店員さんに相談しながら決めていきますかね。どんなものが合うかって」

「そうだよね。普通の買い物はお店の人にアドバイスをもらって、必要かどうかを判断するだけでＯＫ。でも、**オーナーとしての視点で住宅購入を考えると、営業担当はある意味、１００％味方ではない可能性がある。つまり自分を騙す可能性もあるという注意点がある**」

「えーっ、そうなんですね……」僕は毛利の顔を思い出した。そういえば、彼も今から思うとかなり急かせて、焦らせるような言動が多かった気がする。

「本来は自分がどのような目的で住宅を購入し、どんなことを実現したいかを考え、事業計画を立ててローンを借りることが重要なんだけど、実際はそうはいかない」

「なんでですか？」

「それは、**ほとんどの場合、住宅購入が簡単に進みすぎてしまう**から」

「簡単？　すごく大変な買い物だと思いますけど……」

「金額的にはね。だけど、それ以外のところに目を向けると**家を買うのはとても簡単**なんだ」

「えっ……」

「なぜなら、難しい事業計画を書かなくても進むから。企業がローンを組む場合は、綿密に事業計画を作って何度も銀行とやり取りをして初めて融資をしてもらえる。でも、住宅の場合は、詳しい事業計画なんかなくてもお金を貸してくれる。特に日本では、住宅ローンの仕組みも優れていて、金利も安い。アメリカと比べて正社員で信用力がある人も多いから、ローンも組みやすい。加えて、不動産会社も自分たちの利益のために銀行に物件の魅力をアピールし、資金計画を通すことがよくあるから、あまり考えていなくても社員証と源泉徴収票さえあれば、勢いで家を買えてしまうってことが起こり得る」

「そういうことなんですね…僕が不動産会社に行ったときの答え合わせができた気がします。いきなり高い金額の家を提案され、見学を勧められた理由というか」

「そういうことだね」

「だから、普通の買い物と同じように営業担当を信頼しすぎると勝手に物事が進んでしまう。もちろんそれは営業担当が悪ってわけではなくて、**後悔をしたくないならば、あくまで自分で決めるという自覚を持たなければいけない**ってこと。その意味では、いきなり家を提案されても冷静になって迷うことができた青井くんと奥様は、十分センスがあると思う」

　不意に灰島に褒められて、僕は少しだけ嬉しくなる。隣の白濱もうんうんと頷いてなぜだか嬉しそうにしているのがこそばゆい。

「ここまではわかったかな？」

「はい。すごく勉強になりました」

「次は『家を買ったほうがいい人と賃貸でいい人』の違いについて考えていこう」

「おお……ぜひ知りたいです」

思考法 2 家を買うべきかどうかの判断ポイントを知る

「まず、賃貸と購入にはそれぞれメリットもデメリットもある。重要な違いについてまとめるとこんな感じ」

「ふむふむ……？」

「初期費用の違いについてはなんとなくわかると思うけど、この資産性の違いというところが大きなポイント。が、この点は奥が深いのでまた追って解説するね」

「は、はい」

「これを踏まえて、家を買ったほうがいい人を一言で言うと、『好条件で住宅ローンを組めて、資産性の高い物件を買って、5年以上は住む見通しが立つ人』だと僕は考えている。ポイントは3つあって、まず1つ目が好条件で住宅ローンを組める人について。当然ながら誰しも住宅ローンを組めるわけではないし、人によって銀行が提示する条件は異なってくる。ある程度安

賃貸と購入のメリット・デメリット

	初期費用	資産性 将来にわたって価値があるか	流動性 すぐ手放せるか	その他
賃貸	低 賃料の3－4カ月分	×	○	・人によっては家賃補助を受けられるなど、経費として扱える ・突発的なリフォームや修繕費用がかからない（ただし、賃料に内包されている） ・老後、住む場所に困る可能性がある
購入	高 物件価格の7％ほど	○ ただし、モノによる	△	・（ローンを組む場合）住宅ローン控除を受けられる ・団体信用生命保険（団信）に自動的に加入できる ・変動金利の場合、金利上昇による支払い額の上昇リスクがある

定した企業に正社員で勤めている人は、好条件のローンを借りやすい。一方で、フリーランスや経営者、契約社員といった人は銀行からすると安定性がないため、ローン条件が悪くなってしまうことが多いんだ」

「僕は正社員だから……条件にあってそうですね。たぶん」

「そうだね。一方でフリーランスや経営者は自分の家賃を経費だったり会社が負担できたりするため、税務上のメリットが受けられたりする。そういう人は賃貸を選択するのもいい。2つ目は資産性の高い物件という点。資産性とは、将来も価値が保たれやすいことなんだけど、これは購入エリアに関わってくる」

「エリア、ですか」

「たとえば、不動産の将来の価値に大きな影響を与えるのが人口だったりするんだけど、郊外都市やアクセスが悪い場所・エリアで家を探している人は、将来住む人が減って売りたくても売れない、つまりは価値が減りやすい恐れがある」

「0円でも売れないとか聞いたことあります……怖いですね」

「あれはかなり極端な例だけどね。でもまさにあれはいい例で、そういう場所で居住を検討している人は、賃貸のほうがリスクが少ない。一方で、都市部やアクセスがいい場所など、人口が増える。すなわち土地の価値が上がりやすいエリアでの生活を希望している人は購入を選択したほうが得になりやすいんだ」

「たしかに、気になって僕が住んでいるエリアの人口予測を見たことがありますが、僕の場合はなんとか大丈夫でした」

「うん、首都圏や都市部近郊で探している、という場合であればまず安心だけど、細かいエリアによっても違いはあるからしっかりチェックしよう。最後は5年以上は住む見通しが立つ人。これは物件購入は初期費用が物件価格の7％程度と高くつくため、よっぽど値上がりしない限り、短期で売却となってしまうと手数料が重くのしかかってしまって賃貸よりも損をしてしまう可能性が高い。そのため、ある程度自分のライフスタイルの見通しが立ったタイミングでの住宅購入が望ましいね」

「僕の場合は、子供が生まれてからはしばらく住む予定で考えてますので、これも大丈夫です」

「そうだね。まだ詳しく話を聞いてないから断言はできないけど、青井くんの場合はおおよそ家を買ったほうがいい人になるんじゃないかな」

「よかったです！　ちなみに、ということは、『住宅ローンを有利に借りられなくて、人口が減りそうなエリアで暮らそうと思ってて、5年未満で住み替える可能性もある』人は賃貸のほうが向いている、ということですかね？」

「お、さすがだね。そのとおりだよ。あとは会社からの賃貸補助が手厚い人、とかもあるかな」

灰島に褒められると、不思議と嬉しくてニヤついてしまう。

「ということで、今日はここまでかな。結構時間経っちゃったし」

灰島に言われて店内の時計を見るとすでに1時間半が経過していた。そんなに時間が経ったとは思っておらず、あらためて自分が夢中になって話を聞いていたことに気がつく。

「次回の日程をどうするか、またメールでやり取りしようか。ここに時間があるときに連絡くれれば」そう言って灰島は連絡先の入った名刺を渡してくれた。

帰りの電車のなかで僕は今日のことを復習するように自分のメモを読んだ。パッと目線を上げたときに見えたマンションの電車広告も今までとは違った見え方がした気がした。

20XX年11月15日

・住宅購入には思考法が大事

・住宅購入と賃貸とはまったく別物

賃貸は何度も借りているからと侮らない

・住宅購入は初めてのオーナー

・オーナーとしての3つの資質

1 住宅購入は事業計画と同じであると考える

2 責任とリスクのコントロールが重要と理解する

3「意思決定者」として振る舞う

Column

不動産リテラシーが低いと起きてしまう5つの後悔

住宅購入の思考法に触れた青井翔平。住宅購入は大きな決断であり、その決断には豊富な不動産リテラシーが必要です。私は多くの住宅・不動産購入者の方を見てきましたが、〝不動産リテラシー〟のあるなしがその後の人生に大きく影響すると感じることは多いです。

ここでいう不動産リテラシーとは、不動産に関する知識のあるなしのみならず、住宅を買う・資産を持つ・ローンを借りるということに対する理解の深さを指します。なにがいい選択なのかは個々のライフスタイル、将来設計、そして物件の特性によりますが、どんな人にも共通するリテラシー＝住宅購入の思考法はあります。ぜひ本書を通じて学んでください。

さて、本書本編ではなかなか住宅購入における失敗や後悔については触れることが難しいこともあり、このパートでは住宅購入におけるよくある後悔について紹介します。ぜひリテラシーを高める一助にしていただければと思います。

旧耐震マンションリノベーションの後悔

築古の住宅のリノベーションが流行っていますが、築古、具体的には旧耐震物件（1982年6月以前に建築確認がおりた建物）の場合、購入後の躯体トラブルや管理規約の厳しさによって想定よりもリノベーション費用がかかってしまうなど、想定外のことが起きやすいです。

すべての築古物件がNGというわけではまったくありません。ただし、そういった物件を見極める力が皆さんと、あなたをサポートするエージェントにも必要であるということは認識しておきましょう。また、旧耐震マンションは今後の住宅ローンの審査が厳しくなっていく可能性もあり、将来の資産性については注意が必要です。

眺望の変化で後悔

よい眺めがある物件を選んだにもかかわらず、あとになって、近くにビル・マンションが建設され、眺望が失われる場合もあります。数十年後の計画はもちろんわからないですが、すでに発表されている計画はあるのか、近くの国道や公的建築物との地理的関係はどうか、高さ制限はどうかなど、リスクを確認して購入することも重要です。

収入に対してパツパツの支払いでローンを組んで後悔

今の収入に対して大きいローンを組んでしまったばかりに、生活スタイルの変化や望むキャリア選択を取れない後悔もあります。

特に、ペアローンを目一杯に夫婦で組んでしまっていると、どちらかが仕事を辞められずに苦しむケースもあります。もしくは、やりたい仕事があり、年収が下がるような転職をしたい場合でも、住宅ローンのせいで仕事を簡単には変えられないなど、人生の選択肢を狭めてしまうこともあります。

住宅購入はあくまでも幸せな未来のための手段。リスク管理とのバランスの取れた購入計画が必要です。

学区にこだわりすぎて後悔

子供の教育のため、と人気公立校の学区に限定して探されている家庭も多いです。多くの場合は人気学区の物件は価格が高く、駅距離や広さを大きく妥協するといった、家族のライフスタイルやプランに合わない購入に至ってしまうケースがあります。

学区にこだわるのであれば、希望の私立に通わせられる資金を手元に残しつつ、自由な場所で物件を選ぶのがベターな場合もあるのではないでしょうか。

待ちすぎて後悔

「今は高い」という理由で購入を遅らせると、その期間に払っている家賃も積み重なり、結果的により高くつく可能性があります。待つコスト以上の値下がりがどれくらいの可能性で期待できるのか。市場をよく理解し適切なタイミングを見極めることが重要です。とはいえ、それはプロでも難しいことです。

後悔ばかりお伝えすると不安になってしまう人もいるかもしれませんが、安心してください。実際には、多くの人は満足のいく不動産購入を実現されています。

ただ、住宅購入という選択が正解だったかどうかの答えがわかるのは実は購入して数年後ではなく、もっと先であることが多いです。物件のよし悪しだけでは足をすくわれるのが、人生で最大の買い物である住宅購入です。ですから、このあとの章でもお伝えする住宅購入の思考法を1つずつ身につけていってください。

第3章

住宅購入のバランスシートで見えてくる現実

自分の資産を把握していない人は意外と多い

昼食のパンを食べながら僕は手帳のメモを眺めていた。灰島に会って、家を買う難しさを克服できたわけではなかったが、これまでとは違った見え方ができたのも事実だった。

特に「知識だけあっても戦い方が間違っていたら意味がない」という灰島の言葉は今でも頭に残っている。

時間があるときにポータルサイトや住宅ローンの記事に目を通すこともあったが、鵜呑みにするわけではなく、今の自分では持て余してしまう情報なのではないかと思うようになった。

ちなみに、あのあと、灰島から教わったことを興奮気味に花に話したら「でも、具体的にはどうすればいいの？　言っていることはわかるけど、それで私たちの予算が勝手に増えるわけではないでしょ」ともっともなことを言われてしまった。

今になって冷静に考えてみると花の言うことも一理ある。灰島の言うことは正しそうだし、実際に白濱は成功している。だけど、具体的にはどうすればいいのかはまだわからないのだ。実際ははじめの一歩に何から悩めばいいかすらわからないというのが現状だった。

そんなことを考えながらパンをかじっているとスマホにメールの通知が来た。なにも考えずに開いてみるとハウスビクトリーからの営業メールだ。

from：mouri@@@@@@@@@@
cc：all@@@@@@@@@@

Title：【未公開限定物件！】今注目の○○駅から徒歩12分！

青井様

お世話になっております。
ハウスビクトリーの毛利でございます。

先日も奥様とご来店いただきまして誠にありがとうございました。

早速ですが、先日ご案内した物件とは別に、お二人にぴったりの物件が出てまいりました。
ご希望されていた駅とは少し離れておりますが、今最注目の城南エリアです。

こちらまだ未公開物件でして、どのお客様よりも先に青井様にご案内をさせていただきました。

もしよろしければ内見などいかがでしょうか。
11月20日・21日であればすぐに対応可能でございます。

何卒よろしくお願いいたします。

ハウスビクトリー　毛利正

★★★★★★★★★★★★★★★★★★★★★★★★★★★★★★

いかにも営業メールな内容でちょっとだけ心が重たくなる。まだ戸建てかマンションかさえも決めかねているのに、内見の日程を送ってくるあたり「とにかく内見」というような執念めいたものが透けて見える気がして、余計に気持ちが冷めていく感じがした。

その日の夜、風呂上がりにやることもない僕はなんとなくテレビを見ていた。リモコンを片手に何度もチャンネルを切り替える。イマイチな番組が続くなか、人気リフォーム番組の再放送を見つけた。

親から相続した築50年の家が綺麗に生まれ変わるというのを見て、純粋に戸建てはいいなと思うとともに、すでに家があるのを羨ましいとも思う。そんなことを言えば、僕だって広島に帰れば資金援助も土地もあるわけだが、そもそもライフプランが大きく変わってしまうのでそれはなしだ。

そんなことを考えながらテレビをなんとなく見ているとやっぱり家への未練が出てくる。ずっとこの繰り返しでうんざりもするが、思ってしまうのだから仕方がない。

家のことを花に話すとまた気まずくなる気がして、次の手が浮かばない限りはなかなか口には出せない。僕はふと灰島のことを思い出して、また話を聞いてみたいと思って、手帳に挟んでいた名刺のアドレスに連絡した。すぐに返信があって、灰島とは今週末の仕事終わりにまた例のカフェで会うことになった。気持ちが少し高揚した。

金曜日の仕事終わり。

「ごめんごめん、少し遅れちゃって」灰島が席にやってくる。前回と同じで雰囲気がある。今日は白濱もおらず二人だからなのか、この前よりも緊張している自分に気がつく。

「全然大丈夫です。むしろ時間つくっていただいてすみません」

「いや、実はあのあとも青井くんのことを気にしてたからよかったよ。思考法のことについて話したけど、少し抽象的な話がメインだったから。でも、こっちから連絡すると逆に営業っぽくなってしまってプレッシャーかなって」

「お気遣いいただいて、ありがとうございます……。実はあのあと妻にも話したら、『でもオーナーの自覚を持つって実際にどうすればいいの？　会社経営でもして経験積むわけ？』と言われてしまって」

「面白い奥様だね。たしかにこの前の話だけだとそう思うよね」灰島は笑いながら言う。

「すみません……僕の理解力があればいいんですが」

「ううん。もちろんこの前話した思考法が一番大事なんだけど、そのあとには実践で意識すべきこともたくさんある。今日はそのことについて話そうか。そうすれば着実に住宅購入への道が開けてくると思うよ」

「そうですか。でも、この前のお話を聞いてからも家の見方は変わったんです。なんというか具体的に考えられるわけではないんですけど、マンションの広告とか見ても、そこを買った人はどんなオーナーなのかなって想像するようになって、レベルの低いことかもしれないですけど……」

「その意識が大事だよ。テクニックじゃなくてそういったことを想像することからはじめないと。その意味では前回の話は成功だったと言えるのかな」

「よ、よかったです……!」

「じゃあ、今日は少しだけ話を具体的にしていこう」

「よろしくお願いします……!」

思考法

3 自分の資産を可視化せよ

「この前、購入と賃貸はどこが違うのかということを青井くんには知ってもらった。そのポイントがオーナーとしての考え方だったわけだけど、これだけだと、青井くんや奥様が感じたように具体性に欠けてしまう」

「ふむふむ」

ファーストリテイリングの貸借対照表（BS）

連結BS（2023年8月期）

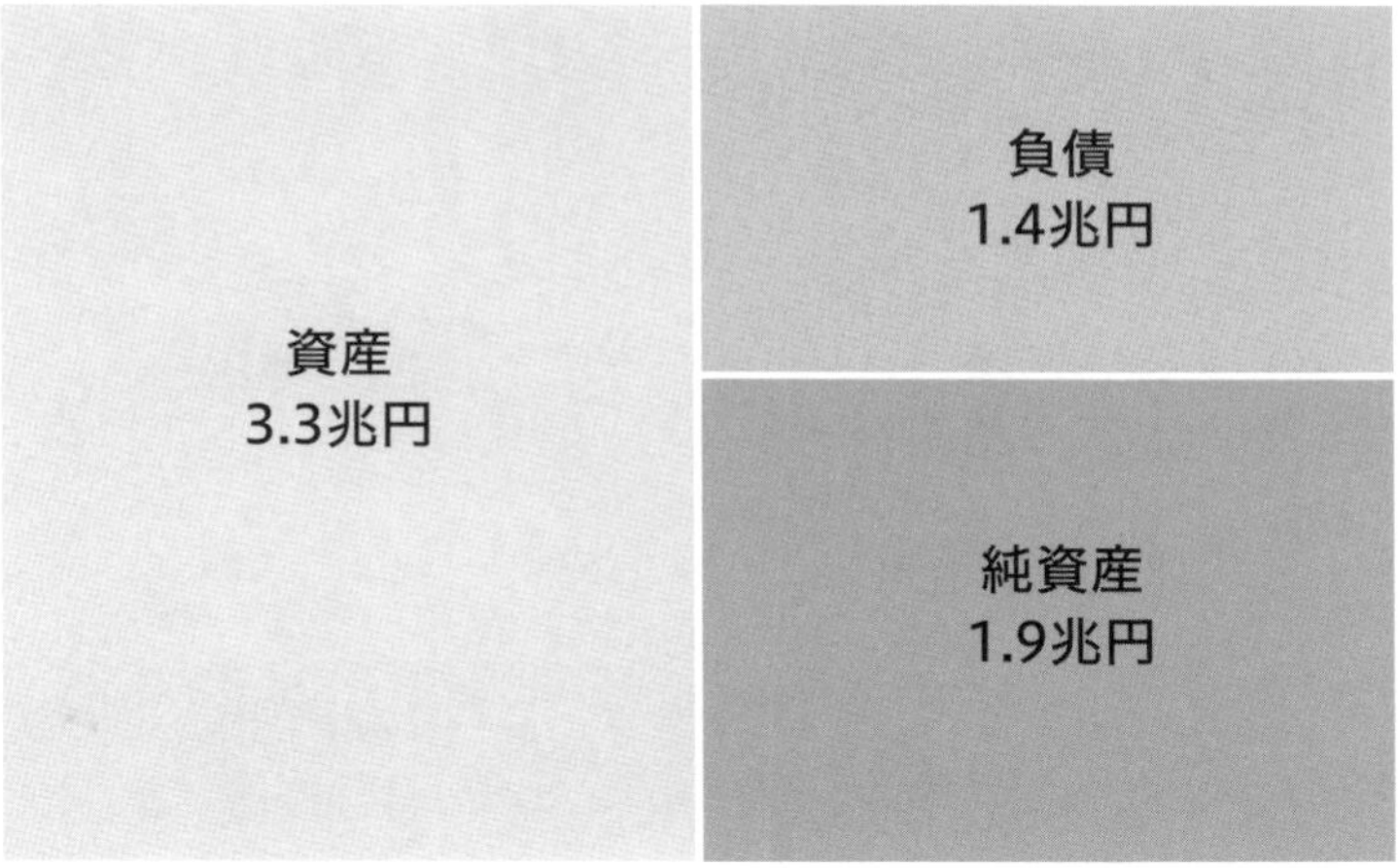

「そこで大事になるのが『住宅購入のバランスシート』」

「バ、バランスシートですか……」

「そう。会社の経営には必須と言われるものなんだけど、馴染みは……？」

「ないです……かろうじて名前を聞いたことあるくらいというか」

「OK。**バランスシートで明らかにできることを一言で表すと『自分の資産の変化』**だ」

「住宅も資産のひとつってことですか？」

「まさにその通り。通常のバランスシートはその企業が調達したお金や資産などを一覧にして会社の安定度を見るものなんだけど、これはそのまま住宅購入に応用できる。たとえば、みんながよく知っている企業、そうだなあ……、ユニクロ、企業名はファーストリテイリングだけど、そのバランスシートを見て

楽天グループの貸借対照表（BS）

連結BS（2023年12月期）

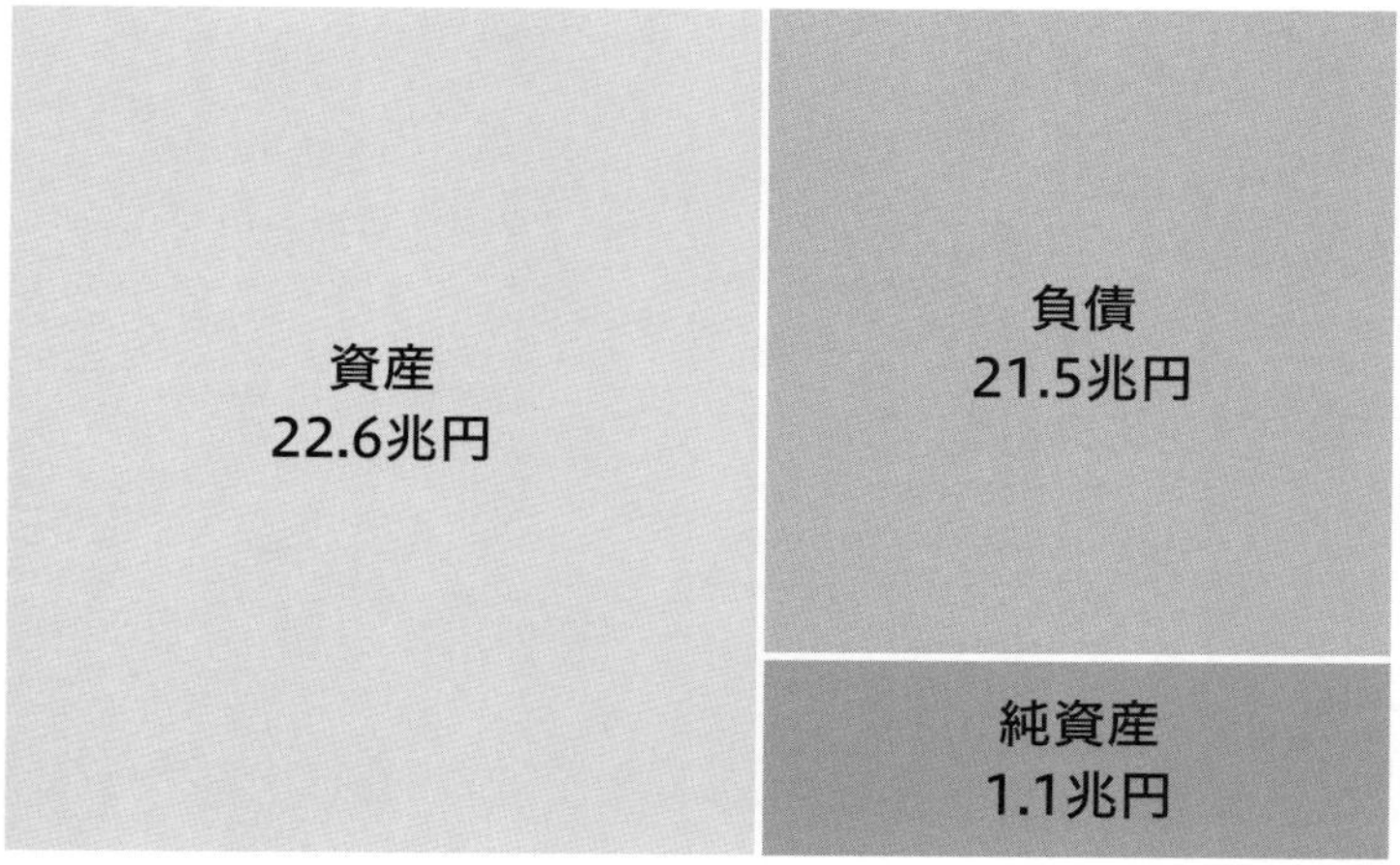

みようか」

　そう言って灰島は、携帯で数字を見ながら、ささっと図を書いた。

「簡単に書いているけど、この左側が資産。つまりファーストリテイリングは、約３兆円の資産を持っている。そして右側が純資産、つまり本当に自社で持っている資産と、負債にわかれる」

「資産のうち半分弱は借金でまかなっているってことですね！」

「お、その通り、理解が早いね」そう言われると少し嬉しくなる。

「一方で、楽天のバランスシートを見てみるとどうなるか」再び灰島は携帯を見ながらささっと図を書く。

「うわ、純資産めっちゃ小さい！」

「そうだね。まぁ楽天グループはさまざまな事業を展開しているから、しょうがないといえばしょうがないんだけど、それでもなんとなく借金が多いイメージが湧くよね」頷く僕に灰島は続ける。

「借金が多いからだめとかいいとかは今回は関係なくて、大事なのはこの資産・負債・純資産の3つの関係」

資産・負債・純資産の3つの関係 ——★☆☆

- **資産：人・会社が持っているものすべて**（現金・株式・不動産・車など）
- **負債：誰かから借りているもの**（借金など）
- **純資産：人・会社が純粋に**（借りているものを全部返したときに）**持っている資産**

人や企業は、先ほどの図の右下にある純資産を少しでも増やすために日々活動しています。一方で純資産を将来的により増やしていくために、借入れをして、設備投資などを行い資産を増やすことはビジネスの世界では当然に必要です。

無借金経営がいいという意見もありますが、安定性という観点では利点があるものの、お金が貯まらないと投資が行えず、純資産が増えるペースが遅くなってしまいます。負債は必ずしも悪いものではなく、純資産を増やすために不可欠なものでもあるのです。

「実はこのバランスシート、企業のためだけのものかと思いきや、個人の資産状況も表せる優れものなんだ。さて、住宅購入における負債というと？」

「住宅ローンですね！」

「その通り。自分のバランスシートが理解できるようになると、住宅購入における大事なポイントが見えてくる」

「なるほど、**住宅購入に必要なお金や家計のリスクが見える化できる**ってことですね！」

「そう。つまり、『なんとなく買えそう』とか『まぁなんとかなるでしょ』みたいなことはまずなくなる。同時に、数年後の自分の資産状況のシミュレーションもできるから、将来の不安も和らげることができる」

「め、めちゃ住宅購入にぴったりなシートですね……！」

「使いこなせればね。もちろん難しいものではないけど、これも知識のひとつだから、しっかりと青井くんのレベルも上げていきながら見ていこうってことで、早速これ」そう言って灰島は1枚の紙を僕の前に出した。

「これって」

「今話したバランスシート。多分実物を見てもらいながらのほうが話が早いから」

「あ、ありがとうございます……！」

「主にこのシートは3つのステップにわかれてる」

PL思考と住宅購入バランスシート

PL思考

支出			収入		
項目	金額	コメント	項目	金額	コメント
税金・保険料			額面給与		
家賃			その他		
水道光熱費					
通信量					
食費					
娯楽費・交際費					
保険					
その他					
余剰資金					
合計					

BS思考

現在

資産			負債・純資産		
項目	金額	コメント	項目	金額	コメント
現金（預金）			借り入れなど		
有価証券			純資産		
合計					

(　　　　)万円の物件購入直後

資産			負債・純資産		
項目	金額	コメント	項目	金額	コメント
現金（預金）			住宅ローン残債		
有価証券					
住宅			純資産		
合計					

物件購入10年後

資産			負債・純資産		
項目	金額	コメント	項目	金額	コメント
現金（預金）			住宅ローン残債		
有価証券					
住宅			純資産		
合計					

住宅購入バランスシートの3ステップ
ステップ1　今の生活を簡単に整理して把握する
ステップ2　バランスシートで自分の資産を可視化する
ステップ3　バランスシートで家を買ったらどうなるか計算する

ステップ1　今の生活を簡単に整理して把握する

「ひとつずつ見ていくよ。まずは今の生活の整理。青井くん夫婦の今の支出と収入を、この項目に沿って埋めてみて。細かい数字である必要はないからざっくりで大丈夫」

「わかりました」

月収を書くのは財布事情が見られるようで少し気が引けたが、灰島はこんなもの何度も見慣れているのだろう。まったく反応することなく、僕の作業を見守っている。実際に記入をしてみると項目は埋めやすいものばかりで、家を買う買わない関係なく、自分の生活が見えて少しだけ面白い。僕は1分ほどで作業を終えて灰島に紙を見せた。

「うん。いい感じだね。ちなみに青井くんは家計簿とかつけてる？」

「いえ、特には……」

「やってみてどうだった？」

青井家の収支状況

支出			収入		
項目	金額	コメント	項目	金額	コメント
税金・保険料	12.5万円	25%で粗計算	額面給与	50万円	
家賃	10万円	妻と分担	その他		
水道光熱費	2万円	おおよそ			
通信費	1万円				
食費・交際費	10万円				
趣味・娯楽費	5万円				
保険	1万円				
その他	3万円	洋服や旅行			
余剰資金	5.5万円				
合計	50万円			50万円	

「面白かったです。意外とお金使っちゃってるなとかもわかって」

「よかった。これはいわゆる企業におけるPL（損益計算書）にあたるんだけど、これはみんななんとなく理解がしやすい。大事なのは、今言ってくれたとおり、ステップ1ではまず自分の収支がどうなっているのか整理すること。やってみると簡単なんだけど、できている人は意外と少ない。特にお金に無頓着な人だったりすると今はなんとかなっているからいいかってなったりする」

「僕がそうかもです……」

「だから、まずはここで確認。しかも、家を買うときに家の値段がいくらとか、ローンがどうとかそういった『家にかかるお金』は調べる人が多いんだけど、**『自分の今のお金の流れ』を把握できている人は少なくて、あとに**

なって意外と苦しいってことがよく起こる」

「なるほど」

「これは、今後も状況に合わせて何度も計算してみてほしい。あと、今日練習としてパッと答えてもらったけど、だいたいみんな、収入は大きく、支出は小さく書きがちなんだよね」

そう言って灰島はにやりと笑う。

「そ、そうですかねぇ？　ま、まぁもしかしたらそうかも……？」

「もちろん最終的なところはプロに確認・相談したほうがいいけど、自分で意識づけをしておくことが一番大事だね」

「わかりました！」

ステップ2　バランスシートで自分の資産を可視化する

「青井くんの収支がわかったところで、次は資産について見ていくよ。預金や保有している証券があればシートの2段目に記入してみて」

こちらも記入するのは気が引けたが、先ほど収支を公開してしまったからなのだろうか、少しだけ抵抗がなくなっている自分がいる。

「これ、右側の『負債』のところって？」

「もし自動車ローンとかキャッシングローンとかの借入れがあればそこに記入してみて。なけ

現状では「資産＝純資産」の状態

現在

資産		負債・純資産	
項目	金額	項目	金額
現金（預金）	450万円	借り入れなど	0円
有価証券（投資信託など）	50万円	純資産	500万円
合計	500万円		500万円

れば空欄のままで大丈夫」

「そういうのはないので、できました」

「うん。いいね。これは把握しているかもしれないけど現状の青井くんのお金として見えている資産ね」

「そうですね」

「ここではまず、**『見える資産』がどうなっているのか知るのが大事。**このあと、家を買った場合にこの資産がどう変わっていくのか見ていくのに使う。そのときにそもそも自分の見える資産がわかっていないと変化の流れがわからなくなって、住宅購入で単純に貯金が減っちゃった、借金が増えたってネガティブになってしまうから、大事なステップなんだ」

ステップ3　バランスシートで家を買ったらどうなるか計算する

「最後に今の資産に加えて家を買った場合、自分の資産がどう変化していくのかバランスシートで見ていくよ。ここで初めて、賃貸と購入がどう違うのか、家を買うと将来どうなっていくのかわかってもらえると思う。そうだな……、じゃあ諸費用350万円で5000万円の家を買う計算をしてみようか。フルローンで5000万円借りる計算で」

僕は言われたとおり、5000万円の家を買う計算でシートを埋めてみる。

「『住宅』のところに5000万円と書けばいいですか？」

「そう。買った直後はまだ値段が変わってないからそれで大丈夫。それで、『住宅ローン残債』のところも買った直後だからそのまま5000万円」

灰島はシートを指差しながら丁寧に教えてくれる。

「できました。なんか資産がすごく増えた感じがします。5000万円以上あることになるんですね。負債も同じですけど」

「そうでしょ。これが住宅購入のインパクト。家はただの住むところじゃなくて、立派な資産ってことを感じてほしい。さっきの預金や証券を見える資産としたけど、**家はそれらよりも、もっと資産としての価値が目に見えにくい**。それが感覚的にわからないと、負債ができたうえ

5000万円の住宅購入直後は純資産が減少

5000万円の物件購入直後

資産		負債・純資産	
項目	金額	項目	金額
現金（預金）	100万円（住宅購入費用分減少）	住宅ローン残債	5000万円（金利1% 35年ローン）
有価証券（投資信託など）	50万円		
住宅	5000万円	純資産	150万円（純資産は減少）
合計	5150万円		5150万円

に預金は減ったって、見えるお金のところにしか意識が向かなくなってしまう。ローンは借金だからやめとけ、って言う人もいるよね。大事なのは、住宅購入の場合、**お金は減っているけど、資産はこんなにも増えてる**ってことなんだ」

「見えるお金は減っているのに、資産は増えてる……」

なんとなくではあったがこの言葉に住宅購入の本質が詰まっているように感じた。

というのも、**賃貸だったら住んでいるところが資産になるという考え方はまずない。家賃を大家に支払うだけなので、掛け捨て状態だ。そのため、資産かどうかなどと考えずに、いかにコスパに優れていて住みやすいかしか基本的には考えてこなかった。**

今になってよく考えてみると僕らは、これ

まで**賃貸の延長線上としてしか住宅購入を考えられていなかった**のではないだろうか。ひたすらに「お金を払って住むところを探す」。ただそれだけを考えていたことにふと気がつく。だからこそ、いきなり大きな金額を出されたときも、それが自分の資産になるとは考えずに「住むところとしては高い」とこれまでと同じ感覚で判断してしまい、思考が停止してしまっていたのだろう。

僕はほんの数秒のあいだで、頭のなかのパズルがハマるような感覚があった。

「なにか掴んだ?」灰島はそれを感じ取ったのか僕の目を見てニヤリと笑う。

「はい。少しわかってきた気がします」

「よし。じゃあこのままラストにいこう。最後は10年後にその資産がどうなっているか計算してみるよ。預金とか証券の金額は一旦そのままで、10年間この家に住んだらどうなるか」

「まずはローンが減りますよね」

「そうだね。だから負債のところは残債を記入。金利1%で10年だと……3745万円だね」

そういって手元の電卓でぱっと計算するあたり、灰島が何度もこの計算をしてきていることがわかる。

「わかりました。ほかのところは……あれ?」

少し気分が乗ってきたところでふと手が止まる。

「これ、資産としての住宅ってどう見たらいいんですか? 10年後も5000万円の価値のま

住宅購入後は純資産が増えていく

物件購入10年後

資産		負債・純資産	
項目	金額	項目	金額
現金（預金）	100万円	住宅ローン残債	3745万円
有価証券（投資信託など）	50万円		
住宅	4522万円	純資産	927万円
合計	4672万円		4672万円

まじゃないですよね？」

「いい気づき。そのとおり。ここではそうだな……一旦4522万円と入れておいて」

「わ、わかりました」

「今、気がついてくれたところがまさにポイント。基本的に家は買ったときから価値が変わらないなんてことはまずない。古くなるわけだから、よほどのことがない限り基本的には価値が下がる」

「そうですね。なんかこう見ると資産の合計は減っていいて少しショックかも……」

「でも、住宅ローンの残債も減っていくから、合わせて見ていくと純資産は927万円と増えている」

「あ、ほんとだ！」

「これはローンの返済ペースよりも家の価値の下がるペースが遅いから。つまり、1年目

家を買ってから10年間での資産変化

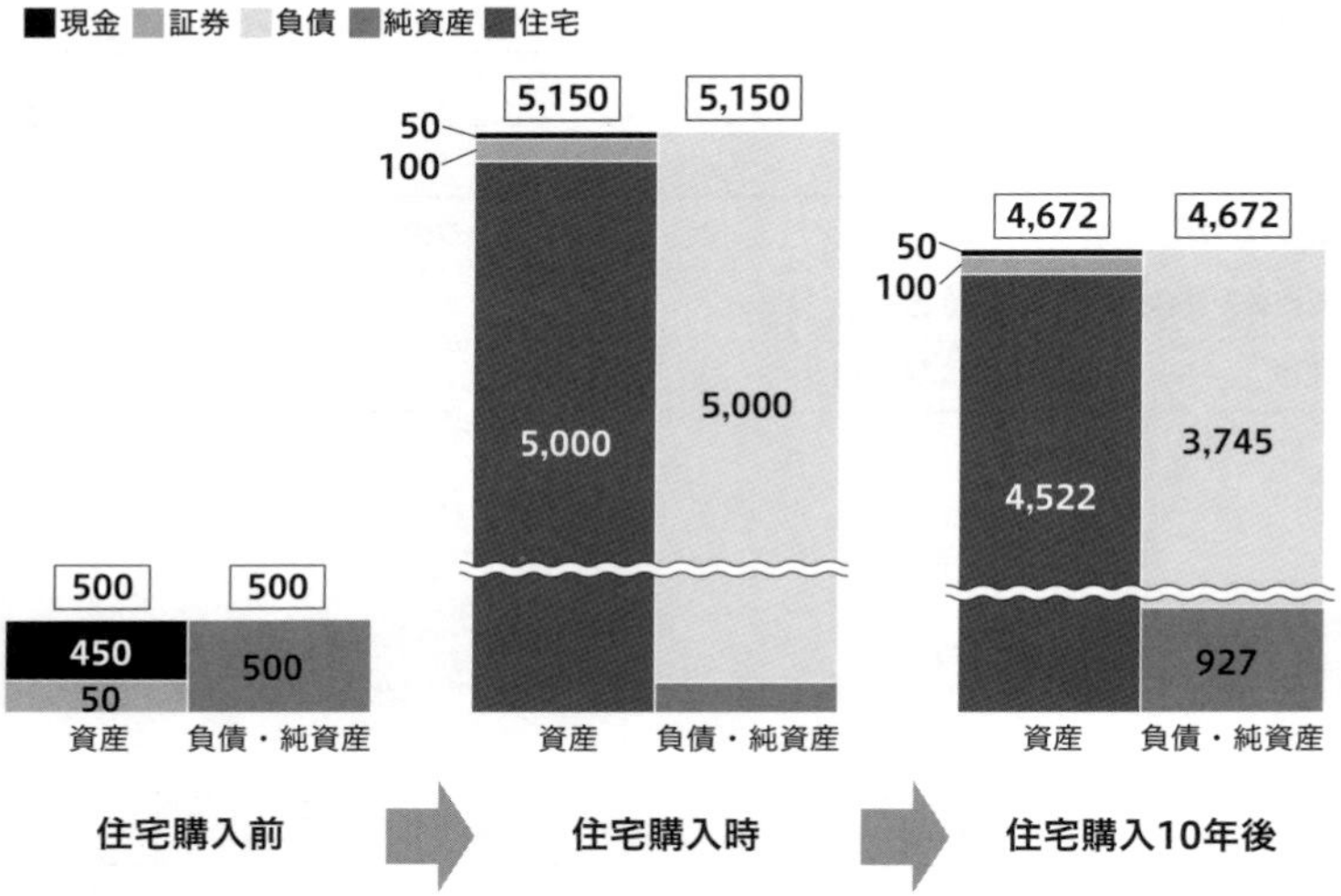

は住宅という資産を持っているものの、負債だけで住宅資産を増やしている状態だったけど、10年後は自分の純粋な資産になっている割合が増える」

「なるほど」

「だから、もしローンの返済ペースよりも家の価値が下がるペースのほうが早かったら、それは資産性が低い物件と言わざるを得ないね。さっき10年後の家の価値を４５２２万円で入れてと言ったけど、これは毎年１％ずつ価値が下がっていった場合の計算をしているんだ。そんな物件に住めれば、10年後はこれくらい純資産が増えているということだね」

「おお……。け、けど、結局住むところって考えて売却を考えなければ、資産性がなくてもローンさえ返せればいいわけですよね」

「もちろんそうできればね。ただ実際は人生

100年時代と言われる世の中で、ずっと同じところに住むっていうのは現実的じゃなくなってきている。たとえば青井くんの場合、32歳で家を買ったとしたら100歳まで65年以上もある。子供が大きくなったり、自分たちが年老いたりしてきたときに住み替えたくなってから、またイチから家を買うお金をつくるってかなりキツいと思わない？　年齢的にローンも借りづらくなってきているし」

「た、たしかにそうですね」

「もちろん、資産性だけを追い求めるのが最適とは言えないし、住みやすさ優先でいい。だけど、資産性を少し考慮するだけで将来なにかあったときのリスクヘッジもできる。初めて会ったときの復習だけど、家を買うっていうのは事業計画と同じなわけだから、『買い物して、はい終わり』じゃなくて、むしろ買ったその先の人生のなかでどう運用していくかを考えたほうがいいんだよ」

住宅ローンの基礎 ―― ★★★

住宅ローンは奥が深い世界です。まずこの段階では基礎の基礎を押さえましょう。

住宅ローンを比較するには、３つの軸があります。それが、

・金利

・保険
・初期費用
です。

金利は安いほうがいいに限りますが、固定金利と変動金利で大きく世界が変わります。固定金利と変動金利の違いについてはあとの章でまた詳しく説明していきますので、ここではまず、ずっと金利が変わらない固定金利と、借りている最中に金利が変わる変動金利があることを頭のなかに入れておいてください。

保険については住宅ローンを借りるためには、一般団体信用生命保険（一般団信）と火災保険に加入することがほぼ必須になっています。一般団信は、ローン利用者が死亡もしくは所定の高度障害状態になった際にローン残債が全額なくなるというものです。

これに入っていれば、最低限の生命保険はいらなくなるという優れものです。そして、一般団信に追加で保険に入るかどうか（もしくはオプションをつけるかどうか）が選択肢になります。メジャーなのはがん保障や疾病保障になります。

がん保障は細かい定義は異なりますが、一定レベル以上のがんと診断された場合、残債が免除されます。疾病保障も特定の疾病と診断された場合に、残債が免除になるという保険です。さらに残債の50％のみ免除になる、というものもあり、その組み合わせは膨大です。ご自身・ご家族のライフスタイルによって判断していく必要があります。

初期費用については、基本は借入金額の2・2%（税込）と契約時の印紙代（数万円）がかかります。ただし、初期費用の安さを売りにしているローンもあります。楽天銀行や三井住友信託銀行プレスティアは、33万円やそれ以下の初期費用に設定しており、加えてオンライン契約にも対応しているため印紙代も減らせることが可能です。（2024年1月時点。諸条件有り）ただし、金利は初期費用が2・2%の銀行と比べるとどうしても上がります。約0・25%程度上がることが多いのですが、その場合、短期（10年以内）で住み替えや売却することを想定している場合は初期費用を抑えたほうがお得になります。

それ以上住む想定の場合は、初期費用を払っても、低金利を選んだほうが得ということになります。当然個別の事情によって変わりますので、必ずシミュレーションをしたうえで判断しましょう。

ひと通り話が終わると、灰島はコーヒーを啜った。僕も話は十分に理解できたものの、2回目にして内容がかなりしっかりしていたため頭が疲れているのが自分でもわかる。もらったシートとメモを何度も見直しながら理解できていないところがないか念の為確認する。復習に夢中になる僕を見て灰島は口を開いた。

「とはいえ、これもまだ入門編のひとつ。今日はもういい時間だから終わるけど、次回は住宅購入への向き合い方について話ができればと思う。よければ奥様も入れて三人で話すのはどうだろう」

「妻もですか？」僕は少しだけ驚く。

「そう。次回伝えたいと思ってるのは『家探しに疲れてしまったときの考え方』と『現実との向き合い方』。だから、話を聞く限り奥様にもいてもらったほうがいいかなって」

灰島からの提案を受けてその日は解散することになった。もちろん余計に花が落ち込んでしまうことにならないか心配ではあったが、「このまま何も買えずにずるずる未練を残してしまうのではないか」と思ったことがある自分たちにとっては、先に進むために必要なステップのような気がする。家に着くまでのあいだ、どうしたら前向きに花を連れてこられるか僕は考えていた。

自分の価値観と家族の価値観

「ねぇ花」

灰島との面談を終えた数日後、僕は夕食を食べる手を止めて花に話しかけた。

「なあに？」

花はすっかり家のことを考え出す前の落ち着いた様子に戻っている。

「前に話した灰島さんって覚えてる？　家のことでいろいろ教えてもらってるって話した大学OBの……」

「覚えてるけど、どうしたの？」

「実はその灰島さんが次回は花も一緒にどうかって」

「一緒にって？」

「いや、その面談というか……」

「え～やめておく。また買えるかもって思って疲れちゃいそう」

「大丈夫だよ。灰島さん、すごくいい人だし、言ってることもすごく勉強になるから。しかも、変に期待させることも言わない人だよ」

「でも、元不動産会社の人なんでしょ？　それって結局、自分の利益になることしか言ってくれないんじゃないの？　この前の営業担当だってそうだったじゃん。家探しに必要なのはスピードですって言って、相談なんか聞いてくれる感じじゃなかったし」

「そんなことないよ。僕も最初は少し警戒したけど、灰島さんはまったく心配いらなかった。しかも相談料とかを払ってるわけでもないし」

「ふぅん」なにが気に食わないのか、花の機嫌が少しだけ悪くなる。

「ハマだって、灰島さんに教わって家買ったんだよ？　それだけで信用できそうじゃない？」

灰島のことを信用してもらうために、僕は違った角度からプレゼンを試みる。

「それは別でしょ。だって白濱くんじゃん。彼はもともと優秀だし、なんでもできるタイプじゃん。別にその人がいなくても家買えてたでしょ」

花の言うことも一理ある。僕は思わず黙り込んでしまう。

「もういいじゃん。このあたりでやめておこうよ。私たちにはまだ家を買うなんて早かったんだって。別にこのまま今の家でもいいし、なにかあれば別の賃貸に引越せばいいよ。そっちのほうがプレッシャーとかもなくていいよ」

花は投げやりになりながら言う。よほどこの前の経験が堪えたのだろう。しかし、灰島と会って、正しい考え方を知った僕も簡単に引き下がるわけにはいかない。

「でも、家ほしかったんじゃないの？　家買ったあとに家具どうしようかとか雑誌読みながらいろいろ二人で話したじゃん」

花のうしろにある本棚には、たくさん付箋が貼られた雑誌が見える。まだ買ってから日は浅いのにもかかわらず、ほかの書籍よりボロボロになっていて、それだけ花が家を買うのを楽しみにしていたのがわかる。

「だから、灰島さんに会ってみようよ。次は、僕らみたいに『家探しに疲れたときにどうするか』ってことをテーマにいろいろ教えてくれるみたいだか…」

「ちっ。しつこいな。だからいいって言ってんじゃん！　もっとほかにも考えることあんでしょ。生まれてくる子供の保育園とかさぁ。いつまでも家のことばっかり考えてても仕方がないってなんでわかんないかなぁ」

花の声量は上がり、眉間にもシワがよっている。完全にキレた状態だ。ここまで怒り出すのは久しぶりのことで忘れていたが、花は元ヤンである。

しかし、いくら花が怒り出したからといって、今回ばかりは僕も負けるわけにはいかない。おそらく、「家のことは花が言い出したんだ」という思いもあったのだろう。

「ほ、保育園だって家の話とセットじゃん！　全部家族の話！」

「だから、順番ってものがあるでしょうが！」

「それも含めての家なんだって！　子供が生まれるならそれも考慮してお金のこととかも計算するのが大事なんだから！」僕は「住宅購入のバランスシート」を思い浮かべながら反論する。

「はぁ……」花は大きなため息をつく。

「どうしてそんなに意固地になるの？」

「もう家のこと考えたくないんだって！」

「そんな……。僕だって花と子供のためにって！」

「この前買えなかった時点で縁がなかったの！　現実を見ようよ。気持ちは嬉しいけどさ。もう無理なんだよ！」

これまで僕たち夫婦の喧嘩は怒鳴り合いまで発展することはなかった。それなりに長い付き合いのなかで、触れたら空気が悪くなることが互いにわかっているからだ。「住宅購入」もそのうちのひとつだったが、今回は違った。めずらしく勇気を出した数分前の行動を僕は強く後悔した。

喧嘩のあと、頭を冷やしに僕は家の外に出た。最初はちょっとコンビニまで行くつもりだったが、なかなか心のモヤモヤが晴れなくてかれこれ30分は歩いている。

大通り沿いに行くと、以前バスのなかから見たハウスビクトリーののぼりがハタハタと風になびいていた。「こうなったのはお前らのせいだ」と心のなかで八つ当たりしながら僕がのぼりの前を通り過ぎようとしたとき、男の声が聞こえた。

「青井さん！」

声のほうに振り向くとそこにはハウスビクトリーの毛利が立っていた。前回と同じスーツ姿だ。仕事だろうか。

「どうも！」こちらの気なんかなにも知らず、毛利は話しかけてくる。

「毛利さん。先日はすみませんでした。ご迷惑をおかけしてしまって」

「いやいや！　全然大丈夫ですよ！　そんなことよりいろいろお送りしている物件情報メール見てます？」

「いや、ここ最近忙しくて……」

「そうですよね、お忙しいですよね！」毛利は今日も調子がいい。

「毛利さんはどうされたんですか？　こんなところで」

「いや、ここの土地に建つ戸建て、弊社が販売を担当するのでその関係で」そういいながら毛利はチラシを渡してくる。どうやらちょうどのぼりが立っているこの場所に新しい家が立つようだ。

「こんな遅くまで大変ですね」

「いえいえ！　そんなことよりこの物件どうです？　結構お二人の条件にぴったりだと思うんですけど。今だったらまだ未公開物件なんで、かなりおすすめですよ」

「えっ、あ、えーっと」思わぬ営業に僕は面食らってしまい言葉が出ない。

「金額もこの前のところよりリーズナブルなので、非常におすすめです」

「でも、まだ建つ前ですよね……、さすがにそれは不安というか……」

「設備とか広さが似ているほかの家はご案内できるので、そちらの内見で雰囲気を掴みながら進めていくことができるのでご安心ください」ゴリ押し営業とでもいうのだろうか。毛利にはまったく引く様子は見られない。

「で、でも妻もいないと決められないので……すみません……」

「そうですよね！　でしたら、奥様と相談されたらまたご連絡ください！　この物件の情報もメールでお送りさせていただきますので！　もしここが気になるってことであればすぐに動き出しましょう！　それでは、私は営業所に戻りますので、よろしくお願いいたします！」

そう言って、毛利はハウスビクトリーの営業者に乗って去っていった。

家に帰ると花はもう寝るところみたいだ。なにかを言われるわけではないが、一瞬睨まれたあと、寝室のドアがバタンと閉まった。僕はポケットに入っていたチラシをくしゃくしゃに握りしめた。

Column

3年間待つあいだのコストと値下がり期待

住宅購入の過程において、夫婦間の意見が合わず、一時的に夫婦間の空気が変わることはよくあります。本当によくあります。それほどまでに住宅購入とは家庭において大きな意思決定であり、またその道中で夫婦間の価値観の相違も浮き彫りになるのです。

実際に家を買うタイミングで初めてお互いの年収や貯金額を知ったという夫婦も少なくありません。子供のことをどの程度具体的に考えているかも、実は話してみると相違があったりするものです。

そういった困難に直面すると、まぁ今すぐに買わなくてもいいか、空気を悪くしてまで買わなくても、となってしまうこともあるでしょう。そう、常に住宅とは、買わなくても生きていけるものです。

賃貸は転勤や入学など切迫した状況があるなかで選ぶものですので、明確なタイムリミットが決まっていることが多いでしょう。一方、住宅購入は、先ほども言いましたが、買ったほうがいいのはわかるけど、「まぁ一旦賃貸でいいか、今高いって言うし」という判断もできるのです。

では、「実際買っている家庭はどう話を進めているんだろう」と思うのではないでしょうか。住宅購入に成功する家庭に必ず共通しているポイントをお伝えすると、夫婦間でどちらかがリーダーシップをとっており、大変だけどしっかり購入に向けて前に進むんだ、という強い意志を持っています。

これは互いの年収の違いによっても異なります。どちらかの収入が大きい場合はそちらが最終決定権を持つことが多いですが、おおよそ同じくらいの収入の場合は実は女性がこだわりを持って進めていくことが多いです。もちろんこのケースに限りませんが、住宅購入とはそれくらいの強い意志を持って進めていくことが大事です。

一方で、周りの言葉に流され、営業担当者に乗せられて進め〝られてしまう〟住宅購入は、購入後、冷静になってから「あれ？」と思う後悔をしやすいので、まずはこの本を読む皆さんが、オーナーとして確固たる意志を持ちましょう。

そして、そのうえでぜひ知っておくべきなのは、「待つことのコスト」です。常々、「いつか買うなら、1日でも早いほうがいい」ということを私は伝えています。「今は高いから値下がりを待っているんです」という声を聞くこともありますが、果たしてそれは正解なのでしょうか？　今一度検証してみましょう。

仮に現状の家賃が夫婦で15万円。住宅ローンの月々の支払いがおおよそ同等になる5000万円の住宅購入を検討しているとしましょう。仮に1年待って購入をまた考える場合、その期間に払っている賃料は180万円になります。ということは、180万円を差し引いた4820万円以下で同じ住宅を買えたとすれば、ようやくトントン。5000万円から180万円、すなわち3・6％（180÷5000）翌年に値下がってようやく、すぐに購入した場合と待った場合が同等になります。

しかし、その分ローン完済が1年遅れるリスクや、健康状態が悪化してローンが組めなくなるリスクも出てきます。待った分得したね、という結果にするためには5％程度以上の値下がりを期待する必要が出てきます。では、年間5％値下がりする状況というのは過去の日本のなかであったのでしょうか。数字の変化が見えやすい首都圏の中古マンションで見てみましょう。

現在から24年前に遡り、2000年以降の日本の不動産価格が下落した時期は2つあります。1つ目がリーマンショック、2つ目が東日本大震災です。

どれくらいの期間でどれくらい下がったかというと

・リーマンショック…6・3％（2008年5月→2009年4月）

・東日本大震災…0・9％（2011年1月→2012年2月）

と、この時期においても、年間5％の下落とはなってないのがわかります。

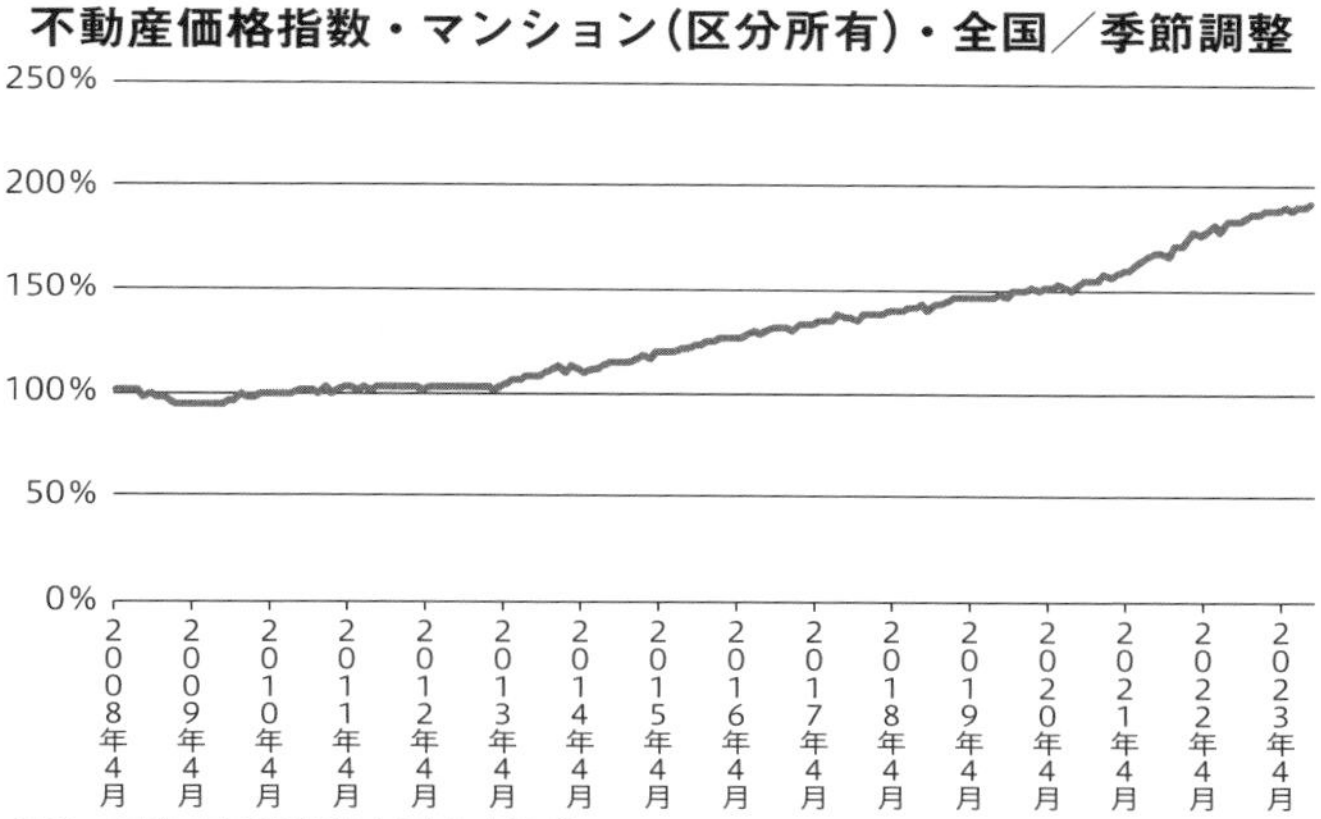

出所：不動産価格指数｜国土交通省

もちろん、データの切り出し方によっては局地的にそれ以上の下落幅が見られたタイミングもありますが、同等の期間で価格が戻っていることもわかります。

結果としてわかることは、リーマンショックのような大きな出来事で住宅価格が一時的に下落した瞬間を狙う場合のみ、待つのもありであることがわかります（それでも、賃料支払と大きな差は出ない）。

ただ、それ以外であれば早く買ったほうが正解です。この過去実績がわかっていれば、「値下がりを待っている」と考えることがいかに合理的でない判断を下しているかわかるでしょう。同時にこの事実を把握した皆さんは、強い意志を持って住宅購入プロジェクトのリーダーとして、心に灯をともしていってください。

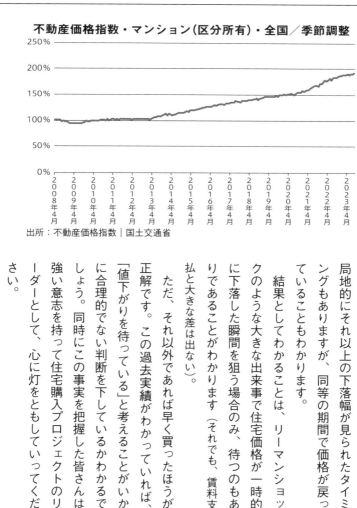

作中に出てきた『住宅購入のバランスシート』を下記にてご用意しました。ぜひダウンロードしてお役立てください。
お使いのシステム環境によっては、シートが正しく作動しない場合もございます。あらかじめご了承ください。

https://www.diamond.co.jp/books/118252/02.zip

第4章

家族だからこそ、家のことでは意見が割れる

人が減っていく街で起きていること

家には微妙な空気が流れていた。花と久々に喧嘩をしてから3日が経ったが、いまだに最低限の会話しかしていない。時間が経てば経つほど、どんどん話しかけづらくなるのはわかっているのだが、素直に謝るのはなんだか癪で、結局何も言えずにいた。

普段だったら、会社に行くのは億劫で、週5で在宅になればいいのにと思うものだが、ここ数日はむしろ会社に行くほうが気が楽でいい。

結局、灰島には「次回はもう少し待ってもらってもいいですか?」と言ってそれきりになっている。灰島からは「わかりました。くれぐれも無理せず余裕があるときに声かけてもらえれば」と返信がきて、なにかあったのを少し感じ取ったのかもしれない。

電車のなかに掲出された不動産会社の広告を見て、うんざりする。

会社に着くと、今日は一番乗りだった。家にいるのが気まずくて早い時間に出たのだが、一番での出社なんて新人の頃以来で、なんとなく当時のことを思い出す。不安な気持ちを抱えつつも、やる気に満ちていて、毎日が新鮮で楽しかった。ふと、そんなことを考えながらいつもより早く仕事をはじめる。

そういえば、今でこそ朝はギリギリまで寝て、時間ぴったりに仕事をはじめるような生活をしていたが、実家にいたときは朝型だった。自主的にそうしていたわけではないが、父も母も朝が早く、僕もそれにつられていた形だ。

そんなことを考えていると、なんとなく広島に帰りたくなった。ずっと「帰ってこい」とは言われていたが、面倒くさくて行けていなかった。しかし、今の我が家の状況を鑑みると、むしろ家にいるほうが気まずくて、この土日くらいは思い切って家を離れるのはありなのではないかと思える。花ともお互いに冷静になれる時間が作れるような気がした。

しばらくすると、赤田が出社してきた。僕が早く来ていなければ一番早い出社だったはずだ。

「おはようございます」

「おぉ、びっくりした。今日は早いな。どうした」僕の挨拶に赤田が気がついて驚く。

「いや、ちょっと早くきて片づけたい仕事があって」

「本当か～？　嫁さんとなんか揉めて気まずいとかじゃないだろうな」

思わず核心を突かれてドキッとする。どうして赤田はこんなにも勘が働くのだろうか。

「いや、そんなのありませんよ」僕はなるべく表情に出ないように否定する。

「どうだかね～」赤田は始業の準備をしながらこちらを見る。

「そんなことより赤田さんはどうしたんですか？」

「どうしたって、普通だよ。いつもこの時間」

「マジですか？　まだ始業まで１時間くらいありますけど」

「俺、早めに来て少し仕事片づけないと落ち着かないんだよ」

「すごいですね。何時ごろに家出てるんですか？」

「6時」

「6時!?　すごいですね……」

6時なんて、僕は確実に寝ている時間だし、そもそもこの時間ですら普段だったらまだ家を出ていない。赤田が会社のなかで評価を得て、結果を出している理由がわかった気がした。

「別に。そんなことより、俺はお前がこんな朝早くに来て仕事していることのほうが驚きだよ。かえって変なトラブルとか起きないといいけど」

この男は、こういったことさえ言わなければ素直に尊敬できるのだが、今の一言で台無しである。適当に愛想笑いをして僕はなんとなく仕事をはじめた。

朝早くから仕事をはじめていたおかげか、この日は午前中のうちにほとんどの仕事が終わって、少し早めに昼食をとりに外に出た。コンビニでレジの列に並んでいるあいだ、実家のことを思い出して、母に「今週末帰る」とだけ短いメールを送った。


電車のドアが開いてホームに降りると、一気に高校生の頃の記憶が蘇ってきた。新幹線で広島駅まで4時間弱、そこからさらに在来線で40分。朝イチに家を出たのだが、時刻はすでに12時をまわっていた。やはり遠い。

ホームから見える山の稜線が何も変わっていなくて、なんとなく気分が高揚した。

1泊2日なうえに、基本的なものは実家にある。カバン1つで来られたので、改札までの階段は苦にならない。改札を出ると、見覚えのある服装の女性が立っていた。母である。

「あんたが帰って来るときってなんでこんなに急なのよ」

「連絡したじゃん」

「連絡って、3日前とかでしょ。ほんとに準備も何もしてないわよ？」

「別にいいって、顔出しに来ただけだから」

他愛もない話をしながら、僕と母は駅前の駐車場に停めてある車に向かった。すでに5時間近く移動をしているのだが、実家はここからさらに車で20分のところにある。

「それにしてもあんた、一人で来て、花ちゃんは大丈夫なの？」

「大丈夫だよ。明日には帰るし」

昨夜、実家に帰ることは花にも伝えたが、何も言われなかった。

「あれ？　ここにあったたばこ屋どうしたの？」

「とっくに潰れちゃったわよ。もうこのあたりも人がどんどん少なくなって大変なのよ」

「マジで？」

「そうよ。うちの近くのスーパーも潰れちゃって、今買い物行くなら大通りまで出ないといけないから大変なのよ」

「えぇっ！　もう車ないと生活できないじゃん」

「そんなの昔からでしょ。車出すから早く行くわよ」

少し離れているうちに、故郷は大きく変わっていた。母の話を聞いたあとだからというのもあるからかもしれないが、数分前まで、「なにも変わっていない」と思っていたがそれは気のせいだったのかもしれない。広島の実家は高台にある。駅から山をめがけて車を走らせるようなイメージだ。景色はいいが、自転車だともう大変で、中高生の頃に何度も心が折れそうになった。何度か曲がりながら坂を上らなければいけないのは苦痛だったことを思い出す。

「今、バスってどれくらい出てるの？　今日バスでもよかったのに」坂の手前にあるバス停を見てふと母に聞いた。バスは先ほどの駅から山を挟んで2つ先の駅まで出ている。家から150メートルくらいのところにもバス停があって、そこは寝坊した日によく利用していた。

「ほとんど出てないわよ。1時間に2本。4分発と34分発」

「少なっ、昔は1時間に5〜6本はあったよね？」

「乗る人が減ってるんだから仕方ないでしょ」

母の運転する軽自動車は坂道の傾斜がきつくなるにつれてエンジン音も大きくなる。車でもきついような坂なのだから、人間にはもっときつい。

たまたま、すれ違ったバスをチラッと見るとお年寄りが2〜3人乗っているだけで、少し寂しい気持ちになった。

親は金も出すけど口も出す？

家に着くと父がリビングで新聞を読んでいる。

「ただいま」

「……おう」。「おう」だか「うん」だかわからないような低い声で父は答える。新聞に目線を向けたままなのだが、なんとなくこちらを気にしているのが伝わってきて少し気まずい。前回電話で喧嘩して以来なのだからなおさらである。

「翔平！　パッとお昼つくるから適当に待ってなさい。お父さんも食べるでしょ？」

母は気まずそうにしていることとなんかお構いなしに家のなかを動き回る。待っているあいだ、父との会話はまったくなくて、テレビに映る地方の情報番組の音だけが流れている。実家なのにどこか落ち着かない。

母と3人でお昼ご飯を食べているあいだは少し空気が明るくなったが、会話をしているのは僕と母だけだった。昼食を食べ終わると父は書斎に行ったみたいで、僕は温かいお茶を飲みながらのんびりテレビを見ていた。

「それで、なにがあったのよ」母が急に僕に話しかける。

「なにって？」

「もう。あんたが帰ってくるときなんて、大体なにかあったときじゃない」

さすが母だ。完全に見透かされている。

「まぁ、家のことでいろいろと」

「なによ」

なんとなく誤魔化すのもいいかと思ったが、特別隠しているわけでもないので、僕はここまでの経緯をすべて母に話した。母は黙って相槌を打っていた。

「なるほどね～、あんたも大人になったわ」ひと通り話を聞き終えると母は笑った。

「翔平。とりあえず出かけるわよ」

「えっ？」

「いいから、夜ご飯の買い物もしなきゃいけないから。手伝いなさい」

「さっき着いたばっかりなのに？　しかも、これだけ話してなにもないわけ？」

「話すから出るのよ。家で話したらまたお父さんが聞いてて、話がこじれるしょ」

「あ、そういうこと」

「カバン取ってくるから、先に車乗ってなさい。今度は翔平が運転ね」

そう言われて、僕は車のカギを持って庭に出た。車に乗る前にあらためて自分の家を眺めてみる。築40年。昔ながらの長屋で庭は広い。小さい頃は自分の家の庭で遊べて楽しさもあったが、この年になると車をたくさん停められそうでいいなくらいしか思わない。

灰島の教えに当てはめて考えてみると、この家には資産性はあるのだろうか。人が減ってきているこの街で駅から車で20分。素人の僕から見てもすでに厳しそうだ。

「おまたせ」母が玄関から出てくる。

「うん」

「どうしたの、考えごとでもしてた？」

「いや、この家見てて、大きいなと思って」

「だって土地だけで50坪あるもの」（1坪＝約3・3㎡）

「でっか。建物は？」

「うーん。覚えてないけど、リビングは23畳」

「広いな」

「このあたりでは、これが普通だったのよ」母は車に乗り込みながら答えた。僕も車に乗り込んで、エンジンをかけた。家から20分のところにできたという大通り沿いの大型スーパーに向かう。

「家のことね。電話のときは、お父さんに任せたって言ったけど、実はいろいろあったのよ。そのときもお父さんとかおじいちゃんと少し揉めちゃって」

「そうなんだ……」

「お父さんと私ね、結婚してすぐはおじいちゃんとおばあちゃんの家に住んでたの。ひと部屋貸してもらって」

「知らなかった。父さんのほうのおじいちゃん家ってこと？」

「そうそう。結婚する前、私は市内の銀行で働いてたじゃない？　それで、お父さんと結婚するってなって、当時は結婚したら女性は仕事辞めるのが当たり前だったから、とりあえずこっちに来るかって」

「そこはあっさりしてたんだ」

「いや、仕事辞めるのはよかったんだけど、市内には残りたいなと思ってたわよ。だけど、お父さんは仕事あるし、ずっとおじいちゃん達にお世話になるつもりはなかったから、最初だけかなって」

「そのときから家買う予定だったってこと？」

「そういう時代だったし、地方だから、それが当たり前だったのよ」

「それで？」

「それで、おじいちゃんのところいて、最初はよかったのよ。おばあちゃんもいろいろ教えてくれたりとかして、楽しいなって思ってた。なんだけど、結婚してどれくらいだろう。1年くらい経ったときかな。家買おうってところから少しそうじゃなくなったというか」

「反対された?」

「ううん。家を買うこと自体はおじいちゃん達も賛成してたんだけど、二世帯住宅にしないかって言われたの」

「うん」

「それで、もちろん、おじいちゃん、おばあちゃんのことは好きだけど、そのときはこれからあんたも生まれるし、いきなり二世帯はちょっと嫌だなって思って断ったの。最初はお父さんも、俺たちは、援助もいらないから家を出て行くよって言ってくれて。でも、断っても、お金は出すからって言って聞いてくれなかったの」

「おじいちゃんが?」

「そう。今はそんなことないかもしれないけど、当時は家を買うってなると親がいくらか援助する時代だったから、それもあってね」

僕の知っているおじいちゃんは穏やかな印象しかなくて、信じられない。

「それでどうしたの?」

「断るしかないじゃない。でも、その段階では一緒の家に住んでるから、どんどん家のなかが気まずくなってくるのよ。二世帯にしようってプレッシャーもあるし。そんなのが続いてるうちにお父さんも『二世帯にしないか』って言い出すようになって」

「うわっマジで?」

「そうよ。なんか二人の言うこと聞いたほうがいいかもって思うようになったって」

「やばいじゃん」

「大変よ。ただでさえ、居候みたいになってるのに孤立しちゃったんだから」

「結局どうしたの？」

「それで、半年くらいそんな話を続けてるうちに、私が嫌になっちゃって、賃貸でいいから一回家出ますってなって折れてくれた感じかな。でも、それなら、援助はできないって言われて、なんかわだかまりが残るっていう」

それから車を走らせるあいだ、母の話は続いた。その後もかなり大変だったみたいで、本当はもう少し生活しやすい場所で検討したかった母の意に反して、折衷案ということでおじいちゃん家にも近い今の場所になったらしい。

とはいえ、ある程度言うことを聞いたことで、最終的には援助を受けられることになった。

しかし、銀行に勤めていた母は、住宅購入に必要な資金がどれくらいなのかも知っていたらしく、本当は援助を受けなくてもどうにかなるだけのお金もコツコツ貯めていたらしい。

結局、援助を受けたことで、家づくりにもおじいちゃんが介入するようになってしまい、**「金も出すけど、口も出す」という状態**になってしまったそうだ。

「けど、家の場所はもう少しどうにかできたんじゃない？　わざわざあんな高台にしなくても。駅近でよかったじゃん」家に向かう途中の坂道を思い出しながら母に言う。

「そりゃ私だって駅の近くがよかったわよ。もっと言えば、当時は市内がいいなと思ってたし。でも、そこもお父さんとおじいちゃんが決めてね。私も二世帯じゃないことを許してもらったわけだし、そのくらいはって。揉めたいわけじゃなかったから」

「じゃあ高台はあの二人のこだわりだったんだ」

「そうみたい。地盤が固いとか、地元の人ならではのこだわりがあるそうよ」

「でも、アクセスがなぁ」

「まぁね。私もお父さんも今は大丈夫だけど、これから年取って車運転できなくなったらどうしようとは思うわよ。最近はバスも減っちゃったし」

ひと通り母が話し終えたあと、どうして電話で教えてくれなかったのか尋ねると、この前はそばに父がいたから本当のことは言えなかったということだった。

その後、スーパーで買い物をしているあいだも母は細かいことを含めて当時のことを教えてくれた。灰島の話とは違って論理だったものはあまりなかったが、家を買うとき、家族がどういうことになるのか、そういったテクニックではないところを知られたのはすごく大きかった。

これも灰島の言うレベルが上がったということなのだろうか。

「ちなみに、一番つらかった瞬間っていつ？　何度も二世帯にしないかって言われたとき？」

スーパーでショッピングカートを押しながら僕は母に尋ねた。

「……お父さんを味方じゃないって感じたときかな」母は夕飯に使う食材をカゴに入れながら

答える。

「もちろん、別にお父さんを敵だとも思わなかったけど、おじいちゃんおばあちゃんを悲しませたくないって言われちゃうと何も言えなくなっちゃうし。でも、おじいちゃんおばあちゃんのためにお父さんと結婚したわけじゃないしっていう葛藤がね。しかも、悲しませたくないって言われると、私が悪いことしてるみたいじゃない。それが一番つらかったかな」母の言葉には重みがあった。


家に帰ると父は庭の掃除をしていた。集中しているように見せているが、僕らがどこに行ったのかと気にしていたのだろう。掃除をしている割には庭の様子が変わっていない。車に気がつくと、まじまじとこちらを見るようなことはしないが、横目で気にしているのがわかる。

「掃除してくれたの？　ありがとう」車を停めるなり、母は言う。

「……おう」

父と母の何気ない会話を聞きながら僕は黙々と買ってきたものを玄関まで運ぶ。買い物のあいだ、母からはいろいろな話を聞いたが、こういう様子を見ると父と母が仲が悪いということはないのだろう。

母が帰ってくると父は掃除もそこそこに切り上げてまた書斎に戻っていった。僕は母に言われて台所で夕飯の手伝いをする。昼食をとったばかりな気もするが、母に「私たちも歳だから、あんたが来たときじゃないとこんなに食べられないのよ」と言われるといらないとは言えない。母のなかでは僕はまだ食べ盛りの高校生のままなのだろう。

夕飯の仕込みがある程度、落ち着いて先にリビングに戻ると父が座っていた。

「母さんから聞いたけど、この街も変わったね。たばこ屋が潰れたり、バスが減ったり」

「まぁな」せっかくこちらから話しかけたのにもかかわらず、父はそっけない返事をする。

「それにしても大通り沿いにあんなに大きなスーパーができてたのびっくりしたよ。品揃えもいいし、家族連れも多くて」

「あがぁなもんができるから商店街がダメになってくんだ」

どうやら父はそこまで大型スーパーのことを評価していないらしい。いろいろ言いたいことはあるが、めんどうくさいので適当に受け流す。さっきは母と楽しそうにしていたのにどこか不機嫌そうなのはなぜだろうか。結局、すぐに会話は終わってしまう。

とはいえ、特別話したい内容があるわけではないので、僕は無理やり話しかけるようなことはせずにテレビの電源を入れる。すぐににぎやかな音が鳴って、リビングの空気が少し和らいだような気がする。

「……お前本当にこっちに帰ってこないんか」

父が突然口を開く。しかし、テレビの音と混ざってうまく聞き取れない。僕はテレビの音量を下げながら「なに？」と父に聞き返す。

「これからも東京に残るんかって」そうか父はこのことを気にしていたのか。

「まぁ、東京で仕事は続けたいと思ってるよ。今の仕事嫌いじゃないし」僕はテレビに目をやったまま答える。

「今はリモートワークとかもあるじゃろう。別に東京じゃのぉても」

「いや、出社ゼロってわけではないし」古い価値観の父からリモートワークという言葉が出てきて少し驚いたが僕は冷静に答えた。

「でも、東京は物価も高くて大変じゃろう」

「別に普通」

「子供が生まれたときのことは考えとるんか、花さんのご実家だって近くはなかろう」

「なんとなくは。花も仕事には復帰したいって言ってるから保育園とかは活用するけど」

「保育園ばっかしじゃあどうにもなるまぁ」

「なるって。東京だと延長保育とかもあるし」ネガティブな言葉が続くが僕はなんとか耐える。

「こっちじゃったら母さんもおるし、のびのびできるじゃろうが」

「だから考えてないって。申し訳ないけど」

「お前なぁ……、こういうのは普通、親の力を借りながら進めるもんなんで」

「しつこいって！　気持ちはわかるけど、大丈夫だから！」

「しつこいって誰に向かって言ぅとるんじゃ！」

「あのさ、気にしてくれるのはありがたいけど、ちょっと放っておいてよ。なにか相談したいことがあれば言うし、困ったときは頼るから」

「そういうことじゃない！　こういうのはわしらを交えながら話せって言うとるんじゃ」

僕は父の言葉に反応するのをやめてテレビの音量を上げる。それにイラついたのか父の声も次第に大きくなる。

「おい！　聞いとるんか？　お前はいっつもそうじゃ。都合が悪くなるとすぐ黙る。こっちは助けちゃろうって優しさで言うとるのに」

優しさ？　どうやら父は優しいと思って口を出してくるらしい。「余計なお世話」と言いたいところをグッと堪えてテレビを見つめる。イライラして内容はまったく入ってこない。

「お前、こっちに帰ってこないんじゃったらなんも援助せんからの。家買うとかふざけたこと抜かしおったが、絶対に手伝っちゃらん。大体、大して金もないくせに東京で家なんか買えるわけないじゃろ。生意気に」

「あのさ！」この前の電話と同じで、結局我慢ができず反応してしまった。加えて、さっき母からの話を聞いたこともあり、「援助」という言葉がどうしても引っかかった。ここで止めておけばよかったものの、自分の思いとは別に口は勝手に動く。

「そうやってこの家買うときも母さんより自分とかおじいちゃんを優先したわけ？」

父は驚いたような表情で一瞬黙る。その様子を見て僕はたたみ掛けた。

「母さん言ってたよ。家買うとき、父さんに二世帯でもいいんじゃないかって味方してもらえなかったのが悲しかったって。自分が大きな声出せばなんでもかんでも思い通りにいくと思ってるんだろうけど、その裏でどれだけ人が我慢してると思う？　わかんないか」

少し煽り気味に言ってしまったと思って父を見ると案の定、耳まで真っ赤だ。これはかなりヤバいと思って身構える。しかし、言ったことに後悔はない。むしろ言ってやったという正義感すらあった。もう僕は止まらない。

「大体、今は親の援助とかそういう時代じゃないでしょ。いつまでそういう古い価値観なわけ？　きっと父さんの理想って、僕が言うこと聞いて、後を継いで、結婚するときも子育ても思い通りにするってことなんだろうけど、絶対にそうはならないから」

言い終わるかどうかくらいのタイミングで、父の手元にあった文庫本が飛んできた。

「てめぇ、ふざけんじゃねぇ！　誰に向こぉて口聞いてんだこのやろう！」

次の瞬間父は飛びかかってくる。自分が小さかった頃は怒れる父を死ぬほど怖く感じたが、父も年老いたのだろう、かつてほどの迫力はない。僕は何を言うわけでもなく、胸ぐらを掴まれながら父を睨みつける。

「なにしてんの！」

ドタドタという足音と同時に母が廊下からリビングに顔を出す。

「大きな声がすると思ってきたら、また喧嘩して。二人ともいい加減にしなさい！」母はまるで子供を叱りつけるように言う。

「翔平！　料理できたからあんたは運ぶの手伝いなさい！　お父さんも！　あんまり翔平に絡まないの！」

母に怒られて父は手を離す。

「わしは今日メシいらん！」

父は怒ってまた書斎に戻っていってしまった。

「もう……、どうしていつも喧嘩ばっかりすんのよ」

「さぁ、父さんが絡んでくるのが悪いんじゃん」

「まったく…あんたも乗るんじゃないわよ。とりあえず、運ぶの手伝いなさい」

そう言われて、３人でも絶対に食べきれない量の料理をとりあえず運ぶ。

「さ、食べるわよ」

「え、父さんいいの？」

「だってああなったら聞かないし、あとで適当に持っていくから。そんなことより、どうしてあんなことになったのよ」

「いや、東京から戻ってこいみたいなことをまたネチネチ言ってくるんだもん」

「聞き流せばいいじゃない」

「聞き流そうとしたけど耐えられなかったんだって」

「本当にあんたは……」

「しかも、東京で家買うなら援助しないとか言われて、ムカッと来た。コイツなんも成長してないなって」

「コイツとか言わない！」

「でもそうじゃん。この家も強引に決めたわけだし」

「余計なこと言ってないでしょうね」

「うーん……母さんが味方になってくれなくて悲しかったって言ってたよってことくらいかな」

「もー、なんでそれ言うのよ」

「いや、カッとなって」

「お父さんのこと短気とか言うけど、あんたも大概だからね。ほんと似た者同士だわ」

痛いところを突かれて、なにも言い返せない。

「私もあとでお父さんに謝りにいかなきゃ」

「なんで？」

「昔のことなんて気にしてないですよって言うのよ。ほんとにあんたが余計なこと言ったばっかりに。お父さんも今日は翔平が来るって、お酒とか買って楽しみにしてたんだから！　あんたもあとで謝りなさいよ！」

「えぇ～、嫌だよ」

「謝んないんだったら明日駅まで車出さないからね！」

「わかったよ……」


夕飯も終えて、一人で風呂に浸かっていた。このあいだに母は父のところまで食事を運んでいるのだろうか。

湯船に浸かりながら父になんと言いにいったらいいのか悩んでいた。少し考えては「まぁどうにかなるか」と考えるのを放棄する。

それにしても実家の風呂は大きい。足を伸ばせて寝っ転がれるような感覚すらある。もちろん年季は入っているが、悪くないなと思う。昔はなんとも思わなかったのだが、この家を出て賃貸で暮らすようになってから初めて実家の風呂のありがたみがわかるようになった。

僕が風呂から上がると、今度は交代で母が風呂場に向かった。母に謝罪しているところを見られるのは恥ずかしいので、今のうちにと勇気を出して父のいる書斎に向かう。うっすらと開いているドアの隙間から父の姿が見える。少し気まずい気持ちがあるのを抑えてドアを開けた。

「さっきのこと言いすぎたと思ってる。だけど、自分たちのことは自分たちでやるから。心配しないで。それじゃ」一言残してドアを閉めようとした。

「ちょっと待て」

また怒られるのかと思いながら、手を止める。

「とりあえずそこ座れ」父はアゴで椅子を指す。どうやら怒っているような雰囲気ではない。僕は言われたとおり、椅子に腰掛ける。

「母さんからどこまで聞いた」

「なにが?」

「この家を買おたときのこと聞いたんじゃろう」

「あぁそれね。とりあえずひと通り」

「ほうか」

そう言うと父は本棚の隣にある棚からおちょこを2つ手に取った。昔から書斎には父が一人でお酒を飲めるようにちょっとした食器類だけ置いてある。僕の前におちょこを1つおくとゴソゴソと机の下から日本酒の瓶を取り出し、おもむろに注ぎ出した。

「飲め」

「えっ?」

「ええから飲め」

日本酒はそこまで好きではないのだが、ここまでされると断るのも難しくて、日本酒を飲む。父もほぼ同じタイミングで日本酒を飲んで、ふぅと息を吐いている。なにか言うのかと思って待っていたら、なにも言わず、空いたおちょこにまた父はお酒を注ぐ。

「……家のことは母さんに悪いと思うとる……」

なにも聞いてないのに父が喋りはじめる。早くもお酒に酔いはじめたのだろうか、父の顔はすでに赤くなっている。

「最初は母さんの願い通りに家を建てようって思うとったが、親父とお袋の姿見てたら言うこと聞いあげてもとて思うて。結局、母さんに我慢さしてしもうた」

どうやら父は、先ほど僕が言ったことを気にしているらしい。

「自覚はあったんだ」父の言葉に僕は反応する。

「まぁちっとは」

「じゃあいいんじゃない？　別に今仲良さそうにしてるし」

「……ほうか……。それで、お前本当に家買おうと思うとるんか」

またいつもの流れかと思って、少し警戒する。

「……どうだろうね」

「怒らんからちゃんと言え。別に邪魔しとうわけじゃない」父は酔いながらもしっかりこちらを見る。

「じゃあ言うと、家はほしいと思ってる。だけど、いろいろ難しくて勉強したり悩んだりしているのも事実。花の妊娠のこともあるし」

「なるほどの。で、東京にこのまんま住みたいと」

「どうしても東京がってわけではないけど、今の仕事はお互いに続けたいから、そうなると東京かなって」

「ほうか」

「だから、別にここが嫌いってわけでもないし、なるべく帰ってきたいとも思ってる」

「まぁそりゃあええ。でも実際難しいんじゃないんか。東京で家買うっていうのは」

「どうなんだろう」

「わしは正直この街しか知らん。家買うときも最初は自分たちでと思うとったが、結局はいろいろ知り尽くしとる親父たちに助けてもろた。じゃけぇ、こっちじゃったらお前のことも手伝えるし、楽さしてやれると思うて」

「父さんの気持ちは嬉しいよ。でも、こっちに住むのは想像できない。だから自分たちでどうにかするよ」

父はなにか考えるかのように少しだけ黙る。

「どうしたの？」

「いや、そういえば、家を買うときにいっぺんだけ、わしも親父に反発したなって思うて。自分たちでやるって」

「そうみたいね。母さんから聞いた」

「そのときは親父に対して、どうしてこんなに口出してくるんよって思うとったんで。自分たちで家建てるのになんで許可が必要なんじゃって」

「うん」

「それで親父とも揉めた。ええからわしの言うこと聞きんさい！って言う親父に、放っといてくれ！って言い返したりして。どうしてわかってくれんのだろうかって親父を憎むところすらあった。まぁ最終的には言うこと聞いたわけじゃが」

僕はじっと父の話を聞く。

「でも、こうして親になると、お前に対して、どうしてわしの言うことが聞けんのんだって思うこともあるんじゃ。この街に帰って来たら助けてやれるのも事実だしの。じゃが、それもおせっかいなんでな」

「そこまでは言わないけど」

「いや、当時自分がやられて嫌なことをお前にもやっとったんじゃの」

「まぁたしかにちょっとうざいかも」

「ほっとけ！」父は少し笑う。

「じゃが、今なら親父が口を出してきた気持ちもわかる。別に邪魔したかったわけじゃなかったんじゃな。わしもお前を見てると心配っちゅうか、大きな買い物だし、不動産屋に騙されたり、いろんな情報に踊らされたりせんかって気になるんよ」

「ありがとう」

「なにがじゃ」

「いや、なんていうか、心配してくれて？」

僕がそう言うと父は照れたのかまた日本酒を一気飲みする。

「まぁでもいいじゃん。最終的には父さんも母さんとうまくいってるんだから。なんだかんだ言っても母さんも楽しそうだよ」

「ようない！」怒っているわけではないが、酔っている父の声は大きくなる。

「どうして？」

「どんな理由であれ、わしは結局自分を曲げ、母さんに我慢させ、家を買うてしもうた！　もちろんこの家に後悔はない！　じゃが、母さんに悪いことしてしもうたことは今でも後悔をしとる！」もはや呂律もあまり回っていない。

「わかったから、少し落ち着いて……」酔った父をなだめる。酒の減りが異常に速いことに今更ながら気がつく。

「あのとき、母さんの言うことをもうちっと聞いてあげられたら、もうちっと親父を説得できとったら……って今でも思うことがあるってことじゃ」

「父さんはよくやってるって……」

「そういうことが言いたいんじゃないんじゃ。わしはな、お前に同じことをしてほしゅうないんじゃ。ここまでごちゃごちゃ言うてきたくせにって思うかもしれんがな」

「え……？」

「じゃけぇ……なにを今更って思うかもしれんが、花さんの言うことはちゃんと聞いちゃれ。母さんから、ちっと聞いたが、花さんもいろいろ思うところがあるんじゃろう。なにも言わんかったって意見がないわけじゃない。そういうんをちゃんとお前が聞いて、汲み取っちゃれ。わしはもうこっちに帰って来いとか言わんからちゃんと夫婦で決めろ」

酔っ払っているはずの父の言葉にはなぜかわからないが説得力があった。

「わかった」

僕の返事を聞いて父は安心したのか、お酒をまたぐいっと飲んだ。

そのあとは親子の会話ができればよかったのだが、完全に酔っ払ってしまった父はあっという間に寝てしまった。いつも喧嘩ばかりしてしまうが、今日ばかりはちゃんと話せてよかったと思う。使ったおちょこ2つを持ってリビングに向かうと母がいた。

「盛り上がったみたいじゃない」

「別に。というか花とのこと父さんに言ったの？」

「あんたも、この家のこと私から聞いたんだからお互い様でしょ？」

「まったく……」不敵に笑う母を見て、この人には敵わないと僕は思った。

「お父さんは？」

「書斎で気持ちよさそうに寝てるよ」

「そ。あとでかけるもの持っていかなきゃ」

「あと、後悔してるって言ってた」

「なにが？」

「家のこと。母さんの言うこと聞いてあげられなかったって。だからお前は夫婦で決めろとも」

「あぁ。そんなのわかってるのに」

「後悔していること？」

「そうよ。まぁ当時は多少窮屈なところもあったけど、今になってもこうやって思ってくれるだけで私は十分だし、なにより今は我が家を気に入ってるから」

「ふぅん」

「なによ」

「別に」

やはり、なんだかんだ言っても父と母は仲がいい。二人のそういう姿を見たわけではないが、互いのことを理解し切っている感じが僕にはした。

「とりあえず、あんたも早く寝なさい。明日帰るんだから」

「わかったよ」

意見が違うのは健全だと考えて家族とはしっかりと話し合おう

翌朝、廊下ですれ違う父は気だるそうにしている。

「二日酔い？」

「あ、あぁ」

「昨日だいぶ飲んでたからね」

「わしなんか変なこと言ってないじゃろうな」

「さぁね」

高校生までのときと同じ和食の朝食を食べて、僕は帰る準備をした。昼前にはこの家を出なければ夕方に東京に戻ることはできない。来るときはカバン１つで来たはずが、母は「あれも持っていけ、これも持っていけ」と野菜やら日用品やらをいろいろ持たせてくれて、家を出るときは両手が大量の袋で埋まった。

玄関で靴紐を結ぼうとしたとき、ふと自分の左側にあった柱に意識が向いた。小学生のときで止まっている自分の身長が柱には刻まれている。

第4章
家族だからこそ、家のことでは意見が割れる

「測ってみるか？」見送りに来た父が言う。

「いいよ。恥ずかしい」

「ええから。そこ立て」

「えぇ」めんどくささと恥ずかしさの両方がありながらも僕は柱の前に立つ。まだ柱に身長を刻んでいた当時、背伸びをして身長を誤魔化そうとして父に頭を叩かれたことを思い出す。今では自分のほうが父より身長が高くなって、逆に父が少しだけ背伸びをする。

「よし。できた。見てみろ」

「見てみろって、最後に測ったのが、中学生のときだから参考になんないよ」

「お前もこんなにデカくなったってことだ」

「デカくなったって言われても、32歳のおっさんにもなると嬉しくないなぁ」

「それもそうじゃのぉ」

昨日のことがあってから、少しだけ父との関係も変わったような気がする。二人で笑っていると、母が車から玄関に戻ってきた。

「翔平！　なにしてんの！　電車の時間もあるんだから早く乗りなさい！」

「ごめんごめん。それじゃ父さん、僕行くわ」

「おう」

「またすぐ帰ってくるよ」

「おう」昨日と変わらず、「おう」なのか「うん」なのかはわからない。

そう言って僕は母の運転する車に乗って家を出た。手を振ったり、なにかをするわけではなかったが、父は車が角を曲がるまで家の外に出てこちらを見ていた。僕も振り向くようなことはしなかったが、ミラー越しにその姿をずっと見ていた。

結局、駅に着いたのは電車の出る3分前で、慌てて荷物を車から出す。

「母さん、ありがとう。俺行くわ」少し焦りながら僕は言う。

「気をつけて。花ちゃんにもちゃんと謝るのよ」

なんだか昨日から母には謝れと言われ続けているような気がする。

「わかったって。昨日父さんにも同じこと言われたよ」

「知ってる」

「聞いてたの？」

「さぁね。いいから行きなさい」そう言って母は僕を送り出してくれた。

なんとか電車には乗れて一息つくと窓の外で母が手を振っていた。田舎の電車には人が数人いるだけで、誰もこっちを見ていなかったので僕も小さく母に手を振り返した。

5時間かけて僕はようやく家にたどり着く。電車、新幹線、また電車はさすがに堪える。

「ただいま」僕がそう言っても家のなかから返事は返ってこない。リビングの明かりはついている。大荷物を持ったまま部屋に入ってもう一度「ただいま」と僕は言う。

「おかえり」本を読みながら花は小さく答える。どうやら機嫌はまだ直っていないらしい。

「先にシャワーだけ浴びてくる」

このまま話してもあまりいい結果にはならない気がして、僕は脱衣所に向かった。

シャワーを浴びているあいだに、なんて言ったらいいか考えるがあまりいい案は浮かばない。思い出すのは「夫婦で決めろ」と言う父の言葉だけで、こうなったら思っていることを正直に伝えようと僕は決心した。

「花。ちょっと話があるんだけどいい?」シャワーを浴びたあと、リビングに戻って僕は言う。

「うん」

僕と花はそれぞれダイニングチェアに向かい合って腰掛ける。

「この前は悪かった。花の気持ちも考えずに」

花はうつむいたまま、なにも言わない。

「家のことは自分だけで進めるつもりもないし、このまま花がいらないって言うならそれでもいい。でも不動産会社に行ったあと、ちょうどハマが灰島さんを紹介してくれて、これはチャンスなんじゃないかって思ったんだ。最初は家なんてって思ってたけど、花と子供と、いい家で暮らしていけたらいいなって素直に思って。でも、それも花からすると強引に見えてるんだったらやめる。だからどうしたいのか教えてほしい」

沈黙の時間が続く。短いながらも言いたいことは伝えたつもりだ。これで怒られるならしょうがないと思っていた。

「私もごめん……」ぼそっと花が言う。

「あぁ……うん」僕は余計なことを言わずに返事だけする。

「家のことは話したくなかったというか、なんか考えるのも疲れてた。悩むくらいなら考えないのが一番というか、こんな気持ちになるくらいなら家なんて買わなくていいんじゃないかって。でも翔平は私と逆で前向きになっていくというか、いろいろ勉強とかして、なんか置いていかれる感覚がして、イライラしちゃってた……」

「ごめん……そんなつもりはなかった」

「わかってる。だから、私も謝ったの」

「家のことは一旦諦める？　落ち着くまで」

「ううん。そこまで考えてくれてるならもう一回考えてもいいと思う。けど、もうあの徒労感を味わうのは嫌……」

「わかった。じゃあ、自分たちに合ったペースで焦らず進めてみよう。それでダメだったら諦めて、潔く賃貸にしよう」

「……うん。わかった。それで広島はどうだった？」

「うーん。行ってよかったかな？　いろいろ話せたし」

「いろいろって？」

「まぁ、家のこととか？」

「そうなんだ。ちょっと聞かせてよ」

花の機嫌も少し直ったようで僕は安心した。そのあとは実家のことをいろいろ聞いてくる花にこの2日であったことをひと通り話した。

「なんか怒涛の2日だったんだね」

「まぁね。酔った父さんに絡まれたときはどうなるかと思ったけど」

「そうだね。私もお義父さんとお義母さんに会いたくなっちゃったなぁ」

「落ち着いたら行こうか。きっとめちゃめちゃ喜ぶよ。ずっと絡まれるかもしれないけど」

「いいじゃん」

「いいのかなぁ……」僕は苦笑いをする。

「でも、家買うときってそうやって家族内で揉めるものなのかな。まぁ今回の私たちもそうだけど」

「どうなんだろうね。今度、灰島さんに聞いてみようかな」

「私もお父さんとお母さんに聞いてみよ」

「それでどうする？　灰島さんに会ってみる？　無理しなくていいけど」

「翔平が大丈夫な人って言うならいいかな」

「うん。ハマからの紹介だし、少なからず信用はできる人だよ。今買わないと損するとかそういう、急かすようなことは言わない人だから」

「わかった、じゃあいいよ」

「ありがとう。灰島さんに連絡しておくね。こっちのほうまで来てくれるみたいだから」

両親のおかげもあってか、花とも仲直りができた。雨降って地固まるなんてことは思わないが、とりあえず安心してその日はぐっすりと眠ることができた。

翌日、スッキリ目覚めた僕は、清々しい気持ちで会社に向かっていた。会社に向かう電車のなかで、早速灰島にメールを送った。

聞かれたわけではなかったが、なんとなく灰島ならこういうときに合った話をしてくれそうで、僕はこれまでの経緯も簡単に文字にした。

灰島からはすぐに返信が来て1週間後の週末に会うことになった。灰島は詳しく聞いてくることはしなかったが、メールの文末に「家を買うときに、家族で意見が違うのはよくあることだよ」と添えてきて、少しだけ安心した。

郵便はがき

料金受取人払郵便

渋谷局承認

2087

差出有効期間
2025年12月
31日まで
※切手を貼らずに
お出しください

150-8790

130

〈受取人〉
東京都渋谷区
神宮前 6-12-17
株式会社ダイヤモンド社
「愛読者クラブ」行

本書をご購入くださり、誠にありがとうございます。
今後の企画の参考とさせていただきますので、表裏面の項目について選択・ご記入いただければ幸いです。

ご感想等はウェブでも受付中です（抽選で書籍プレゼントあり）▶

年齢	（　　　）歳	**性別**	男性 ／ 女性 ／ その他
お住まいの地域	（　　　）都道府県　（　　　）市区町村		
職業	会社員　経営者　公務員　教員・研究者　学生　主婦　自営業　無職　その他（　　　）		
業種	製造　インフラ関連　金融・保険　不動産・ゼネコン　商社・卸売　小売・外食・サービス　運輸　情報通信　マスコミ　教育　医療・福祉　公務　その他（　　　）		

●本書をお買い上げいただいた理由は？
（新聞や雑誌で知って・タイトルにひかれて・著者や内容に興味がある　など）

●本書についての感想、ご意見などをお聞かせください
（よかったところ、悪かったところ・タイトル・著者・カバーデザイン・価格　など）

●本書のなかで一番よかったところ、心に残ったひと言など

●最近読んで、よかった本・雑誌・記事・HPなどを教えてください

●「こんな本があったら絶対に買う」というものがありましたら（解決したい悩みや、解消したい問題など）

●あなたのご意見・ご感想を、広告などの書籍のPRに使用してもよろしいですか？

1　可　　　2　不可

ご協力ありがとうございました。　【住宅購入の思考法】118252●3750

家族で考えておきたい「親族間不動産戦略」 ★☆☆

実家に帰り、自分が生まれ育った実家のストーリーを両親から聞いた翔平。社会人になって親から聞く体験談は、今の自分の追体験であるかのように身にしみた話になるものです。

だいぶ大荒れな家族模様でしたが、住宅購入において親と揉めるケースは、夫婦で揉めることに比べたらよっぽど少ないので安心してください。

ただし、実は親子・親族間で不動産について考えることは、資産の最大化の重要なポイントです。「資産の最大化」と硬い言葉を使ってしまいましたが、親族間で資産を有効活用できればいいことですよね。また、なにより自身の資産を増やす手段としても極めて有用です。

もちろん富裕層であれば、プライベートバンカーや証券会社・銀行の営業担当がある程度面倒を見てくれることもありますが、多くの場合は残念ながらそうではありません。

ですから、そこで大事になるのが、親族を含めて居住不動産をどのように扱っていくのかを積極的に考える「親族間不動産戦略」です。

自分の最初の住宅購入の時期に合わせて、親族全体の住宅資産を見直していく必要があると私は考えています。現代の家族構造の変化（核家族化）と地方の過疎化に対応するためには、この戦略が非常に重要です。

もちろん、親族含めすべて賃貸居住で資産も乏しいという場合は、不動産戦略の前に資産戦略を考える必要があるかもしれません。

さて、子育て世代の住宅購入における、親族間不動産戦略で重要になる点は、贈与税の非課税枠の活用／家族共有名義の検討になります。

「贈与税の非課税枠」を活用すれば、直系尊属（父母・祖父母など自分より前の世代で、直通する系統の親族）での住宅購入資金のサポートがお得になります。ただし、2022年以前は省エネ住宅で1500万円、それ以外の住宅で1000万円が非課税枠だったものが、2022年からは500万円ずつと縮小しており、使い勝手は少々悪くなっているうえに、今後も継続するかどうかはわかりません。しっかりと確認してから進めましょう。

加えて、家族がサポートができる状態であれば、家族共有名義での購入という選択肢も出てきます。将来的な相続時には課税対象となるため、お得であるというよりは子供世代の暮らしを支援できる点が魅力です。

あくまで概要のみの紹介にはなりますが、これらの戦略を検討し実施するためにも、親族間の話し合いこそが重要です。昔に比べて寿命も伸び、住宅初期購入世代、その親、そしてさらに祖父母世代と3世代×兄弟姉妹の不動産事情をうまく進められれば、親族全体で資産を守り、増やし、そして生活満足度を上げられる力強い一助になります。

まずは両親に対して住宅購入を考えているということ、そして両親の今後の住宅に関する希望を聞き出すことからはじめましょう。子息の幸せも願いつつ、やんわりと老後の心配や孫への期待もあるなか、「できれば〇〇分以内くらいには住んでほしい」「多少は補助ができるように準備をしておいた」「子供が生まれたら積極的に手伝いに行くわよ」と、まさに親の心子知らずではありませんが、住宅という生活の基盤に対する考えを親族間でも擦り合わせておくことは大事です。

そういった点では、無意識ではありますが翔平はいいタイミングで実家に帰ったものですね。（言わずもがなですが、パートナー側の両親の希望も大事です）これは決して、両親の希望を聞いてそれを叶えましょうというわけではありません。あらかじめ聞いておくことによって、あとから変に口を出されてエリアや予算の組み直しに苦慮しないで済むということが大きいです。

多くの家庭は、あまりこのような資産や相続といったことを話すのは「気恥ずかしい」「まだいいかな」と思ってしまいがちなのが実態ですが、親族間不動産戦略を立てて資産の最大化するためにも、住宅購入をいい機会と捉え、ぜひ親族間のコミュニケーションを大事にしていってください。

1週間後、自宅から一番近い大きな駅にあるカフェで僕と花は灰島のことを待っていた。僕はいつも通りコーヒーを、妊娠中の花はオレンジジュースを注文した。花は不動産会社に行ったときほどではないがソワソワしているのがわかる。

「ごめん。遅くなりました」お店の人に案内をされながら灰島が早歩きでやってくる。

「よろしくお願いします」僕が言うのに合わせて花もお辞儀をする。

「こちらこそ、よろしく」

「妻の花です」僕は簡単に花を紹介する。

「青井花です。主人がいつもお世話になっております」花はぎこちない笑顔で言う。

「灰島です。そんな緊張しなくても大丈夫ですよ。私は営業マンじゃないので」灰島は冗談めかしながら返す。灰島も席に着くといつもと同じくコーヒーを注文した。

「いろいろあったみたいだね」

「そうなんですよ。実家に帰ったら面白い話が聞けて。父と母も家を買うときに一悶着あったみたいで。その話が聞けたからこそ、こうして夫婦でお話を聞きたいと思ったので、結果的にはよかったんですけど」僕は実家であったことをひと通り詳しく話した。

「なるほど。多くの人が通る道だね」

「やっぱりそうなんですね」

「うん。もちろん悪いこととも言えないから難しいんだけど。青井くんのおじいさまもなにかしてあげたいと思っていただけだろうし、でも当時のご両親からすると自分たちで決めたいのを許してくれなかったように感じてしまうというね。そもそも、まったく相談しないってつもりでもなかったんだろうし」

「たしかに、父も今なら祖父の気持ちがわかると言ってました」

「そうだよね」

「先ほど、多くの人が通る道っておっしゃってましたけど、家族間でトラブルが起きるのってよくあるんですか？」少しリラックスしたのか花が灰島に質問する。

「そうだね。よくあるといっても感覚的には半分くらいの印象だけど、家を買うときに夫婦や家族で揉めたり、意見が食い違うことはある。その理由は青井くんのご実家の例もそうなんだけど、みんなが真剣に考えるからこそときに衝突してしまうんだよね。だから今回の青井くんみたいに、しっかりと向き合って話をすればほとんどは解決するよ」

「そうなんですね…なんだかホッとしました」

「私も。でも人間関係って難しいし、家族ともなるとよりややこしいよね」

「二人の意見はもっともだね。**家を買うというのは金額的なプレッシャーも大変だけど、近し**

い人たちや不動産会社の人たちとコミュニケーションを取っていくことの煩《わずら》わしさのほうが大きいからね。なんにしろ、夫婦でよくよく話し合い、互いにうまく譲歩をしながら家探しを楽しむこと。どちらかの勝ちや負けではなく、チーム戦と捉えて役割分担をすることができれば、揉めることなくいい家にたどり着けると思うよ」

「そういう調整も住宅購入はビジネスオーナーと言える1つの理由なのかもですね」

「おっ、いいこと言う。でもその通りだね」そう言って灰島は笑う。

「そして今日話したかったことにつながるんだけど、こういった家族間の調整や不動産会社とのやり取り、そしてこのままいい家にも巡り合えないかもと住宅購入にどっと疲れてしまう人もいるんだ」

「たしかに、今回僕は父と話せたからよかったですけど、気が滅入ってしまう人もいそうです」

「そうだね。なので今回は『住宅購入に疲れてしまったときの考え方』を授けようと思うんだ」

思考法

4 住宅購入に疲れてしまったときの考え方

来る前までは不安そうな表情をしていた花も気がつけば、真剣に灰島の話を聞いている。なんだかんだ言ってもやはり家はほしいのだろう。

「あらためて聞くけど、二人は不動産会社に一度行ったわけだよね」

「はい。行きました」もはや花がメインに返答をする。

「どうしてそこで家を断念したのか教えてもらってもいい？」

「不動産会社に行くまでは前向きというか楽しい気持ちが勝っていました。でも営業さんに提案された家の金額が7800万円で、まずそれにびっくりしてしまって。予想よりだいぶ高くて、買えるイメージがつかなかったいうか。それで私が迷っているうちに物件に申込みが入ってしまって……」

「なるほど。ありがとう。実際に二人が7800万円の家を買えるかどうかっていう部分は一度横に置いて、まずはショックを受けた気持ちの部分に焦点を当てて話すね」

「お願いします」

「まず、**住宅購入の現場で起きているのは、不動産価格が近年大幅に上がっている**ということ。その影響で、**自分は今まで大学も出て就職もして、しっかりと生きてきたはずなのに、目当ての物件すら到底買えないのかって思ったり、そこまで高望みはしていないのに、希望のほとんどが叶えられないいんじゃないかってショックを受けてしまう人が続出している。こういう人を僕は『絶望族』**と呼んでいる」

「絶望族ですか……」

「そう。まさしく二人も絶望族だったのかもしれない。ただ、それもおかしいことじゃないし、対策もある。ポイントは3つ。それじゃあ、1つずつ見ていこう」

住宅購入に疲れてしまったときの3つのポイント

①現実との向き合い方
②正しい購買力の把握
③必要なスペース（広さ）を考え直す

①現実との向き合い方

「多くの場合、家を探す際には不動産ポータルサイトを見ていると思うんだけど、そこで条件をポチポチと入れて、出てきた物件の選択肢が少なすぎたり、自分が住みたいと思える物件がびっくりするような金額で絶望するってことは少なくない。さらに、数年前の相場を見てしまって、今の価格高騰具合に驚き絶望する人もいる」

「そうですね」

「自分の予算では職場まで1時間くらいのところじゃないと買えないのかとかね」

「あ、それ思いました。今の街に住み続けるならもう古い賃貸しかないのかなって」花が言う。

「そうだよね。**人によっては、不動産サイトを見るのすら嫌になるって人もいる。現実を突きつけられ続けて、疲れてしまう**」

「完全に私です……」

「買った雑誌も読まなくなったもんね」

「ちょっと！」花は強めに僕を叩く。

「そもそも多くの場合は、自分の理想を強く描きすぎているのが原因。たとえば都心・築浅でエントランスがかっこいい物件をイメージして家探しをはじめたけど、到底自分が買えないことに気づき、絶望してしまう。ただこれは、社会現象としての側面もある」

「社会現象ですか……」

「今の時代って、自分の好きなものだけを見つけられて、それだけ見て過ごせるようになったよね。たとえば、ビンテージ系の家具で揃えた家とか、ホテルのような内装とか、探せばいくらでも出てくる」

「花が好きそうだね」

「私、好きなインフルエンサーのインスタで家具とかめちゃくちゃ見てます」

「見ていると楽しいよね。だけど、そういう具体的すぎる幻想をイメージして日本で家を探した場合『じゃあ、実際に家買いましょう』ってなったときにギャップが生まれやすいんだ。なぜなら、ほとんどの物件は多くの人に売れるように、よくいえば『シンプルに』、悪くいえば『特徴なく』、つくられているからね」

「な、なるほど……」花は妙に納得した顔をしている。

「加えて、SNSはその特性上、写真・動画を盛ることが普通になっている。これは不動産ポータルサイトでも同じで、高額な物件ほど、プロのフォトグラファーに室内を撮影させたり、ときにはステージングと言われるおしゃれな内装をこしらえたりして、**その物件を手に入れた先のキラキラな生活を想像させるようなマーケティングに力を入れている。**これは高く売却するために必要なこと。**だから、買い手である二人に覚えていてほしいのは、理想からの減点**評価で物件を見てしまうと絶対に100点にはならないということ。加えて予算もオーバーする。現代人の肥えた目で見たら、よほどの高級物件をリノベーションしない限りは絶対に見劣りしてしまうのが最近の住宅購入の大きな特徴なんだ」

「ものすごく心当たりが……」

「大事なことは、メディアやSNSで見る表面的なきれいさではなくて、スペックや金額、条件を含めた総合力を見極めること。あとは、壁や床の古さはリフォームでどうにでもなったりすることも覚えておくと視野は広がるよ」

「覚えておきます！」

②正しい購入力の把握

「次は希望金額の決め方についてだ。**まずは自分の購入力というものを正確に把握するということが大事。**早速、ここで質問！　青井くん。自分の購入力はどうやったらわかると思う？」

「あっ！　前のバランスシートとかですか？」

「バランスシートって？」花が僕に聞く。

「あ、説明してないか。帰ったら教えるよ」

「わかった」

「あれは家という資産を持つことの意味を理解するためのもの。あれも大事だけど買うべき金額を把握するにはちょっと足りない。そのためには、基本的なことだけど、自分のライフプランというものを再度見直す、もしくは正確に把握することが必要。今、**自分がいくらの収入があって、どれだけの支出があるんだということを正確に把握**にしよう。場合によっては、今後、自分の基本給がどう上がっていくのかなんかも考慮できるといい。そして、その後、家に限らずどういう人生を送っていきたいかを二人でしっかり話して数字に落としてみる。もちろん、**人生計画を明確に立てている人のほうが少ないから、**いい内省の機会だと思って自分自身に向き合ってみて」

「わ、わかりました……」

「ここでひとつライフプランをつくることの意味について例を出してみよう。住宅ローンって、多くの場合は年収の何倍くらいが一般的に借りられるか知ってる？」

「7～8倍くらいですよね」花は眉間にシワを寄せながら答える。

「素晴らしい。すでによく勉強してるね。その通り、一般的には年収の7～8倍のローンを組めるというふうに言われている。そして頑張れば9～10倍も借りられたりする。だけど、実はこれは正しくない」

「えっ！」

「なぜだかわかる？」

「……」僕も花も黙ってしまう。

「答えは**『借入れできる金額』と『借りるべき金額は異なる』**から。だって、子供を将来私立に入れたいのか、年収は上がるのか、そういった将来のことを考えずに、今の年収だけの情報で35年間かけて払うかもしれない住宅の予算を決めるのは間違っていると思わない？　だから、今のキャッシュフローがどういう風になっているのか、もしくは、将来どういう風なライフプランニングになりそうなのかというところは、ちゃんと考える必要がある。**一般的には7倍だから7倍まで借りてもOKとするのは絶対にダメ。**必ずライフプランとにらめっこしながら決めてね。わかった？」

「はい……！」

「ライフプランの具体的な立て方については、またタイミングが来たら伝えるから。じゃあ、今日最後の話。『必要なスペースを考え直す』について話そうか」

③必要なスペース（広さ）を考え直す

「最後は広さについて。家を買う多くの場合は、自分のライフスタイルに合わせた住宅を考える。なかでも特に広さが重要だというふうに思う人が多いのはわかる?」

「そりゃそうですよ。せっかく家買うなら広いほうがいいですし。ね?」僕は花に問う。

「ま、まぁ、たしかに、うちも今の部屋が手狭になって家買おうかって話にはなりました」

「うんうん。特にこれからの二人のようにお子さんが増えたタイミングで家を買う、もしくは買い替えるという人はそうだよね。でも、その広さってなにを指しているの?」

「え……、坪数とか? 平米数とかじゃないんですか?」

「じゃあ、その平米数はどれだけあったら満足できるの?」

「え……、あ、あるだけ?」

「そうだよね。**こうやって広い家がいいって言う人は多いんだけど、意外とその広さのイメージができている人は少ない。そしてその広さには2種類ある**と僕は考えている」

家の広さを指す2つの指標
・絶対面積:数字で表現される一般的な面積
・生活有効面積:物件のなかで、実際の生活で使える面積

「絶対面積はそのままだね。言い方はいろいろあるけど、何平米とか何畳とか何坪とかそういう絶対に変わらない面積。大事なのは生活有効面積のほう。生活有効面積は物件において、実

知識がないと印象でしか家を選べない

際の生活で有効活用できる面積のこと」

「絶対面積と生活有効面積ですか……」

「そう、たとえばこの2つの間取りを見てみて」そう言って灰島はタブレットの画面で間取りを見せる。

「どう思う？」

「なんだか右のほうは住みにくそうというか、狭そうというか」花が身を乗り出して画面を見ながら答える。

「そうだよね。でも実はこの2つの間取り、縮尺も同じなんだけど、左の表記上の平米数は55㎡で右は64㎡。実は約16％も平米数は右の間取りのほうが広いんだ」

「えっ、右が⁉　しかも16％も違うんですか⁉」

「そう、仮にほぼ同じ平米数であっても、間取りや動線で大きく生活有効面積は変わって

動線とスペースに大きな差がある

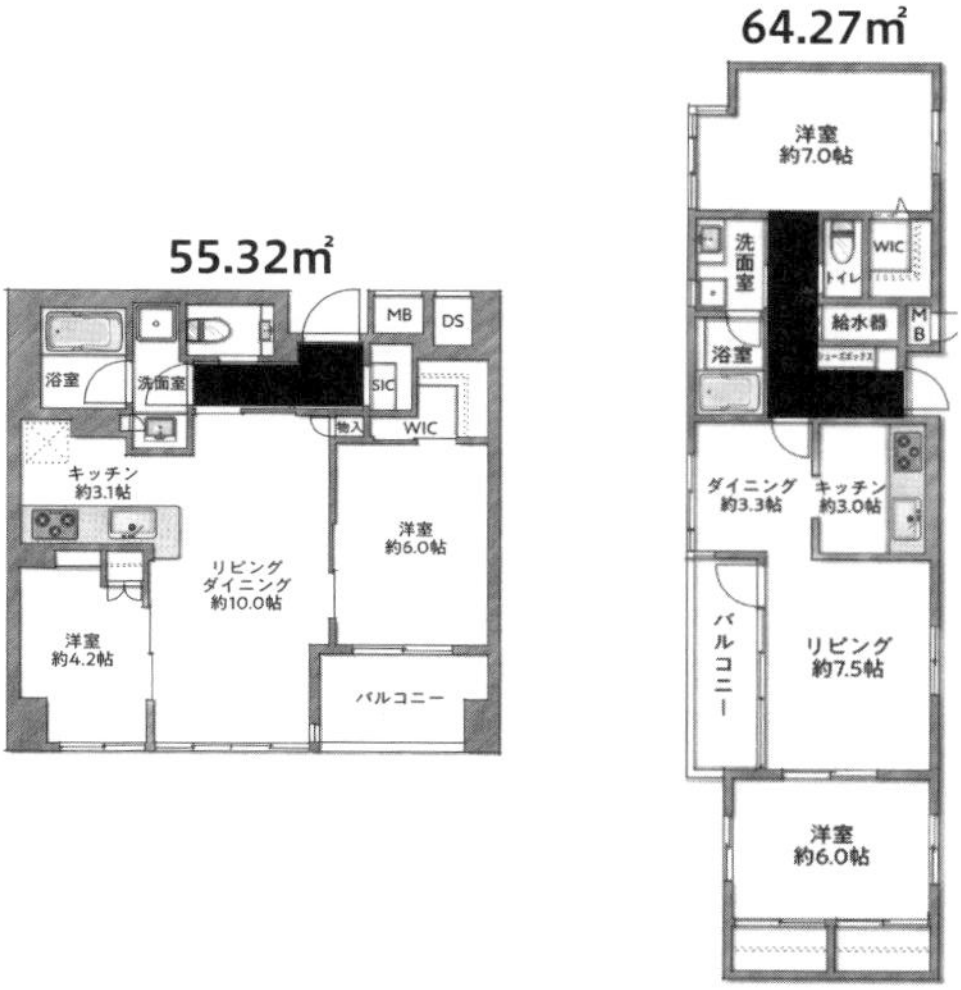

くるんだ。理由はまさに廊下の広さや、LD（リビング・ダイニング）の分離といったポイントで、右の間取りはいかにも使いづらそうな印象だよね」そう言いながら灰島は画面を触って、間取りに色を塗っていく。

「今、必ず通らないといけない場所、すなわち家具が置けない場所に色を塗ったけど、そのスペースはこれぐらい差がある」

「ほんとだ…」

「左の間取りは、「ワイドスパン」という間取りで、一般的に廊下面積が小さく、また各部屋の採光が取りやすく住みやすい間取りと言われている。一方で右の間取りだと、洋室と洋室を行き来するには廊下を含めて家の端から端までなぞるようにしないといけないよね」

「そうですね。だから使いづらそうって感じるのかも」

「不動産は坪単価や平米単価、というように、多くの場合は広さを基準に価格がつけられるんだけど、**大事なのは住んだ際の住み心地**。それをたしかめるために内見に行くわけだが、いい間取りか否かを見極められるよう、**この家の生活有効面積は多いかな？　という視点**を持って間取りを確認するようにしよう」

「はい。なんとなくいい間取りだなーとか思っていましたが、そういう観点があったんですね。覚えておきます」

「うん。そしてこの生活有効面積を理解したうえで考えてほしいのが、**自分たちに本当に必要な生活有効面積**について」

「自分たちに本当に必要な生活有効面積……？」花と僕が合わせて声を出す。

「本来は広さがあればあるほど幸せなわけなんだけど、予算にはどうしても限界がある。けど自分たちに本当に必要な面積を考えない人がほとんど。**どちらかというと3ＬＤＫとか、間取りを決めて探しはじめることが多い。すると広さが固定されちゃってなかなか動かせない。その結果、立地などの条件が希望に合わずになかなかいい家が見つけられない、**という状況になってしまう」

「僕らみたいじゃないですか」

「いやいや、これからこれから」灰島はクスッと笑う。

「だから、**大事なのは、自分たちはどんな生活有効面積だったら幸せになれるかを考えること。**言うなれば、いかに過不足のない大きさの家で幸せな生活を送るかという視点で考えてみよう」

「わかりました」

「で、そのときの注意点が１つ。多くの人が今持っている家具をもとに、どのくらいの広さがほしいかというものを考えがちなんだけど、その持ち物というものも、なにもせずに過ごしているど、どんどん増えてきてしまうから対策は必要。**パーキンソンの法則と言われるけど、人は時間や容量があると、それをパンパンまで自然と使い切ってしまう。**夏休みの宿題が最終日まで終わらないのと同じだね」

「あ〜……」なんとなく心当たりがあって、僕と花は顔を見合わせる。

「もちろん、基本的に不要なものを捨てるということは大事なんだけど、同時に今では、サブスクリプションの形で家の外に倉庫を持って、自分のものが収納できるというサービスも充実してきたりしているから、どうしたら自分たちが快適に過ごせるか、これから伝える方法も使いながら生活有効面積を考えてみて」

「さて、少し長くなっちゃったけど、どうだったかな。花さんも」

「すごく勉強になりました」花は手元のノートをペラペラとめくりながら答える。

「それはよかった」

「灰島さん、引き続きいろいろとお話を聞きたいんですけど…」持ち前の前向きさを取り戻した花の姿を見て安心した僕はこのまま次回の予定を決めてしまおうと灰島に提案する。

「うーん……」

「だめですか？」

「いや、そういうわけじゃない。ただ１つ宿題を二人に出そう」

「宿題ですか……？」

「そう。その宿題は『**二人はどうして家がほしいのか**』を考えること」

「どうして家がほしいのか……？」

そんなの今の家が狭かったり、子供が生まれたりするからではないか。なにを当たり前のことを聞いてくるんだと僕は不思議に思う。

「二人でしっかり考えて、答えが出たらメールして。それまでは、連絡もしてこないでほしい。当然、『家がほしいから』とかそういうのはなしね」

灰島はいつものように優しい表情ではあるが、目は鋭い。きっとこの質問が大きな意味を持っているというのを僕は理解した。

「わ、わかりました」
「うん。答えが出たら、次は僕の事務所で話そう。楽しみにしているよ」

Column

必要な広さの求め方

この章では、家探しの初期につまずきやすいポイントについて学びました。特に、不動産価格がここ10年で急激に高くなってきている今、購入金額の最大値は簡単には動かせず、なにを調整するかというと、「広さ」・「築年数」・「駅徒歩」の3つになります。

特に広さについては、検討初期ではあまり基準が明確でなく、なんとなく70㎡、80㎡と仮決めして家探しをしている家庭が多いのが実情です。もしくは子供が二人将来ほしいから3LDKで75㎡くらいはほしいよねと間取りを基準に家を探されているファミリーも多いと思います。

また、DINKs（Double Income No Kidsの略。共働きで子供を意識的につくらない、持たない夫婦、またその生活観）や単身であっても、ほしい広さについて明確な意思を持っている場合は少なく、実家や知り合いの家の広さから、なんとなくイメージを持たれていることが多いのではないでしょうか。

しかしそれでは、いざ家探しを進めるなかで予算との乖離に出鼻をくじかれ、理想と現実のギャップに苦しみ家探しを中断してしまいます。では、灰島から提案があった生活有効面積を把握するには、どうすればいいのでしょうか？

まず、1つの目安となるのは、今の居住中の家にこれから生まれる子供の必要面積（10〜15㎡）を足す考え方です。一人暮らしをしていた家に、結婚を機になんとか二人で住んでます、二人でもそもそも限界ですという場合を除き、今ある程度快適に暮らしているのであればその面積から1部屋増えるような考え方を持ちましょう。

ある程度快適に、というのは、灰島の言うとおり人間どんな広さであっても、パーキンソンの法則によって、ものは溢れるからです。広くなったからと言って収納問題が簡単に解決するわけではないので注意しましょう。

また、おおむね賃貸住宅よりも分譲住宅のほうがグレードや構造、間取りの質が高いことが多いので（分譲賃貸や高級賃貸に住んでいる場合を除く）、実際見に行くと広く感じることもあるので内見は重要です。

ただ、将来二人子供はほしいから、二人分の部屋をと考えるのは注意が必要です。参考になるのは、国土交通省が定義している「健康で文化的な住生活を営む基礎として必要不可欠な住宅の面積」からもわかります。

この表の世帯人数ですが、次のように数えるように定義されています。

居住面積の目安

一般型	単身者	55㎡
	2人以上の世帯	25㎡×世帯人数＋25㎡
都市居住型	単身者	40㎡
	2人以上の世帯	20㎡×世帯人数＋15㎡

※世帯人数が4人を超える場合は、上記の面積から5%を引く。

「世帯人数」の数え方
0〜2歳児　0・25人
3〜5歳児　0・5人
6〜9歳児　0・75人
10歳児以上　1人

これからわかるように、10歳となって初めて一人分カウントです。将来生まれてくる子供のためにというのは子供が生まれてから10年後にやっと一人分の広さが必要という計算になるため、二人目が生まれるからさらに1部屋分確保しておこうというのは時期尚早なのがわかりますね。

そしてこの計算に則ると、青井夫妻でいうと夫婦＋子供、3年でもう一人生まれると考えても0・75（0・5＋0・25）人計算になるため、20㎡×2・75＋15㎡＝70㎡という結果

技術の進歩によって、家の有効面積は増えている

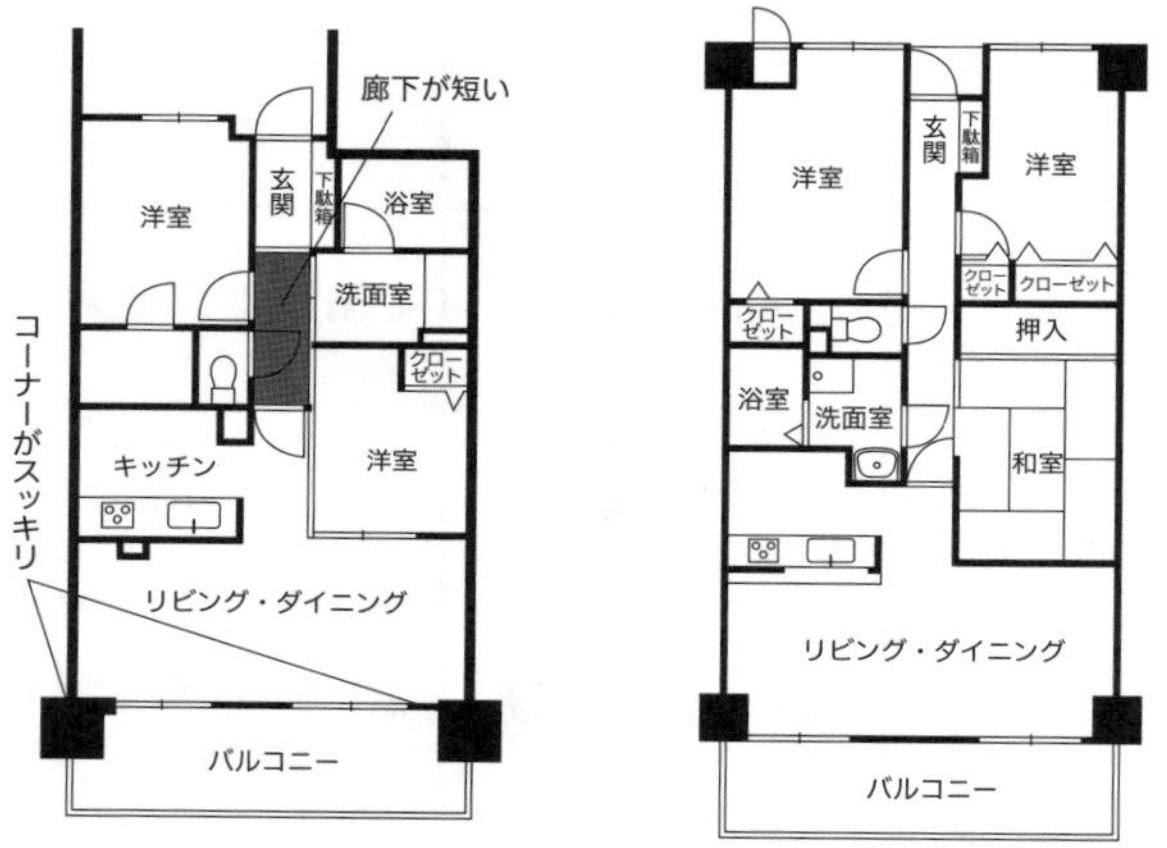

になります。

ちなみに私はこの計算式は今となっては、いくばくかゆとりがありすぎる節があると思っています。最後に確認できる資料としては、平成18年（２００６年）に制定されたものであり、そこから20年弱の月日が経っています。

その期間で、住宅性能は進歩し、同じ平米数であっても、暮らし心地も大きく向上しています。

たとえば、昔の間取りと今の間取りを比較すると、

① 廊下面積や柱をはじめとした、無駄面積が減った間取りを作れるようになった

② タンクレストイレや薄型・壁掛けテレビといった家電類の進歩

といった点で、同じ表記面積でも新しい物件ほど生活有効面積が増えてきているのはたしかです。

また、昔に比べて居室（寝室）の広さを減らし、リビングを広くするという「リビ充」（リビング充実の略。今はスマートフォンによって、リビングにいてもそれぞれ自分の時間が楽しめるようになったという時代背景もある）間取りが人気なこともあり、同じ面積であっても豊かに暮らせるようになってきています。とはいえ、家は広いに越したことはないと思います。全員が生活面積ピッタリの家を買うべし、とは私は考えません。もちろん資金の余裕があればもっと広い家を買えます。

ただ、多くの場合は予算の制限がある買い物ゆえ、「無駄な希望面積」を追い求めず、利便性を損ねないようにしていくのが理想です。

将来狭くなったら、買い替えればいいのです。もちろんそうなりにくいようにライフプランを立てるべきですが、すべてが計画通りにいくとは限りません。そのため、将来売りやすい・貸しやすい家、すなわち資産性の高い家を選ぶべき、と主張する理由はここにもあります。

第 5 章

究極の問いは、どうして家がほしいのか

家族で正しく話し合えれば自然とゴールは見えてくる

「どうして家がほしいのか…」僕はリビングでくつろぎながらぼそっと呟いた。

「早速考えてるの？」ソファに座る花が答える。

「まぁね」

「そんなに根詰めて考えなくてもいいんじゃない？」

「でも、答えを見つけ出さないと話が進まないし」

「それもそうだけど。シンプルに考えればいいんじゃない？」

「たとえば？」

「家が狭くなってきたからとか、子供のためとか。だって本当にそうじゃない？　よくそういう理由聞くよ？」

「そうなんだけど、なんだろう、『それだ！』ってならないというか、イマイチはまらないというか。しかも、灰島さんがそんな答えを求めてるのかなぁ。だって、家が狭かったり、子供のためだとしても、賃貸でいいというか、大きい家を借りれば済んじゃう気がして。家を買う決定打にはなってなくない？」

「じゃあ、あれは？　家賃がもったいないから！　ほら、大きい家を賃貸で借りようとすると高いし。それも理由のひとつでしょ？」

「それはあるよね。しかも賃貸はお金払うだけだし。でもなぁ、なんかネガティブな感じしない？　もったいないから家買うって。節約のために家を買うってなんか本末転倒な気がするというか」

「たしかに。あんまり楽しい考え方じゃないかもね」

「しかも、現金が一時的には出ていく買い物をするわけで、やった！　貯金が増えた！　とはならない気が」

「そうだねぇ」

すっかり花はいつもの前向きな姿勢を取り戻していた。以前のように夫婦での会話をできるようになったのはひとまずよかったのだが、今度は新しい悩みに頭を抱えていた。それでも、花とこうして自分たちの家庭のことを面と向かって話すのはなんだか新鮮な気分で、悪い気はしなかった。

「ちなみに、花はなんで家をほしいと思ったの？」

「そうだなぁ、友達の家に行って感化されたのももちろんあるけど、一番は自分の思い描く理想の家があるから？」

「どういうこと？」

「いや、住宅メーカーのＣＭとかパンフレット見ると、大きくて明るい家で家族団らんみたいなのあるじゃん。ベタかもしれないけど、狭い賃貸じゃなくてあんなふうに暮らせたらいいなって」

「なるほどね。ちょっとわかるかも。あのいかにも幸せみたいな雰囲気に憧れるってあるよね」

「わかる？　もちろんほかにも理由はあるけど、一番の動機は単純な『憧れ』かも。でもこれじゃダメか。現実と向き合う話をされたばっかりなのに」

「いや、ダメってことはないと思う。絶対にそういうポジティブなものだと思うんだけど、あの灰島さんの前で『憧れです！』って言うのもなんか気が引けるよね。『違う！』ってすぐに言われそう」

「ふふ、たしかに。そもそも会ってもらえなさそうだね」

「そうなんだよなぁ……、だからずっと頭のなかがぐるぐるするというか。あぁもう！　どうしたらいいんだ！」

「いろいろな人にも聞いてみたら？　お義父さんお義母さんとか白濱くんとかに。あと家買ってた上司もいなかった？」

「え。赤田さんはいいよ。面倒くさくなりそう。でもまぁ、親とかハマはありか。しかもハマはまだ結婚もしてないから、子供のためにとかじゃなく家買ったわけで、ちゃんとした理由も持ってそう」

「そうだよ。聞いてみな。私もユキちゃんに聞いてみるね」

数日後。この日は、午前の仕事が思ったよりも早く終わって、早めに昼食に出ていた。溜まった仕事がないというだけで、こうもすっきりした気分になるのかと思った。

清々しい気持ちで先に出されたお茶を飲んでいると店のドアがガラッと勢いよく開いた。

「お一人様でのご利用でしょうか？」

「残念ながら一人！」

聞き覚えのある太い声が聞こえて一瞬ドキッとする。

「お好きなお席へどうぞ」

「ありがとさん」

短い会話が終わるとカツカツと足音がこちらへ近づいてくる。嫌な予感がして、僕はなんとなく顔を伏せる。

「え！　青井じゃん！」

太い声の正体は赤田である。どうしてこうも赤田に見つかるのだろうか。もう先ほどまでの心の余裕はない。

「あ、はい。どうも」

「どうもって、お前よそよそしくすんなよ」

「そんなことはないですけど」

「あっそ。まぁいいや。俺もここ座ろ」

そう言って赤田は僕の横に腰掛けた。ほかにも席は空いているのだから、わざわざ僕の隣に座る必要はないだろう。これがこの男なりのコミュニケーションなのだろうか。

「赤田さんも今日お昼早いんですね」

隣に来た赤田を気遣って、部下らしく一応、質問をする。

「え？　まぁ午後イチで人事から呼ばれてんだよ」

「え？　昇格ですか？」

「いや、違うだろ。たまに呼ばれるけど、労働時間とか管理面で指示受けるだけで終わりだから、どうせ今回もそんな感じだろ」

赤田はかったるそうに答える。

「なんか大変そうですね」

「うそつけ。大変とか思ってないくせに」

「いや、そんなことはないですけど」赤田は本当に勘がいい。

「そんなことよりさ、お前家どんな感じなの？　進んでんの？」

人事の話と違って、赤田の表情は明るくなる。どうしてこの男はこんなにも人のプライベートに踏み込んでこようとするのだろうか。

「ボチボチですよ」

「ボチボチってなんだよ」

「進んではいますよ。今お世話になってる不動産に詳しい人もいて」

「詳しい人？　なにそれ意味あんの？」

本当にこの男は。悪気がなさそうなのがまた腹が立つ。

「勉強にはなってますかね」

「へぇ」赤田は心底興味のなさそうな返事をする。

ふと、「どうして家がほしいのか」という質問が頭に浮かんだ。赤田に聞くのは癪だが、このまま一緒に昼食をとってなんとなく時間を過ごすのも無駄な気がして、赤田に質問してみる。

「赤田さんはどうして家がほしかったんですか？」

「え？　俺？」

「はい。赤田さん大きな家住んでますし、なんでかなって」

「そんなの『男のロマン』だろ！　家族と一緒にでかい家で暮らす。これほどのロマンがあるか？　しかも、注文住宅。理想の空間最高。以上！」

「でも、大きな家で家族と住むだけだったら賃貸でも選択肢がありそうじゃないですか？」

僕は気になっていることをそのまま赤田にぶつける。

「はぁ、お前は本当にネガティブだね。持ち家のほうがテンション上がるじゃん。自分の所有物って感じもして」

「ネガティブって……。でもまぁ所有物はたしかにそうですね」

「そうだよ。男ならやっぱり一国一城の主に憧れるだろ」

「じゃあ、お金のこととかよりも憧れって感じですか？」

「そりゃ、金のことを気にしないわけではなかったけど二の次だね。家族と幸せに暮らすことを第一に考えた。だから、ちょっと出し渋って後悔するなら高い金払っていい家にしようと」

「奥様も同じような感じですか？」

「おっ、今日のお前はいろいろ聞いてくるねぇ。仕事もそれくらい積極的だといいんだけど」

赤田は本当に一言多い。僕は作り笑いでなんとか誤魔化す。

「嫁も賛成だったよ。子供産んだら元々仕事辞めたいって言ってたから場所にこだわりなかったし。今は趣味でやってたハンドメイドの小物を作って、ネットでちょこちょこ売るみたいなことを楽しそうにやってるよ。これが結構売れるんだよ。インスタグラムってすごいよな」

「へぇ、すごいですね。そういう暮らしも憧れます」

「だろ？　だからごちゃごちゃ考えず自分の思うままに家を建てればいいのよ。家族で楽しく暮らすのが一番。でも、お前、『コイツ、家遠くて通勤大変なくせに』とか、どうせ思ってんだろ」

「え？　思ってないですよ」ズバリなことを言われて少しだけ声が裏返る。

「まぁ、たしかに会社までは遠いけどさ、俺、会社のために生きてねーもん。通勤しやすくするための家とかなんかもったいないだろ。つまんないし。だって、家族じゃなくて会社のために家買うのか？　って話じゃん」

赤田の言うことも一理ある。会社や仕事のために家を買うのは本末転倒だ。参考になったのかはわからなかったが、それなりにいい話が聞けたと思いながら、僕は運ばれてきた定食に手をつけた。

赤田の定食もなぜか僕と同じタイミングで運ばれてきて、少し損をした気がするが、赤田はそんな僕のことなんかお構いなしに定食に喰らいつく。いかにも男の早飯という感じだ。

ブルルル……ブルルル

赤田のスマートフォンが鳴った。

「うわ、人事かよ……」そう言いながら赤田は電話に出る。

「はい、赤田です。はい。はい……、え？　今からですか？　まぁちょうど食べ終わったんでいいですけど。はい。わかりました。向かいます」

「なんかあったんですか？」

「午後イチの約束のはずが、できれば早くきてほしいって」

「人気者は大変ですね」

「お前絶対思ってねーだろ」

赤田はパッと会計を済ませて、小走りで会社に戻っていった。


「ただいま」

「あぁ、おかえり！」花の声は妙に明るい。

「なんかいいことでもあった？」

「今日、病院だったじゃない？　妊婦健診」

「そうだね。結果よかった？」

「今更、なにがいいとかはないから、それは普通に順調でよかったんだけど。増田さんにばったり会ったの！　覚えてる？」

「増田さん？」

「お隣さんだった増田さん！　引越しされるときも話したじゃない」

「あぁ、子供の駿くんが元気な増田さんか！」

「そう！　ほら二人目がって言ってたじゃない。同級生ですねって」

「そうだったね」僕が手を洗ったり着替えたりしているところにも花はそのまま喋りながらついてくる。よっぽど話したいのだろう。

「それでさ、私も家のこと聞いてみたの。『増田さんはどうして家がほしかったんですか？』って」

なるほど。そういうことか。花が僕に話をする理由がようやくわかった。僕はひと通り片付けを終えてリビングのソファに腰掛けた。

「なんかいいこと聞けた？」

「え、う、うーん、いいかどうかはわからないけど」

「え？　ダメだったの？　テンション高いからてっきりヒントが見つかったのかと。増田さんはなんて言ってたの？」

「『思い出をつくるためかも』だって。あっ、ご飯温めるからちょっと待ってて」

「え、やるからいいよ」

「ううん。今日は温めるだけだから大丈夫」花は夕飯の準備をはじめる。

「ありがと。それにしても『思い出』ね」

「そう。なんか、私も知らなかったんだけど、増田さんって小さい頃、転勤族だったんだって。お父さんの仕事の関係で家族全員2〜3年に1回引越しみたいな」

「うんうん」

「それで、子供ながらに、友達できてもすぐに引越し、新しい街に慣れてもまた引越しの繰り返しで、ふるさとの思い出が少ないんだって」

「あぁ〜、たしかにそれはつらいかも」

「でしょ？　特に子供の頃なんか、家と近所と学校が世界だから」

「そうだね」

「それで、今のところ増田さんのところは転勤があるような仕事じゃないから、子供達が帰ってこれる場所のシンボルとして家を建てたかったんだって」

「なるほどね」

「増田さんが子供の頃は社宅とか転々としてたのもあって、小さい頃の思い出で、『ここが自分の家』っていう愛着も湧かなかったんだって」

「それで思い出か」

「そうそう。なんかよくない？　参考になるかはわからないけど」

「え、いいじゃん。僕ちょっと感動した」

「だよね！　私も聞いたときうるっときた」

「でも、うちの場合は僕も花も転勤族とかじゃないからな」

「そうなんだよね。だから、話そうとしたらうーんって思ったの。ダメだった？」

「ううん。そんなことはまったくないよ。ちなみに僕も今日、昼ごはん食べながら上司に話を聞いてみてさ」

「へぇ！　夕飯食べながら聞かせてよ」

「もちろん」

そう言って、僕と花は食卓についた。赤田の話もひと通り伝えて、それぞれの共通点がないかも話し合ったが、子供がいる「家族」を前提にしている二人と今の自分たちの状況は少しだけ違っていて答えに近づきそうで、あと一歩近づけない感覚があった。

家を買うと街にも愛着が湧いてくる

最後に灰島に会ってからすでに2週間が経過していた。あれ以降、花と二人で粘り強く考えているが、まだそれらしい答えは出ていない。灰島も難しい課題を出してきたものだ。本質的な問いであるがゆえに、いまいち掴みどころがない。

僕は困ったときの手段として白濱に連絡をして、今に至る。渋谷まで電車で12分のところにある、いわゆるイケている街の駅前で僕は白濱を待っていた。今日は白濱が家に招いてくれるらしい。

いかにも仕事ができそうなお金持ちや芸能人でもやっていそうな雰囲気の人が行き交う中で、なんとなく肩身の狭さを僕は感じていた。

「おまたせ！」白濱がラフな格好でやってきた。

「今日仕事は？」

「在宅の日だったから、ついさっきまで家でオンラインミーティングしてたところ。ごめん、結構待った？」

「いや、全然。というかすごい都会だね。ハマはこんなところに住んでるのか。もう別世界だよ」

「そうか？」

「だって、いわゆるイケてる街じゃん」

「別に普通だよ。そりゃ遊びに来てる人たちはちゃんとした感じだけど、住んでみたらどうってことないよ」

「ほんとかよ。ハマのこと待ってるあいだ、ちょっとビビっちゃったよ。うわー、場違いかもって」

「よく言うわ！」僕は白濱と何気ない雑談をしながら、家に向かっていた。

「駅から家まではどれくらいなの？」

「う〜ん。10分くらいかな」

「近っ！　そんなところに家ある？」

「これがあるのよ。駅前だけ見るとあれかもしれないけど、ちょっと入ったら住宅街だから。あ、なんか欲しいものあったらコンビニとかスーパー寄るから言って。とりあえず、お酒と簡単に食べるものは用意してあるけど」さすが白濱である。

「ううん。大丈夫。ありがとう。それにしても、ここら辺スーパーもあるんだね。まったくイメージないや」

「大型店とかではないけど小さいのがポツポツあるよ。だから買い物にもそんなに困んない。しかも、基本はネットスーパーだから」

「え、使ったことないや」

「まじ？　めちゃくちゃ便利だよ。その日に届けてくれることもあるし、家にいればいいだけだから仕事の合間に買い物もできてめちゃくちゃ重宝してる」

「ネットスーパーか……なんか抵抗あって。高いんじゃないの？」

「気持ちはわかるけど、値段はそこまで普通のスーパーと変わらないかな。しかも多少高くても、忙しいときとかは家出るのももったいない！　って思うから結局使っちゃう」ハマは笑いながら言う。

「なるほどね……言われてみればそういうときあるかも」

「しかも、ネットスーパー活用すれば、家の近くにスーパーなくても選択肢増えるから、本当におすすめだよ。ほら、スーパーの近くって都合よく物件出てこないし。俺がこの街に決めたときも、なにかあればネットスーパーで買い物は完結できるって思ったのも大きかったから」

「た、たしかに……！」

他愛もない話をしているうちにあっという間に白濱の家の前に着いた。会話が盛り上がったのもあるからかもしれないが、10分もかからなかったような気がする。

築27年と聞いていたマンションは思っていたよりも綺麗に見える。というか、外観からは古びた感じが一切しない。白濱は慣れた手つきでエントランスの鍵を開けてなかに入っていった。

「めちゃめちゃ綺麗じゃない？」

「ん？　どこが？」

「え、全体的に。築27年って聞いてたからもっと古いのかと思ってた」

「あぁそういうこと。まぁぱっと見の外観は古いかもだけど、ここのマンション、組合がしっかりしてるから清潔ではあるんだよね。外壁とかもこの前直したみたいだし」

「めちゃめちゃいいじゃん」

「でしょ？　俺も割と気に入ってる。あ、ちょっと待ってて」

「どうしたの？」

「いや、宅配ボックスに荷物届いてるの思い出した」

「宅配ボックスあるんだ。ウチの賃貸ないから羨ましいよ」

「そう！　この前導入されて、マジで感動したね。独り身だと出社したとき全然荷物受け取れなくてさ」そう言って白濱は宅配ボックスから荷物を出す。

「たしかにね。あっ、手伝うよ。ハマは鍵とか出すでしょ？」

「おっ、サンキュー」白濱はダンボールーを僕に渡してくる。

「って、重っ！　なに入ってんのこれ」

「ん？　参考書。試験の」

「試験？　ハマは本当に勉強好きなんだから」

「まぁ嫌いではないよね」

「そういうところ昔から変わんないわ」

荷物を抱えた僕らはエレベーターに乗って8階まで上がる。12階建の8階だから上のほうとは言えるのではないだろうか。エレベーターもモニター付きで古いタイプには見えない。このマンションに来てからまだ数分しか経っていないが、思っていたよりも最新設備が揃っていて、僕はあちこち見てしまう。

エレベーターを降りるとこれまたきれいな廊下を歩いて部屋に向かう。廊下からは奥のほうにいわゆる都会のビルが見える。知っているビルや建物がちらほら見えて、ここは都会なんだと思い知らされる。しかし、白濱の言うとおり、マンションのまわりは静かで住みやすそうだ。

案内されるままに僕は白濱の家のなかに入る。

「荷物ここ置いちゃって。助かったわ」

「オッケー」僕は玄関にダンボールを置く。

リビングまで数歩歩いて白濱が電気をつけると、外からではわからないくらい広い部屋がそこにはあった。

「でかっ！」

「普通でしょ。11畳だし」

「いや、めっちゃ広い！　なんだろうこの感じ。おしゃれだし」

「おしゃれかどうかはわかんないけど、狭く見えないようには意識してる。灰島さんにも言われたから」

「もしかしてあれ？　生活有効面積ってやつ？」

「そうそれ！　俺も最初、家はデカければデカいほどいいって思ってたけど、生活有効面積考えて、こうやって人が来ても大丈夫なサイズにした」

「へぇ、ほんとすごいね」

「そんなことはないけど」

そのあと、手を洗うついでにいろいろと白濱の家を見せてもらった。１ＬＤＫと男性が一人で住むには十分で、リモートワークが多い白濱にとっては書斎もあり完璧な作りになっていた。しかも、リノベーション済みの白濱の家はマンションの外観以上に築27年を感じさせない空間だった。

「で、家のことで聞きたいことって？」白濱は二人分の缶ビールを冷蔵庫から出して言う。

「あ、灰島さんからの課題で悩んでてさ。正解を教えてほしいってわけではないんだけど、ハマにいろいろ聞きたいなって思って」

「ほうほう」白濱は椅子に腰掛けてビールを開ける。二人で軽く乾杯をして、ビールを軽く飲んだあと、僕は質問を投げた。

「ハマはさ、どうして家がほしいって思ったの？」

「難しい質問だなぁ。それ本当に灰島さんが言ってたの？」

「そうだよ。もう夫婦で頭抱えちゃって。答え出さない限り会わないって言われちゃってさ」

「あはは。いいね。めっちゃ成長してるじゃん！」

「笑いごとじゃないよ本当に」

「ごめんごめん。つい」

「ったく」

「でも、どうして家がほしかったのか、か。そうだなぁ」

白濱は少しだけ黙って考える。考える姿はいつも通りの白濱だが、格好がラフなだけに少しだけアンバランスで面白い。

「俺の場合は、自分の成長のためかな」

「自分の成長？」

「うん。まぁほら、俺今結婚とかしてるわけじゃないじゃん。だから一人で家買うってなると、家族のためっていうよりも自分のためなのがそもそもあって」

「今後も一人ってこと？」

「違う違う。もちろん家庭は持ちたいけど、今じゃなくていいかなっていうのがあって。それで、今は仕事だったり、自分の好きなこととかやりたいことに集中したいのね」

「うんうん」

「そう考えたときに、もともと賃貸のときって更新のたびにいちいち引越し検討したり、ゴルフバッグを出し入れするにも壁を傷つけないように気遣ったり。だけどお金は出ていくだけみたいな。なんか気持ちが落ち着かない感覚があったんだよね」

僕は相槌を打ちながら白濱の話を聞く。

「そのなかで、周りもちょいちょい家買ってる人とかも出てきてさ。そういう選択肢もあることを知って。合理的かもなって思う部分もあるんだけど、なかなか踏み切れないというか。で、更新のたびに、もっといい選択肢があるんじゃないかとモヤモヤしながら、時間に押されて更新しちゃう自分に自己嫌悪というか、このままでいいのかなと思って」

「あ、ちょっとわかるかも」

「ただ、前回のタイミングで、一念発起というか、いい家で自分のことに集中できる環境がほしいって思ったのがきっかけかな。あとは、もちろん資産になるっていうのも理解してたから、そういうのも経験してみたいって思って」

「ハマっぽいわ。自分への投資的に考えてるあたりが」

「そう？」

「うんうん。ここまで話聞いてた人はみんな家庭を持ってた人たちで、また全然違う意見聞けた感じ」

「それはよかった」

「でも、この家買って、狙い通りになった？」

「なったかな。もちろん、全部が全部完璧ってことはないけど、基本的には思っていた通りになったし。さっきも書斎見てもらったけど、あそこで仕事にも没頭できるし、勉強とかも集中してできるようになったよ」

「いいね」

「あとは、資産を持ったことで意識も変わったというか、それ自体がいい経験になってってさ」

「え、どういうこと？」

「賃貸のときってさ、マンションの前のゴミ捨て場が散らかっててもなにも思わないわけ。なんていうか他人事みたいな。もちろん気がつけば片づけるかもしれないけど、そもそも気づかないレベルでしか意識してないのよ」

「はいはい」

「でも、この家買ってからさ、気になるわけ。なんでかっていったら、自分の家の前だから」

「うん？」

「わかりづらいか？　そうだな…。たとえばさ、翔平の実家の前にゴミが散らばってたらどう思う？」

「めっちゃ嫌だよ。多分僕も父親も母親もすぐ気づいて片づけると思う」

「それと同じ。この家が自分のものだから、汚いのとか古いのとかすごく気になるの。愛着が湧くっていうか」

「そういうことか」

「そうそう。だから、**自分の資産として、自分から率先してきれいにしようって思えるようになった**のは大きな成長だなって」

「でも、それって結局賃貸のときより考えること増えてたりしない？」

「もしかしたらそうかも。でも、受け身でやるのと能動的に動くのって全然違うじゃん。もう灰島さんからの話も聞いてるからわかると思うけど、賃貸のときはただの住人だったけど、今はオーナーとしての行動というかさ。ただやるってだけじゃなくて、それも自分の資産のためって感じでいられるんだよね。だからタスク完了！みたいな爽快感もあって」

「たしかに……オーナー視点だと感じ方全然違うかもね」

仕事人間の白濱らしい回答ではあったが、言っていることはかなり正しいように思えた。

「しかも、資産性って意味でも大事でさ。俺は今のところ、すぐにはこの家売るつもりはないんだけど、もし売ろうって思ったときに、汚かったりして印象が悪かったら売れると思う？」

「売れないね」

「でしょ？　だから、**企業が自分たちの株価が下がらないように努力するのと同じで、俺もこの家の価値が下がらないように努力**しないと」

「ハマもう、灰島さんじゃん！」

「そうだよ！　俺はお前の兄弟子だから！」白濱は笑いながら言う。

「だから、ここ来るまでのあいださ、翔平がイケてる街とか言ってくれたじゃん？」

「言った言った」

「あれはいいことでさ。それだけ街のブランドがあることで、また価値が上がるじゃない」

「そうだね」

「そうなると、もう街のことも気にしだすわけ。賃貸のときは騒音が迷惑だとしか思わなかった道路工事とか修繕工事とかが『いいじゃん』って思うわけよ。最初は自分のためがきっかけだったんだけど、もはやそれを超えて街とか物件のいい変化を喜べるようになるんだよね。しかも、実際いいタイミングで買ったからこの物件の相場も上がってるっぽくて。いつか売ったら次はこんな暮らしがしたいとか次の目標ができたりして、だんだんこの家が自分の人生の一部になっていくんだよな」

　その後、家とはまったく関係のない話も交えながら白濱とは盛り上がった。家のこと、キャリアのことなど、いろいろと話せたのは勉強になった。家のことを熱く語った白濱は来年から大学院に通うらしい。都市計画のことを勉強すると言っているのだから、本当に白濱の行動力はすごい。こうして多くを勉強したくなる白濱からすると、今はとても充実しているのだろう。

リフォーム・リノベーションの目安 ―― ★☆☆

住宅購入検討初期に、リフォーム・リノベーションの金額の目安感を押さえておくことはその後の予算設計においても選択肢が広がるので必要です。もちろん、どういったグレードの設備にするかで金額は大きく異なってきますが、標準的な内容の場合のリフォーム・リノベーション金額をお伝えします。（付帯工事を含む金額）

・キッチン：90〜120万円
・お風呂：80〜100万円
・トイレ：20〜40万円
・洗面所：25〜50万円
・壁紙の張替え：1500〜2500円／㎡
・床の張替え：1帖（1・65㎡）あたり2・3〜3万円ほど（フローリング張替えの場合）
・フルリフォーム・リノベーション：15〜20万円／㎡（内容によるためあくまで参考値）

もちろんセットにして施工することで安くなることもありますし、物件の間取りなどによっても価格は前後するためあくまで目安です。

「もしもし、母さん？」

「はいはい。どうしたの？」

白濱と飲んだ日の翌日、僕は実家に電話をしていた。理由は当然「どうして家がほしかったのか」を聞くためだ。この前帰ってから一度も連絡をしていなかったこともあり、久々に二人の様子を聞くことも兼ねていた。

「ちょっと家のことで聞きたいんだけどいい？」

「いいけど、あんたいっつも家のことで悩んでるわね」

「慎重派なの！」

「そう。まぁいいわ。それで？」

「二人はなんで家をほしいと思ったの？」

「なんでって、当時は二人用の賃貸とかなかったからよ」

「でも、まったくなかったわけじゃないじゃん。しかも、おじいちゃんの家に住み続けることも一応はできたわけで」

「まぁね」

「じゃあ、二世帯断ってまで家建てようと思ったのはなんで？」

「そうねぇ……、なんか幸せな将来が見えなかったのよね。二世帯だと」

「見えなかった？」

「前も言ったかもしれないけど、おじいちゃんたちのところに住んでも楽しいは楽しいかもしれないけど、自分たちの家庭が想像できなかったのよ。それこそあんたが生まれて三人で暮らすとかはまったくイメージが湧かなくてね」

「なるほどね……」

「だから、家だけは絶対に別がいいって思ってたかしら。あ、お父さんが俺も話すって言ってるから代わるわね」

もう少し母に聞きたいこともあったが、強引に電話を切り上げられてしまった。

「もしもし、翔平か？」

「あぁ、父さん？　この前の二日酔い大丈夫だった？」

「いや、しばらく引きずったんじゃ。わしももう歳じゃのぉ」

「もう。本当に止めておけばよかったよ」

もう父とは喧嘩をしそうな雰囲気はない。なにかが変わったわけではないが、前よりも精神的な意味で近づけた気がして、なんとなく嬉しい。

「で、せっかくだから父さんに聞きたいんだけど」

「なんだ」

「なんで家ほしいって思ったの？」

「なんでって……、ほしいからほしいんじゃろう」父は赤田のようなことを言う。

「うーん。それはそうなんだけど、ほら、おじいちゃんのところと二世帯とかは父さんも最初は嫌だったわけじゃん。それはなんで？」

「あぁ、そうじゃなぁ……」ぶつぶつと考えるような声が聞こえる。電話の奥のほうでは母が食器を洗っているような音がする。

「自立したかったんでの。親父とお袋から」

「うんうん」

「二世帯だとあれじゃろ。わしの場合は子供の頃からずっと住んどる家なわけじゃ。そうすると、親父はいつまでも親父だし、お袋はいつまでもお袋で、わしもいつまでも子供な感覚がしたんで。あ、二世帯が悪いって意味じゃないぞ」

「そんなのわかるって」

「で、まぁこの前話した通り、結構親父主導でなんでも決めるみたいな感じじゃったけぇ、まさにわしは結婚しても子供のままなんかって思うたんでの。ええ歳じゃったし、結婚もしたのに。それで、少なくともあの家からは出たいと思うたってところじゃの。こんなんでええんか？」

「うん。そういうの聞きたかった。ありがとう」

「ほうか。それならえかった。あと母さんが今度野菜とか送るから、ほかになんかほしいもんあったら教えろだって」

どうやら奥で母がいろいろ言っているらしい。

「え。あ、ありがとう。そうだな。じゃあソース？　あの大きいやつ。こっち大きいの売ってないんだよね」

「ソースな。わかった。ほかは？」

「ほかは大丈夫」

「よし。それじゃあな」

こちらが「じゃあね」という前に電話は切れた。前もよく電話がブチッと切れてイライラしたが、今になって考えてみると父に悪気はなかったのだろう。

実家の話も聞けてソースもゲットできたのだから、いい電話だったのではないだろうか。

土曜日の朝、早く目が覚めて僕は家のことを考えていた。なんだか頭が冴えていて、いつもはしない散歩をしに街に出ていた。白濱の街の話を聞いたからなのか、自分のいる街も少し違って見える。家を買ったらさらに違う見え方になるのだろうか。

習いごとに行く小学生やゴミ捨てついでに立ち話する奥様方、犬の散歩をする人など、意外と多くの人が朝から活動している。

30分くらい散歩したところで、なんだか、今なら「どうして家がほしいのか」の答えを出せそうで、僕は家に戻った。これまでのノートとペンを整理していないカバンから取り出して、ダイニングテーブルのうえで開く。

僕が帰ってきた音で目が覚めたのか、花も寝室から出てきた。

「朝早いね。どこか行ってきたの?」

「あぁうん。目が覚めちゃって散歩してきた」

「へぇ、めずらしい。で、なにしてるの?」花は白湯を飲みつつお腹をさすって言う。

「なんか『どうして家がほしいのか』が見えそうです」

「本当?」花は僕の正面に座る。

「まぁまだわからないけど、このまま考えてみない?」

「うん!」

「ここまで話を聞いた人は5人。で、それぞれ家を買った理由はこんな感じ」

・赤田さん

男のロマン:家族との時間を最優先するために家がほしかった

・増田さん
子供たちが帰ってこられる場所：家に愛着が持てるように家がほしかった
・白濱
自分の成長のため：資産形成に対する合理性を理解するのと同時に資産を持つ経験をすることで成長したかった
・母さん
家庭のため：幸せな家庭のイメージを持てたから家がほしかった
・父さん
自立するため：自分が親離れした証として家がほしかった

「なんか、赤田さんって普通にいい人じゃん」

「いや、こうやって文字にするとね。会うと本当にめんどくさいんだから」

「あと、ハマくんはハマくんって感じ」

「ね。やっぱ、あいつしっかりしてるわ」

「それでこうやって話を聞いてどう思ったの？」

「うん。まず1つ思ったのは、みんな将来の目的がはっきりしてるんだよね」

・赤田さん→家族との幸せな暮らし
・増田さん→子供たちが帰ってくる場所
・白濱→自分が成長するための拠点
・母さん→自分の家庭の基盤
・父さん→自立の象徴

「そのうえ、みんな直近の目標じゃないんだよね。なにをもって達成できたと言えるかわからないような、**人生の目的**を掲げてる」

「たしかに！　家族の幸せとか自分の成長とか特にそうだよね。この瞬間に達成、というものでもないし」

「そうそう。だからそれで言うと、僕らが最初に話していたような『狭くなったから』とか『賃貸だともったいないから』っていうのは多分違う。それは**今の課題を解決しているだけ。出発点であって人生の目的になり得ていない**から」

「たしかに。だからなんかショボいというか、浅い気がしちゃってたのかも」

「ね。だから、そういったものをネガティブに感じたのは、おそらく家を買うのが単に目の前の課題解決にすぎなかったからなんだよね」

「ほうほう、たしかに」

「だから、僕らは家を買うってことを今との比較でしか考えられてなかったんじゃないかな。でも、大事なのはそこじゃなかったんじゃないかと」

花は少し考えるように上を向く。

「たしかに、翔平の言うとおりかも。家ってなると金額も責任も大きいから、無意識にリスクを回避しようとして、今よりここがよくなるとか、これまでよりコスパがいいとか、現在を基準にして考えちゃってるかも」

「でしょ？　でも、現在との比較だと、割とすぐに課題って解決できちゃうからその先がないんだよね。家買って終わり」

「それだと賃貸と変わらないね」

「そう！　だから、もしかすると、『**どうして家がほしいのか**』って質問は『**どんな未来を描いていきたいか**』**と同義**なんじゃないかな」

「……！」花はピンときた顔をする。

「つまり、僕らで言うと、今の家が狭いとか、家賃がもったいないとかそういうことじゃなくて、花と僕と、あとお腹にいるこの子と3人でどんな未来に向かっていきたいかってことなんじゃないかと」

「翔平天才！　私も見えたかも……！」

「そうでしょ？　ちょっと楽しくなりそうじゃない？」

「うん！　頭起きてきた」
その後、僕と花はどんな未来に向かっていきたいのか1～2時間程度話した。結婚した当初にそんな話をしたことは記憶にあるが、それ以来二人で将来の話をすることは正直言ってなかった。もっと言うと、将来のことを考えるのをなんとなく面倒くさいこととして避けていたのかもしれない。そんな僕らが久々に家族について考えるのは、どこか楽しくて、朝食をとるのも忘れていた。

「できたんじゃない？」花が笑顔で言う。
「うん。できたかも……！」そうして僕は理由を書いたコピー用紙を手で持ち掲げた。

> 僕らはどうして家が欲しいのか＝僕らはどんな未来を描きたいのか
>
> **家族三人がこれから不自由なく暮らせるために**
> **家族を守り、未来の資産となる家が欲しい**

「これで灰島さんに連絡してみようよ!」

「うん。すぐメールしておく」

ピーンポーン。家のインターホンが鳴った。

「ダイヤ急便です!」

「あっ、お願いします!」

玄関先で大きな段ボールを二箱受け取る。送り先を見てみると父と母から。アマゾンも顔負けの対応の速さだ。開けてみると大量の野菜やらソースやらが入っている。

「すご! こんなに入っているの初めてじゃない?」

「こんなに送ってくるとは思わなかったよ。しかも野菜だけじゃなくて、そばまで入ってるじゃん」

「ありがたいね。ねぇ、私お腹減った」

「え?」

「広島焼きつくってよ」

「広島焼き?」

「だってこれ麺もあるならできるでしょ?」

「広島焼きじゃなくて、広島のお好み焼きね。たしかに、野菜あって、卵も冷蔵庫に…、できなくないけど」

「じゃあ、答えが出たお祝いってことで、よろしく！」

めんどくさい気もしたが、花と同様に僕の気分も高揚していた。灰島に「答えが出ました」とだけ連絡をして、僕は昔母から教えてもらった作り方で、お好み焼きを作った。


ピリリリリ！

その日の夕方、灰島から電話がかかってきた。

「はい。青井です」

「灰島です。メール見たよ。答えが出たとか」

「はい」

「じゃあ、教えてもらっていいかな。家が欲しい理由を」

「えっと…家族三人がこれから不自由なく暮らせるための、家族を守り未来の資産となる家がほしいからです」

僕はドキドキしながらも自信を持って答えた。

「わかった。それと花さんにも代わってもらえるかな」

「わかりました」

僕は台所で洗い物をしていた花に電話を渡した。灰島は「わかった」とだけ言ったが、それは正解だったのだろうか。もしかしたら自分がダメで花に電話を代わったのではないだろうか。自信を持って出した答えだが、少しだけ不安になる。

「お電話代わりました」

「花さん？」

「そうです」

「今、青井くんからも聞いたんだけど、花さんからも『どうして家がほしいのか』の答えを聞いていていいかな。花さんの言葉でいいから」

「あ、はい。今後、私たち家族がお金にも暮らしにも悩まないようにするためです。そのために居住性と資産性のバランスが取れた家がほしいと思っています」

「うん。わかった。二人の答えはしっかりと一致しているみたいだね。それが確認したかった。とりあえず、僕のところに来てもらおうかな。どうしてその答えに辿り着いたかはそこで聞こう」

「これは合格ということなのでしょうか？」

「それは次回の理由次第かな。今は仮合格くらい。それで来週土曜日の予定はどうだろうか」

「わ、わかりました。私も主人も空いてます」

「わかった。じゃあ土曜日の13時から空けておいてもらえるかな。詳細はメールするね」

「わかりました」

「それじゃあ」

　プツッと電話が切れた。

「灰島さんなんて？」

「仮合格って。とりあえず来週の土曜日に会うことになった」

「仮合格？」

「うん。なんか夫婦で同じ答えなのを確認したかったって。合格かどうかは次回に理由聞いてからだって」

「そ、そう。じゃあ次回頑張らないとな」

「そうだね。私も頑張る……！」

　そのあと、灰島から来たメールは土曜日の13時に家の前で待っていてというものだった。迫り来るその日を前に気持ちはどこか緊張しながらも高揚していた。


　翌週末、僕らは家の前にいた。数日前に来た灰島からのメールは「迎えを出すから、家の前で待ってて」とだけ書いてあって、不安な気持ちになる。

　約束通り、花と家の前に出ると見慣れない一台の黒い車が停まっていた。

「青井様でしょうか」スーツを着たスマートな男性が僕らに聞いてくる。

「え、あ、はい。青井です」

「お待ちしておりました。灰島様よりご依頼いただきましたサンライズカーサービスの太田と申します。目的地までお連れいたしますので、どうぞお乗りください」

「え？　灰島さんがですか？」僕は驚いて思わず聞き返してしまう。

「はい。大事なお客様だからと承っております」

僕は一瞬思考が停止する。灰島はなにをしているのだろうか。隣の花も僕と同じように呆然としている。それもそのはず、僕も花もハイヤーなんか人生で初めての経験だ。言われるがまま車に乗り込むと車内は外から見るよりも広い。シートが広いのは妊婦の花には楽そうだ。

「それでは出発いたします」

「お、お願いします」

僕も花も落ち着かずにキョロキョロしてしまう。ハイヤーに乗っているというだけで、いつもの景色も違って見えるから不思議だ。車は灰島の事務所がある都心の方向にぐんぐんと進んでいった。

車を走らせること30分。ハイヤーは小綺麗なビルの前に停まった。

「到着いたしました」ハイヤーの運転手は僕と花のドアをスマートに開けてくれる。

「あ、ありがとうございます。えっと……」

「こちらのビルの5階にお越しくださいと灰島様から伝言をいただいております」

どうしたらいいのかわからなくなっている僕らの様子を見てその運転手は僕らにどうすればいいかを教えてくれた。

恐縮しながらビルの中に入る。振り向くと運転手さんはまだ僕らのことを見送っている。エレベーターに乗って二人になると途端に花が喋り出した。

「びっっっくりした……！　なにあれ？　ハイヤー？　え？　どういうこと？」

僕はひたすら頷きながら花の話を聞いているとあっという間に5階に着いた。エレベーターを降りて左側を見ると灰島の名刺で見慣れたロゴがドアの横にあった。僕と花は少しドキドキしながらドアをノックした。「はい」という声に遅れてドアが開く。

「待ってたよ」そこにはいつものと変わらない様子の灰島が立っていた。

「灰島さん。あれなんなんですか？」

「あれって？」

「ハイヤーですよ！　あんなの初めて乗りました！　しかも僕こんな格好で……」

「あぁ、こういう大事な日にはいつもお願いしてるんだ。特別なとき、特別な人とか。今日も二人にとって特別な日になるかもしれないし、なにより妊婦さんもいるのにわざわざ事務所まで来てもらうんだからあれくらいはね」

「言ってくださいよ」

「わざわざ言うのもなと思って」灰島は笑う。

「ハイヤーなんて初めてだったんでびっくりしました」

「太田さんとはなにか話せた？」

「太田さんって？」

「運転手の方」

「緊張して話せてませんよ……」

「そうかそうか。前職のときから太田さんにはお世話になっていてね。だから、僕の大事なお客さんのことを太田さんも全部知ってる。帰りもお願いしてあるから、いろいろ聞いてみるといいよ」

「帰りもですか？」

「もちろん。まぁそんなことより二人とも座って座って」

灰島はそう言いながらテキパキと飲み物を用意する。あらためて案内された椅子に腰掛け、事務所内を見渡すときちんと整理整頓がされている。いかにも灰島の事務所という感じだ。

「それじゃあ、早速だけど、あらためて二人の出した答えを教えてもらおうか。二人はどうして家がほしいの？」

先ほどまでのやわらかい雰囲気は途端に消え、灰島はピリッとした空気を出している。気圧されそうになった僕は花の顔をチラッと見る。花も少し緊張したような表情だが、目には力がある。僕は花に背中を押された気がして口を開いた。

「生まれてくる子供を含めた、家族三人がこれから不自由なく暮らせるよう、家族を守り未来の資産となる家がほしいからです」

「花さんも？」

「はい。これはちゃんと二人で話し合って出した答えです。なので私の意見でもあります」

「わかった。じゃあ、どうしてその答えにたどり着いたか教えてもらっていいかな」

「はい。正直最初は二人で頭を抱えたんです。広い家に住むためとか、賃貸だとお金が出ていくだけだからそれを防ぐためとか、でも思いついては少し違うよねみたいな」

灰島はなにも言うことなくじっと話を聞いている。

「それで、すでに家を買っている人たちにもいろいろ話を聞いてみることにしました。そこで話を聞いた人たちから得られたものがこれです」

僕はそれぞれの人が家を買った理由をまとめたノートを灰島に渡す。

「それで、この人たちに共通するものってなんだろう。自分たちと違うものはなんだろうって花と話し合いました」

僕は花を見ながら次の言葉を促す。

「そうです。そこで見えてきたのが、これまでの私たちが家をほしかった理由は今の課題を解決することだけを考えていたってことです。家が狭い、お金がもったいないって、現在にしか目が向いていないのに対して、すでに家を買って幸せな人たちは未来のために決断をして家を買ってたんです」

「僕の上司は家族と幸せに生きていくため、白濱はやりたいことに集中するためとか」

「私たちのご近所さんだった奥さんも、子供が帰ってこれる場所をつくるためとかね」

「うん。つまり、僕らに足りないものは、**家を買うことでどんな未来を描きたいのかっていう視点**だったんじゃないかと。そこで花と二人で、今の家がどうのこうのではなくて、子供が大きくなったとき、自分たちが定年になったときのことまで含めて、どんな未来を描きたいのか話し合いました」

灰島は真剣に話を聞きながらコーヒーをすする。プレッシャーは変わらずで、一生懸命話していて、じわりと汗が出てくる。

「で、話し合った結果、大きな家とか豊富な収納とかそういう機能も大事だけど、それだけじゃなくて将来のためだったら、仮に**生活が変わったときでも売れる家である必要がある**ねという話になりました。うちの両親みたいに高台に家を建てると歳を取ってから移動で苦労するから注意が必要かもねってことも話しながら。そうやって、話し合って出たのが先ほどの答えです。要するに、将来のためにも居住性と資産性のバランスのいい家がほしいと思っています」

ところどころ、たどたどしい部分もあったような気がするが勢い含めてなんとか僕は話し切った。思わずじっと灰島を見てしまう。

「……合格」少し溜めて、灰島が白い歯を見せながらニカッと言った。

僕と花は急に緊張が解けて、大きく息を吐く。

「よかった……」

「二人ともよく頑張ったね。いい答えだと思う。実は連絡が遅かったから、今回は厳しいんじゃないかって心配してたんだけど、本当によかったよ」

「ありがとうございます。大変でした……」

「しっかり考えて来てくれたから、理解を深めるために解説じゃないけど僕からも少し話をしよう。今回のことで二人に確認したかったことは2つある」

思考法 5 幸せな家を買える人が持つ2つの共通点

確認したかったのは次の2つ。

①夫婦で同じものを見られているか
②住宅購入のコンセプトが明確か

①夫婦で同じものを見られているか

「1つ目はそのままだね。青井くんと花さんの足並みが揃っているかということ。前も言ったけど、家を買うとなると夫婦でも意見が割れることはよくある。たとえば、二人は共働きだからいいけど、どちらかが専業主夫・主婦だったら、お金を稼いでくるほうの意見が強くなってしまって、偏りが出てしまうとか。『金を出すのは俺なんだから黙っとけ』ってやつね」

「昔の時代は多そうですね」

「そうかもしれない。しかもこういった場合の問題点って、わかりやすく喧嘩してくれればまだよくて、議論しながらお互いのすり合わせができるんだけど、どちらかが遠慮しちゃうと言えない意見がどんどん増えていって、契約前など大事な判断を前にして爆発しちゃうことがあるんだ」

「本当はこう思ってたみたいなことですか？」

「うん。だから、電話のときに花さんにも意見を聞いたのは、二人の足並みが揃っているか知りたかったから」

「その意味での仮合格だったんですね……！」

「しかも、今の説明もこちらからなにも言わずとも二人ともしっかりと話せていたから、同じものを見れているというのは十分に伝わった」

「ありがとうございます。そこは徹底したというか、二人でいろいろ考えました」

「いいことだね。これからもその意識は忘れないでおいて」

灰島の雰囲気はいつものやさしい雰囲気にいつの間にか戻っている。先ほどまで緊張していたからか、笑顔がいつもより眩しく感じる。

②住宅購入のコンセプトが明確か

「それで2つ目が、住宅購入のコンセプトが明確かどうか。これはさっき二人が言ってくれたことと同じだね。家を買って幸せになれる人はコンセプトが明確に決まっていた人だけ」

「僕の上司だと家族のためとかですよね」

「そう。ちなみにその上司の方はどこに住んでるの？」

「東京から2時間くらいのところです」

「じゃあきっと家は大きいよね」

「はい。いつも自慢してきます」

「その人ももちろん正解。もしかすると通勤は大変かもしれないし、将来の売却はもしかしたら時間がかかったりするかもしれない。けどそれがすべてじゃない。家族との時間を最大化させようと家を建てて、それが実現しているのは素晴らしいことだし、コンセプトに基づいていい選択ができたということ」

「な、なるほど……」灰島が赤田のことを褒めるのが少し悔しい。

「仮にコンセプトがずれていたとしたら、会社までは1時間くらい、だけど家は理想よりは狭

理想の住宅購入は土台からしっかり積み上げていく

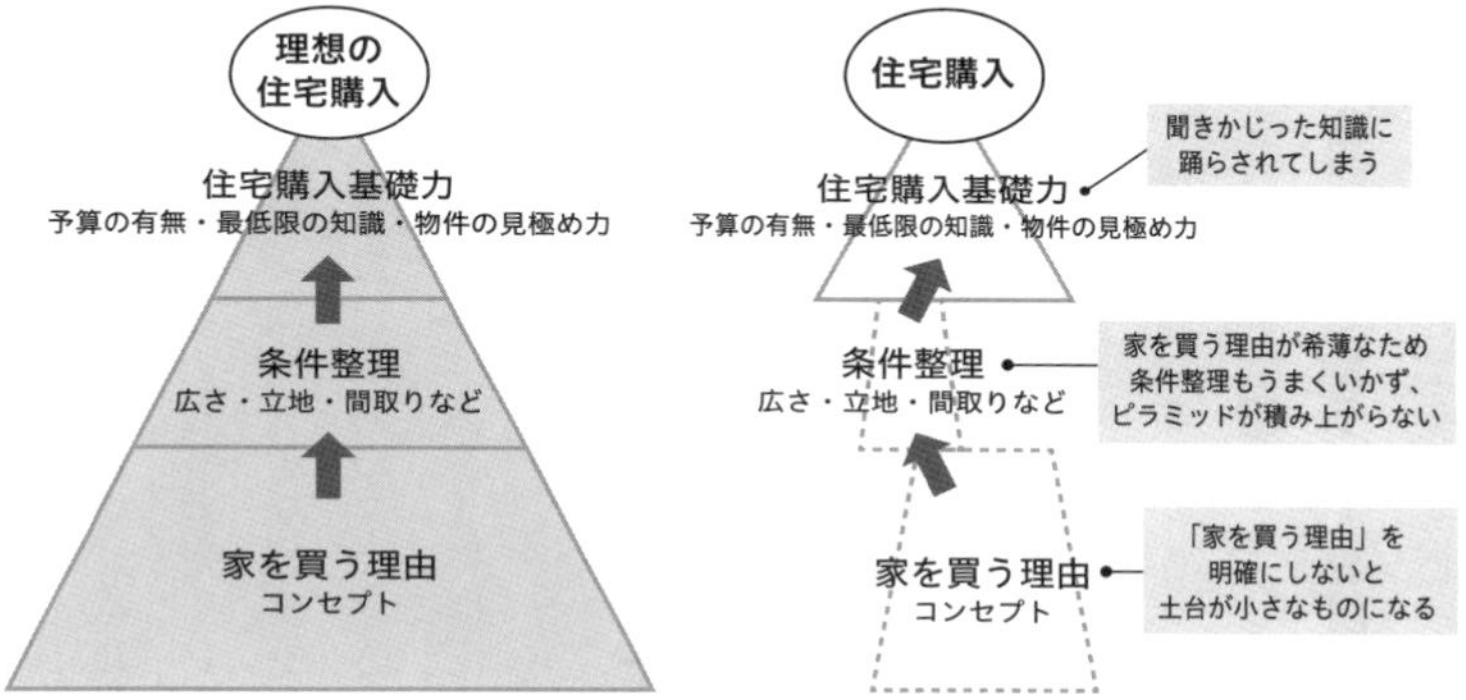

【いい住宅購入】
ステップが進むにつれて、
考えも洗練されていく

【ダメな住宅購入】
常に行き当たりばったりで
安定しない

いみたいになっていたかもしれない。そうすると中途半端というか、もったいないよね。だから、その人はある種、**コンセプトに則って思い切った選択をしたという点において、家を買うに相応しい素養を持っていた**んだと思うな」

　僕はちょっとした悔しさを抱えつつも頷く。隣の花も熱心に話を聞いている。

「で、二人に覚えておいてほしいのは、『なにをするにもコンセプトから考える』こと。これは住宅購入に限らないけど、なにを目指すのかが明確になれば、どうすればいいかも見えてくる。だから、今後も迷うことがあればコンセプトに戻ること。なんのための家なんだっけ?って」

「判断のよりどころになるわけですね」

「そう。**コンセプトは言い換えれば戦略とも**

言えるけど、戦略が決まれば、どうするかの戦術も決まるからね。二人はコンセプトもしっかりと決められていたから、次に進んで大丈夫」

「次はどんなことをすればいいんでしょう」

「そうだね。次はライフプランを決めていこう。いよいよ家を買うのはすぐそこまで来ていると思ってもらって構わない。ここからのスピードは速いから油断せずにね」

「が、頑張ります……！」僕と花は二人で同時に返事をした。

思考法 6 ライフプランを立てて「買うべき金額」を知る

「さて、ここまできたら、次は不動産から少し離れて、ライフプランを立てるフェーズだね」

灰島は少し声のトーンを変えて言う。

「ライフプランって、前に話してもらった人生設計ってやつですか」

「そのとおり。だけど、最終的に必要になるのは思っているよりももっと**数字に裏づけされたもの**」灰島は続ける。

「**家を買うとき、「借りられる金額」と「借りるべき金額」は違う。それは言い換えれば、「買える金額」と「買うべき金額」も違う**ということ。多くの不動産会社は、ローンを組める限界を提案することが多いんだけど、果たして、限界までローンを組むことが、その家庭にとって最適なものかどうかわからないよね」

「そ、そうですね……たしかに最初の家を見に行ったときも、大丈夫買えます！みたいな感じにすごく違和感があったというか。本当にこの金額のを買っていいんだっけ？って」

「そうだよね。どういう家族の形を考えているのか、どういうふうに暮らしたいのか、どういった資産設計をしていくのか……。**借りられるマックスで借りてしまうと、人生をよくするために家を買ったはずなのに、その後の生活が苦しくなってしまうかもしれない。もしくは逆に、今の賃料をベースに考えてしまって、本当はもっと資金の余裕もあり、望ましい物件を買える可能性がある**のに、いざ気に入った物件があったとしても、この金額を支払えるのかと不安が勝って購入に踏み切れなかったりもする」

「なるほど……」

「だから、『**自分はこの金額を借りるべきで、この金額の物件を買うべきなんだ**』というのを**根拠を持ってしっかり見つけるために、ライフプランニングは不可欠。失敗を防げるし、いい物件が見つかったときに自信を持って買えるようになるんだ**」

「それは大事ですね。でもなんか、あまり馴染みもない気もしますが」

「そうだね。二人は、ライフプラン相談って受けたことあるかな？」

「いえ、ないです」

「金融教育が発達している欧米だとかなり一般的なんだけど、日本だとまだあまり浸透してないんだ。自分の家計を見直すきっかけをしっかり持つことは大事だし、今回みたいな大きな買い物を考える際にも、ライフプランをつくることは必要不可欠だと僕は思っている」灰島はやわらかいが真剣な表情で言う。

「それで、それをどうやるかなんだけど、これは**不動産会社ではなくてファイナンシャルプランナーを活用**するのがいい。不動産会社の人がファイナンシャルプランナーの資格を持っていて診断を行ったりもするんだけど、それだとどうしても不動産会社に都合のいい形に組んでいるようにしか思えないでしょう？」

「たしかに」

「ライフプランはいわゆるファイナンシャルプランナーが有料でしてくれる場合もあるけれど、無料で相談に乗ってくれるところも多い。だけど、彼らもビジネスなので、ライフプラン上必要になる保険とかを提案を受ける必要は出てくるけどね。それは必要に応じて対応すればいいし、家を買う場合は、火災保険に必ず入る必要があるから、それをお願いするのもいい」

「わかりました」

そう言って僕らは灰原からファイナンシャルプランナーを紹介してもらった。彼の知り合いを過去に何人も担当してもらっているようで、腕はたしかとのことだ。その場で連絡を取り合い、後日会うことになった。

「なにかこちらで準備しておくことはあるんでしょうか？」家計のことを聞かれると思うと心

配そうになった花が聞く。

「いや、相談を受けるうえで特に準備はいらないんだけど、ここで初めて夫婦の財布事情がわかることがあるので、心づもりだけはしておいて」そう言って灰島は笑った。

僕と花は真顔で、顔を見合わせた。

灰島からは、ライフプランが完了したらまた連絡するように言われ、僕らは解散した。

「ファイナンシャルプランナーの南です。よろしくお願いします。お二人のライフプランニングのために、細かいことをどんどん伺っていきますね」

南さんは小柄だが頼りになりそうな女性で、同じ年齢ほどに見えて安心する。

「はい、ちゃんと答えられるのか緊張していますが、よろしくお願いします」

「そうですよね。将来のことも聞きますが、あくまで今時点のお考えでいいですし、まだどちらかわからないという場合でも、その場合は両方のライフプランのパターンを作ることもできますので、安心していろいろ聞かせてください」

ライフプランニングシートで自分の懐事情を理解する ―― ★★★

次の質問項目に則って読者の皆さんも自分の懐事情はどうかを記入してみてください。きっと簡単には書けないはずです。ですが、それゆえ時間をとって家族で考えることができるので、大事なプロセスだと考えて前向きに取り組んでみてください。よくないのは「お金の使い方」そのものではなく、「お金の使い方を理解していないこと」です。自分のお金事情が把握できれば、見直すこともでき、今後の方針も立てられます。自信を持って先に進みましょう。

また、実際は次のリストには書ききれないほどの項目があり、現在の状況や価値観なども考慮するのが一般的です。

ライフプランニングを決める際に聞かれる主な質問項目

現在の状況

・現在の勤め先の業種、勤務年数、前年度の収入
・これまでの転職経験、前職の業種、前職の勤務年数、前職での収入
・現在の会社に定年まで在籍する予定 or 転職する予定
・現在の勤め先の定年退職年齢

・副業の有無、副業収入、今後の展望
・現在の家賃、家賃補助の有無

将来の希望
・購入したい家：戸建て or マンション
・購入したい家：予算（なんとなくの金額も含む）
・ローンを組む場合：変動利率 or 固定利率
・子供がほしいか：ほしい場合何人か
・子供ができたあとの二人の働き方
・子供に受けさせたい教育はどんなものか（公立・私立、習いごと）
・ペットを飼いたいか

現在の支出
・夫婦の会計：お小遣い制 or 別財布制
・現在の世帯貯金と個別の貯金
・現在運用している資産の状況（NISA・企業型年金・iDeCo・株など）
・食費・外食費・交際費・水道光熱費

・日用雑貨・衣類費・美容費（美容院・化粧品など）
・医療費・通信費（携帯電話・自宅のインターネット回線など）
・新聞購読・加入しているサブスクリプションサービス・車などの契約やローン状況
・奨学金を借りている場合の残債および返済額・タバコ・お酒などの嗜好品にかかる費用
・習い事（ジムなど）・不定期支出（クリーニングなど）
・家族のイベントへのスタンス（結婚記念日や誕生日など）
・帰省の回数および費用・旅行費・趣味への支出

あっという間に1時間ほど経過した。自分の生活でなににどのくらいお金を使っているのか話をしただけなのに謎の達成感がある。

「こ、こんなに聞かれるんですね……そして、将来のことをあんまり考えていなかったんだなぁと痛感しました」

「皆さんそうですよ。でもお二人はだいぶ方向性が一致していたほうです。ある家庭では、その場で喧嘩になっちゃったりすることもありますよ。たとえば子供に対するお金のかけ方の話で」

「南さんとお話している間にも、『退職金の有無や額面、よく知らないな』『コンビニでこんなに使ってるんだ』『ここ節約できそうだな』といろんなことに気づきました」

「これが見える化の力ですね。**人生を考えると予算ができ、予算ができると計画ができます。自分たちが実現したい人生のために、今の収入からどうやりくりしようか…と考えるのは、楽しい面もある**と思うんですよね」

「はい。いろいろ決めてなかったこともわかりましたが、逆に今日主人とも話せるいいきっかけにもなったと思います」僕も同じことを思っていたが、花は僕以上に清々しい顔をしていた。

その後、少し休憩ということで時間をあけることになった。そのあいだに南さんは僕らから聞いた内容を踏まえて資料をまとめてくれるようだ。

「おまたせしました。お二人のライフプランにそって、お金の動きを表したものです」

「今回、お子さんの予定人数は未定とのことでしたので、お子さん一人の場合と二人の場合で作成しています。また、基本的にシミュレーションするときは、楽観的ではなく、やや悲観的なシミュレーションを行うので、金利は高め、ヒアリングよりも貯蓄力は低め、収入は大きく上がらない、支出は高め……という想定で出しています」

「それはありがたいですね」

「踏まえて、今回6000万円のローンを組まれる想定をしていますが、お子さんが一人の場合は問題なく組めることがわかりました。さらにはお二人であれば7000万円くらいまで伸ばしても、将来の不安はないようです」

「それはよかったです……」

「はい、ただし、お子さんが二人の場合は注意が必要です。まず、お二人が正社員として働き続ける必要は出てきます。また、花さんの産休・育休期間も長くなりますので、その期間の収支はギリギリになる見込みです。またお子さんが大学受験などのタイミングで家計が赤字になりますから、それに備えておく必要があるかもしれません」

「ホントですね……」

「ですのでその期間に向けて、資金を貯めておくことが必要です。もちろん収入を増やせるようにすることも大事ですが」

「ですね。今はちょっと余裕があると『おいしいものを食べに行こうか』と奮発してしまいがちなので、今より支出を抑えるよう心がけます」

「はい。ただそれに気をつければ、6000万円の物件の購入には心配はいりません。また将来の家計を考えても、やはり賃貸よりも購入のほうが資産性があるため安心です」

その後、僕らは子供にかかるお金のことを中心に、さまざまな質問を南さんに聞いたり、三人で話し合ったりしながら時間を過ごしていった。

資産残高推移

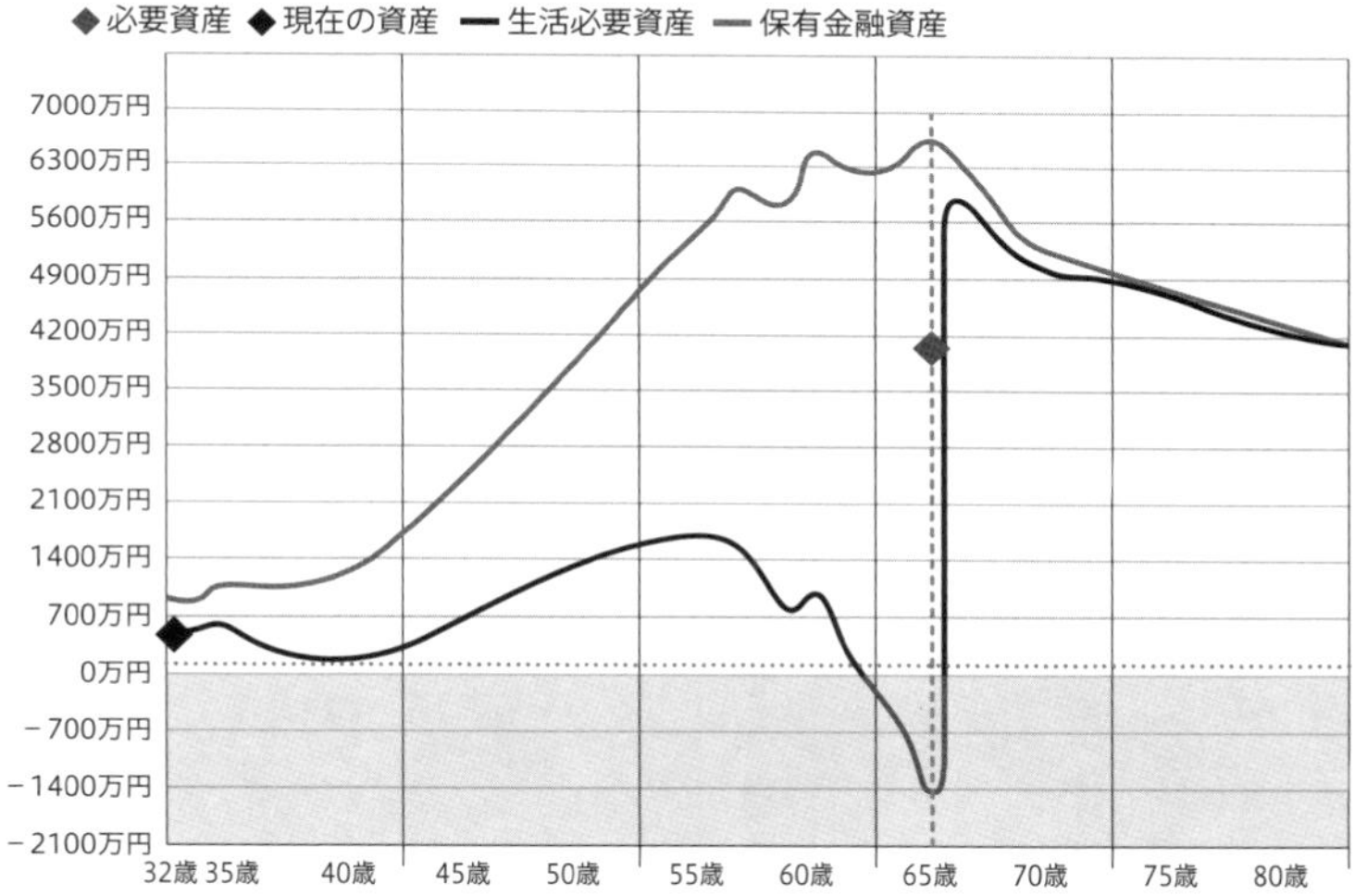
◆必要資産 ◆現在の資産 ━生活必要資産 ━保有金融資産
7000万円
6300万円
5600万円
4900万円
4200万円
3500万円
2800万円
2100万円
1400万円
700万円
0万円
−700万円
−1400万円
−2100万円
32歳 35歳 40歳 45歳 50歳 55歳 60歳 65歳 70歳 75歳 80歳

収支推移

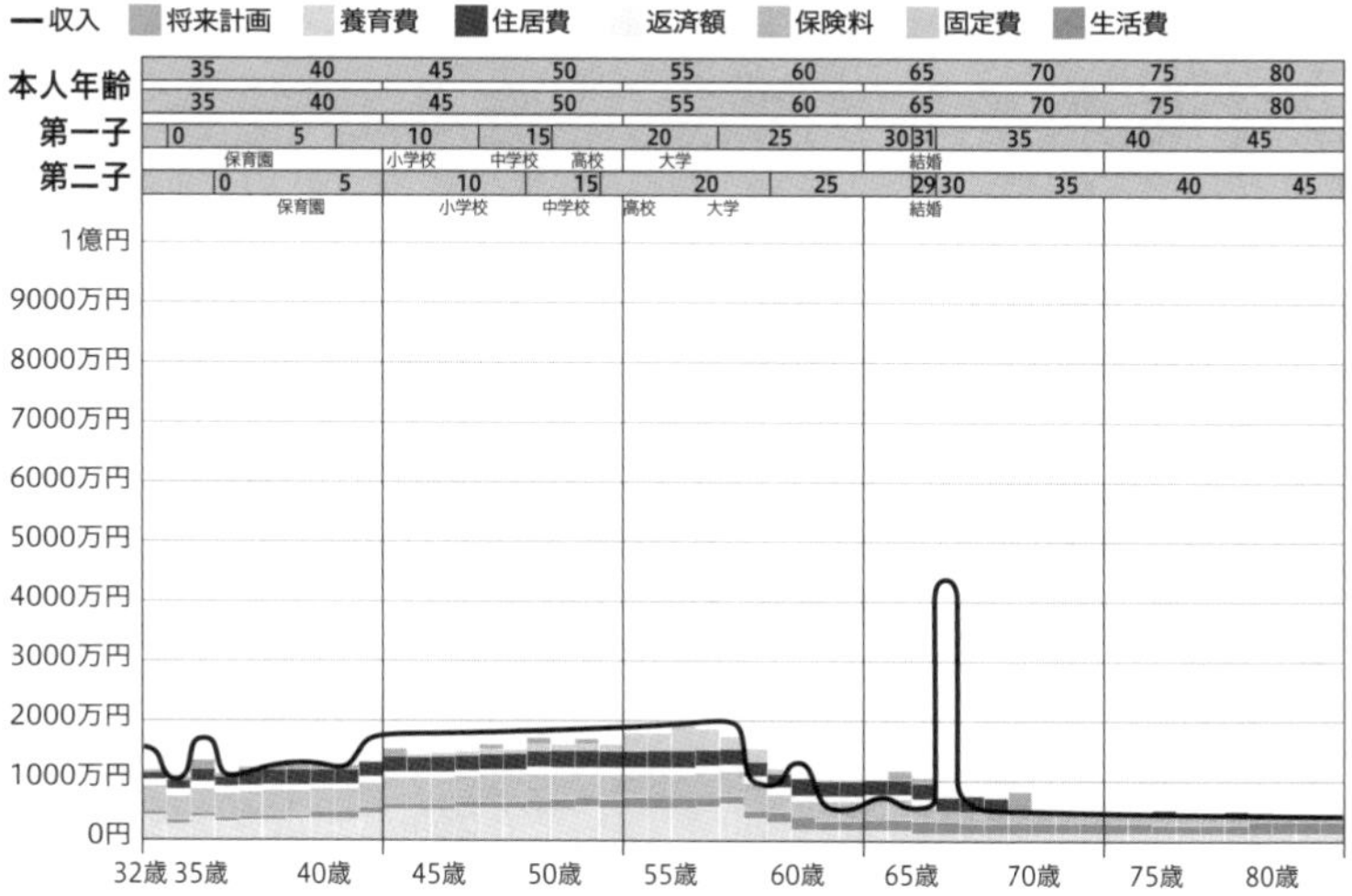
━収入 将来計画 養育費 住居費 返済額 保険料 固定費 生活費
本人年齢
第一子
保育園 小学校 中学校 高校 大学 結婚
第二子
保育園 小学校 中学校 高校 大学 結婚
1億円
9000万円
8000万円
7000万円
6000万円
5000万円
4000万円
3000万円
2000万円
1000万円
0円
32歳 35歳 40歳 45歳 50歳 55歳 60歳 65歳 70歳 75歳 80歳

「今日はありがとうございました。未来が見えたような感じがして、スッキリしました」

「はい、将来のことはいつだってわからないですが、今立てられる予測をすることで、不安もなくなりますし、今頑張る原動力にもなってもらえれば嬉しいです」

そういって僕らは別れた。昼からはじめて2時間強の時間だったか。疲れたものの、気持ちのいい疲れを感じる。

Column

借りられる金額と借りるべき金額が異なるケース

借りられる金額と借りるべき金額が違うというのは当たり前のようですが、意外と知られていません。不動産会社に行くと、基本的には年収の6～7倍まで借りましょうと言われますが、当然その正解は人によって異なります。なぜなら、住宅ローンは銀行によって審査は異なるうえに、その人の人生設計によって正解は違うからです。

『借りられる金額』だけで言えば、年収の9～10倍でも借りることはできます。そして多くの場合は前述の「いわゆる」適正倍率ということで年収の7～8倍程度の住宅ローンおよびペアローンを借りることを検討しますが、そのまま考えなしにローンを組むと、ほとんどの人が将来、生活が苦しくなってしまうため、注意が必要です。

この、将来の生活が苦しくなってしまう具体的な原因としてよく挙げられるのが、夫婦の子供に対する考え方のギャップです。たとえば、

夫婦間で子供の想定人数に差がある

子供一人を成人まで育てるのに最低2000万円程度と考えるのが一般的であるため、子供が一人ほしいのか、二人ほしいのかでライフプランは大きく変わります。

教育方針・学校方針に差がある

中学校から大学まで私立に通わせるのか、それとも高校まで公立で、大学も国公立なのかで教育費は大きく異なります。また、大学で文系と理系のどちらにするかでも学費の差が生まれます。※中学校・高校・大学（文系）がすべて私立の場合、公立進学と比較して600万円の教育費の差が出ると一般的に考えられています。

教育資金の捻出方法で差がでる

自分たちが大学の学費まですべて捻出するのか、奨学金などの制度を利用して教育を受

けさせるのかによって数年後の資金計画が大きく変わります。

　これらに加えて、老後資金の考え方についても差が出てきます。そういった条件をすり合わせることによって、「予算が1000万円上がる」、もしくは「予算が2000万円下がる」こともざらにあります。

　多くの方が、今の家賃や今支払える金額ベースで予算設計をしますが、それだと果たしてこれでいいのだろうかと、最後まで不安がつきまといます。その結果、いいなと思う物件に出会えたとしても、最終的に踏ん切りがつかずに意思決定ができないケースはよくあります。

　そのため、再三お伝えしておりますが、住宅購入の際には必ずライフプランを立てましょう。

　借りるべき(買うべき)金額は、自分のライフプラン、夫婦のライフプラン、子供のライフプランを含めて、どういう生活を送りたいかが強く影響します。年収が確実に上がる見込みがある人は、高額のローンを組んでもいいかもしれませんが、多くの人はそうではありません。年収の変化を見通しながら、子供の教育方針を夫婦で決め、どれくらいの金額を借りるべきかを考えましょう。

第6章

理想の家を見つける4つのステップ

後日、ライフプランが決まり、僕らは再び灰島のオフィスを訪れ話を聞いていた。

「ライフプランお疲れ様。どうだった?」灰島が聞く。

「僕ら夫婦は全然将来のこと考えられてなかったんだなという反省もありましたが、でも考える機会を持てて、それを見える化してもらえて、とてもいい時間でした」

「そうだよね。結構将来を真面目に考えることを敬遠しちゃう人って多いんだけど、家を買うって幸せになるための手段だからさ。まずは二人の幸せ計画を立てないと、家も買っちゃだめってわけ」僕らは頷きながら、灰島は続ける。

「じゃあ、このまま、どんな家を視野に入れていくか、コンセプトをもとに決めていこう。ちなみに、この2つが揃うと家を選ぶのはそこまで難しくない」

思考法

7 住宅購入の4つのステップ

灰島は生き生きしながら話しはじめる。

理想の家を見つけ出す2つの条件
1　コンセプト
2　予算

住宅購入の4つのステップ

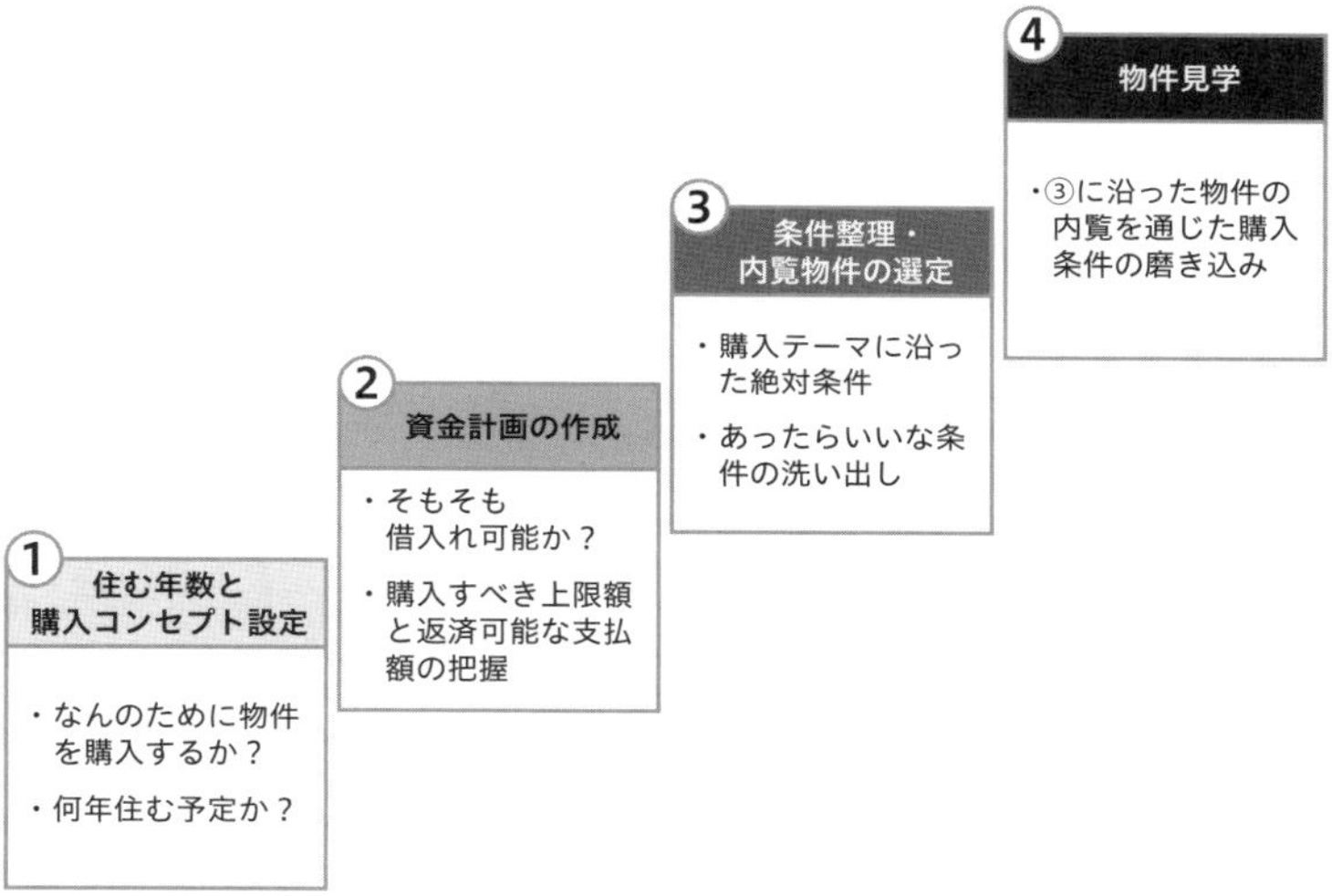
1
住む年数と
購入コンセプト設定
・なんのために物件を購入するか？
・何年住む予定か？
2
資金計画の作成
・そもそも借入れ可能か？
・購入すべき上限額と返済可能な支払額の把握
3
条件整理・
内覧物件の選定
・購入テーマに沿った絶対条件
・あったらいいな条件の洗い出し
4
物件見学
・③に沿った物件の内覧を通じた購入条件の磨き込み

「もしそれでも家が見つからない場合は、条件変更をしたほうがいい。予算が足りていないとか、コンセプトに合った家が選べていないとか」

「なるほど……。じゃあ僕らはコンセプトはあるので、あとは予算が決まればいいってことですか？」

「平たく言えばそういうことになる。このあと二人は家を探していくわけだけど、家選びには順番があるから要注意ね。ここで一応整理しよう」

正しい家選びの4ステップ

①住む年数と購入コンセプト設定
②資金計画の作成
③条件整理・内覧物件の選定
④物件見学

「意外とこの順番が重要で、同時に考えると混乱してしまって絶対にうまくいかない」
「こうやってみると、私たちはいきなり物件を決めるところからはじめていたかもしれません。なにも知らないまま見学にも行ってしまいましたし」
「そうかもしれないね。まぁでもそうしてしまう人がほとんどなのも事実。だから今回はしっかりと1つずつ見ていこう」

正しい家選びの4ステップ ――★★★

①住む年数と購入コンセプト設定

なぜ今回家を買うのか、そして買ったとしたら最低でも何年くらい住む予定か、もしくはずっと住むのか、明確な目標を持っておきましょう。

いや、いちいち考えなくても……と思いつつ、実はこの部分がふわっとしていると、最後の最後で購入に踏み切れなくなってしまうことが多々あります。もちろんこの年数は検討が進むにつれて変化することがありますが、それでも問題ありません。「少なくとも○年は住む」という形でいいので年数を決めましょう。

子供が小学生になるまでは住む、いつか結婚するまではここに住むなど抽象的な期限でも大丈夫です。もちろん「一生住むんだ」でもいいでしょう。購入コンセプトについては青井夫婦が取り組んだことですね。なぜ家がほしいのか、その明確な理由を自分のなかで、もしくはパートナーと話し合って固めましょう。

② 資金計画の作成

続いて資金計画です。何度も、「借りられる金額と、借りるべき金額は違う」という言葉を伝えていますが、自分のライフプラン・金融資産なども把握しながら、**綿密な資金計画を立てることがなによりも肝心です。**

資金計画をおろそかにしてしまうと、資金面での不安がずっと残り続けるため、いざいい物件が見つかったとしても、そのたびに「この物件を本当に買っていいのか？」という気持ちになり、毎回迷うことになります。

このライフプランは必ず専門家と一緒に立てましょう。青井夫婦のときのように、資格を持ったファイナンシャルプランナーや保険販売営業が無料で相談に乗ってくれることもあります。

彼ら専門家は将来の支出のタイミングと金額相場を把握しているので、より精度の高いプランを立てることが期待でき、購入予算により自信が持てるようになるでしょう。

さらに言えば、プランニング後はだいたいの買うべき金額が見えてくるため、その金額に合わせたローンの事前審査も通しておくのがベストです。人気物件の場合、ローンの準備が整っていないと、競争に負けることもあるので注意が必要です。

最後に、現金の用意についても確認しましょう。住宅購入は初期費用が物件価格の7〜8％ほどかかります。（初期費用を含めてローンを組むこともできますが、銀行によっては金利が上がることもあるので事前に確認しましょう）

さらに、手付金では、必ず現金が必要になります。手付金は物件価格の5〜10％が一般的です。手付金をしっかり払える準備をしておかないと、いざ申込みをしたい物件と出会えても購入までたどり着けない可能性が非常に高いです。

資金計画を考えるときのポイント：ローンの事前審査

家を具体的に見に行く前に、ローンの事前審査を行ったほうがいい理由はまだあります。ローンの審査には物件審査と人物審査があり、物件審査については買おうと思っている物件から少し価格が高めの物件で審査を入れれば大丈夫です。（ただ、できる限り買おうと思っている物件やエリア、築年数などが近い物件で出しましょう）

大事なのは人物審査です。ほかの借入れや、過去にクレジットカードの支払い遅れなどがあると、審査で引っかかり、否決となるケースがあります。大手企業に長年務めている人でも意外と人物審査で落ちてしまうということはあるので、事前に調べておくのがいいでしょう。もし、人物審査に不安がある人は、早い段階で不動産営業やエージェントにそ

ローン審査で見られる項目

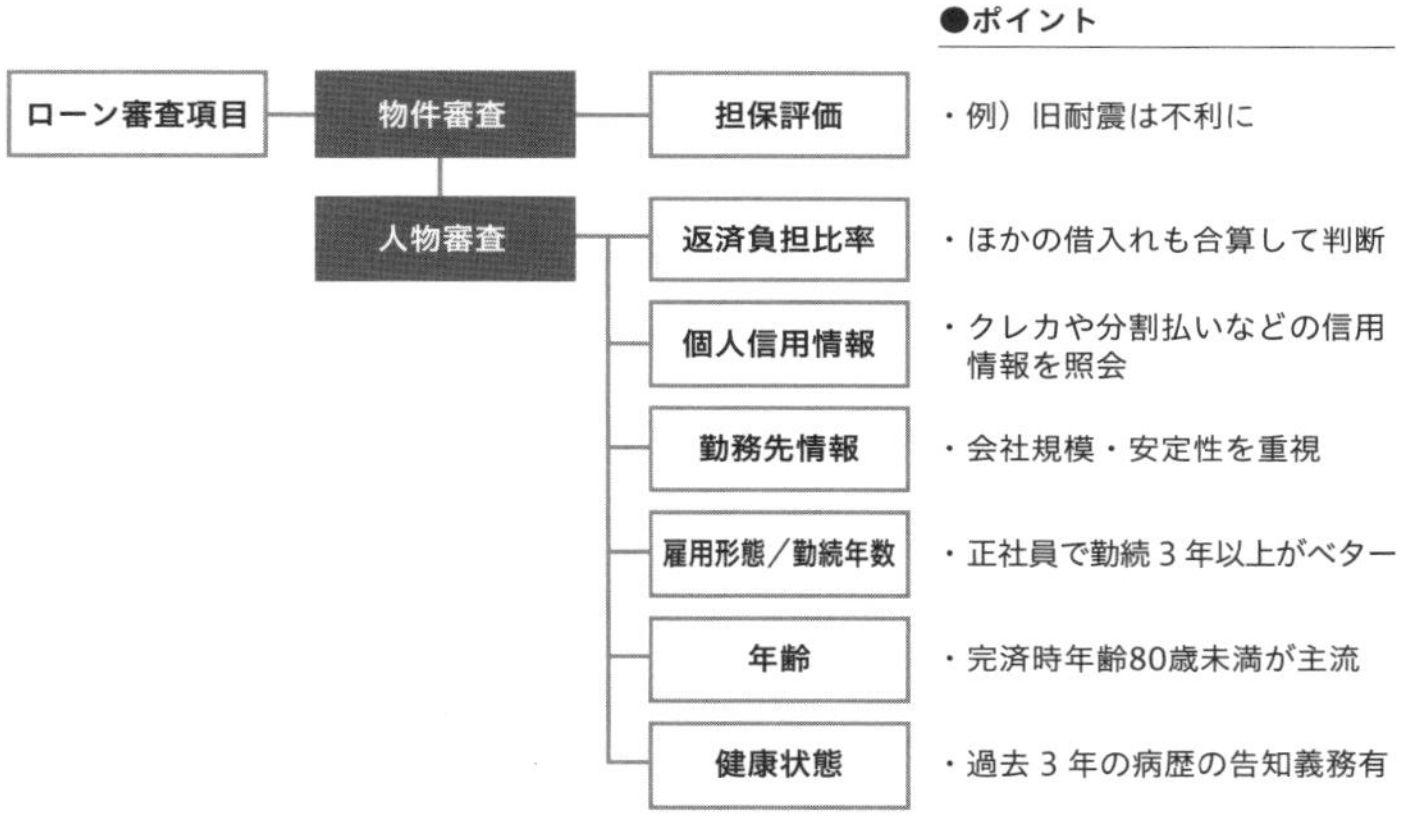
●ポイント
ローン審査項目
物件審査
担保評価
・例）旧耐震は不利に
人物審査
返済負担比率
・ほかの借入れも合算して判断
個人信用情報
・クレカや分割払いなどの信用情報を照会
勤務先情報
・会社規模・安定性を重視
雇用形態／勤続年数
・正社員で勤続３年以上がベター
年齢
・完済時年齢80歳未満が主流
健康状態
・過去３年の病歴の告知義務有

の旨を伝えておきましょう。事前に情報を伝えておくことで、銀行選びなどの戦略を立てることができます。

加えて、夫婦でペアローンを組むのか、組むならどういう比率か、というポイントもあるので、それらを含めて予め考え、審査をしておくべきです。

審査と聞くと急に怖くなってきますが、（銀行によっては）もしダメでもゼロか１００かではなく、ここまでなら貸し出せます、という減額回答になることもあり、それはそれで次の検討の糧になります。怖がらずに探しはじめにやりましょう。

ちなみに、住宅ローンについてはこのあと段階を踏んで説明をしますので、ご安心ください。

金融機関は複数の個人信用情報を確認しながら審査を行う

個人信用情報（個信）とは？
・個人のクレジットやローンの契約や申し込みに関する履歴情報

指定信用情報機関
・シー・アイ・シー（CIC）：クレジットカードや割賦販売の利用情報
・日本信用情報機構（JICC）：消費者金融地方・ネット銀行の利用情報
・全国銀行個人信用情報センター：メガバンク・信用金庫の利用情報

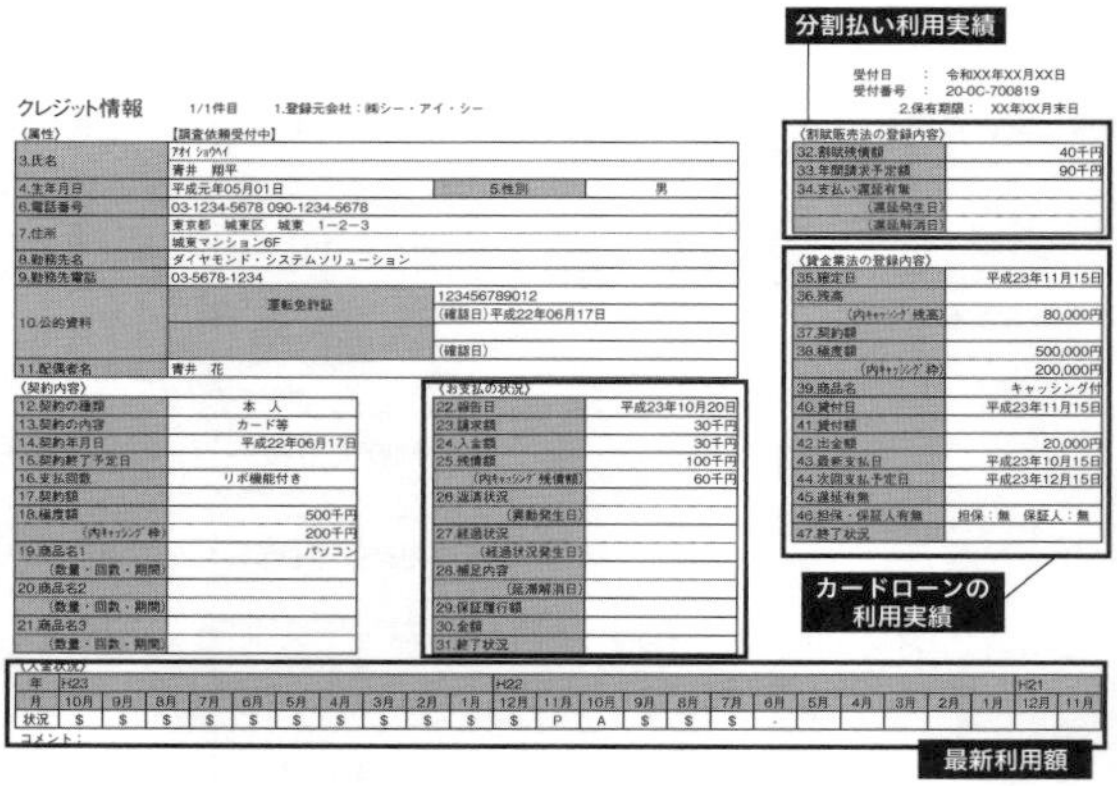

株式会社シー・アイ・シー『信用情報開示報告書』サンプルをもとに著者作成

③条件整理・内覧物件の選定

さぁ具体的な物件を見に行きましょう…の前に、もう少し我慢して、次は条件整理をしておきましょう。これは「その条件本当に必要ですか？」というものを整理する作業です。

もちろん、お金が無限にあればすべての願いを叶える家を買えばいいですが、多くの場合、そうはいきません。

そのなかで、「絶対条件」と「あったらいいな条件」とをわける作業を自分で、もしくは家族と一緒にしていきましょう。目安としては絶対条件は3つに収めるのがいいでしょう。

絶対条件　これを得るために家を買う

（たとえば「資産性が高くて子供と住める家」を

1階層具体化したもの）
これがないと買う意味ないと言えるものを3つまで
・〇〇〜〇〇㎡
・希望エリア
・築年数、など
※金額はこれとは別の条件になります

あったらいいな条件（なくても我慢できるもの）
・宅配ボックス
・ディスポーザー
・バルコニーが広い
・南向き
・収納が多い
・リビング〇〇㎡以上、など

④物件見学
購入テーマ、資金計画、条件が固まれば、それに見合った物件を提案してもらい、内見

に行きましょう。そのなかで、やっぱりこの条件はいらないかも……、もしくはこれは必須だった！　という条件が必ず出てくるので、条件をアップデートしながら家探しを進めるのがポイントです。物件見学時の更に細かいポイントは、このあとお伝えします。

理想の住まいに出会ったときに、スムーズに申込みを進められるように、あらためて事前審査もできる限り早めにやっておくことがおすすめです。


「以上が４つの手順」

「たしかに、この順番でやらないと混乱してきそうです……」

「そうだね。最終的に納得がいくようにするには思考法をもとに、ロジックを緻密に組み上げていく必要がある。もちろん最初から全部がうまくいくってことはないから、何度も往復して考えていく部分があってもいい。大事なのは『勢い』で決めないこと」

「この流れだと私たちは、コンセプトに合わせて何年住むかを決めていくところですかね？」

「そういうこと」

「頭金がないと家を買えない」は過去の話

「じゃあ次は予算。二人のお金のことについて教えてもらってもいいかな」

僕と花は灰島に言われるがまま、ファイナンシャルプランナーの南さんと話した自分たちのお金の内容についてまとめた。

世帯年収：1100万円
　翔平：650万円
　花　：450万円
住宅購入に充てられるお金：400万円
自動車なし・その他ローンなし
購入予算：6000万円

「家がほしいって言っておきながら頭金が少なくて恥ずかしいんですが……」僕は申し訳なさが急に出てきて灰島に謝る。

「ん？　何？」灰島は不思議そうな顔をする。

「いや、だから頭金400万円って少なくないですか？」

「そうでもないよ。もちろん、**余裕があるなら頭金が多いのに越したことはないけど、最近は頭金なしでフルローンとかも普通の時代**だから」

「えっ？　そんなリスキーな！」花が言う。

「そうか。たしかに、そう思うか。じゃあここでこのまま確認しよう。二人に質問。**頭金があったほうがいいときってどんなときでしょう**」

灰島からの突然の質問に僕も花も頭を悩ませる。

「ローンの審査が降りないとき…？」僕は苦し紛れに答える。

「まぁ、たしかに。でも頭金を入れても入れなくても問題なくローン審査が通るときはどうだろう？」

「じゃあ、借金したくないとき？」

「それも違うなぁ」

僕が2回間違っている隣で花はじっと考えている。

「もしかして、金利とか関係してます？」

「いい視点だね」花の言葉に灰島が反応する。

「ローン金利が高いときじゃないですか？」

「大正解。要するに、金利が高いときは借りれば借りるほど当然返す金額も高くなるわけで、そういう場合は、最初に頭金を大きくしたほうがいい。だけど今は『低金利時代』だから、元金に対しての金利のインパクトはそこまで大きくない。ほら。これ見て」

「ほんとだ、同じ物件で頭金を３００万円入れても、総支払額は38万円しか変わらないんだ」

住宅ローン金利と頭金・総支払額の関係

5000万円の物件を購入する場合（元利均等返済で計算）

	金利が0.7%のとき		金利が3%のとき	
頭金	0円	300万円	0円	300万円
35年総支払額	56,389,153円	53,005,808円	80,818,202円	78,969,249円
利息の差分	38万3,345円		184万8,953円	

頭金の利息軽減効果は薄い

「そう。であれば、その300万円で利回りのいいほかの資産運用をしたほうがよっぽどいい。それになにより、手元にお金があったほうが、予期せぬ変化があったときに安心だ。一度頭金として払ってしまったら、その現金は物件を売却しない限りもう戻ってこないのだから」

「そして総支払額がそもそも全然違いますね……昔と今ってそんなに違うんですか？　うちの親とかにフルローン組むなんて言ったら怒鳴られそうなんですが」

「全然違う。試しに青井くんのご両親が家を購入したときの金利を見てみようか。大体40年くらい前だっけ？」

そう言って灰島は手元にあったタブレットでなにやら検索をする。

「もちろん、状況によって多少は違うと思う

住宅ローン金利推移

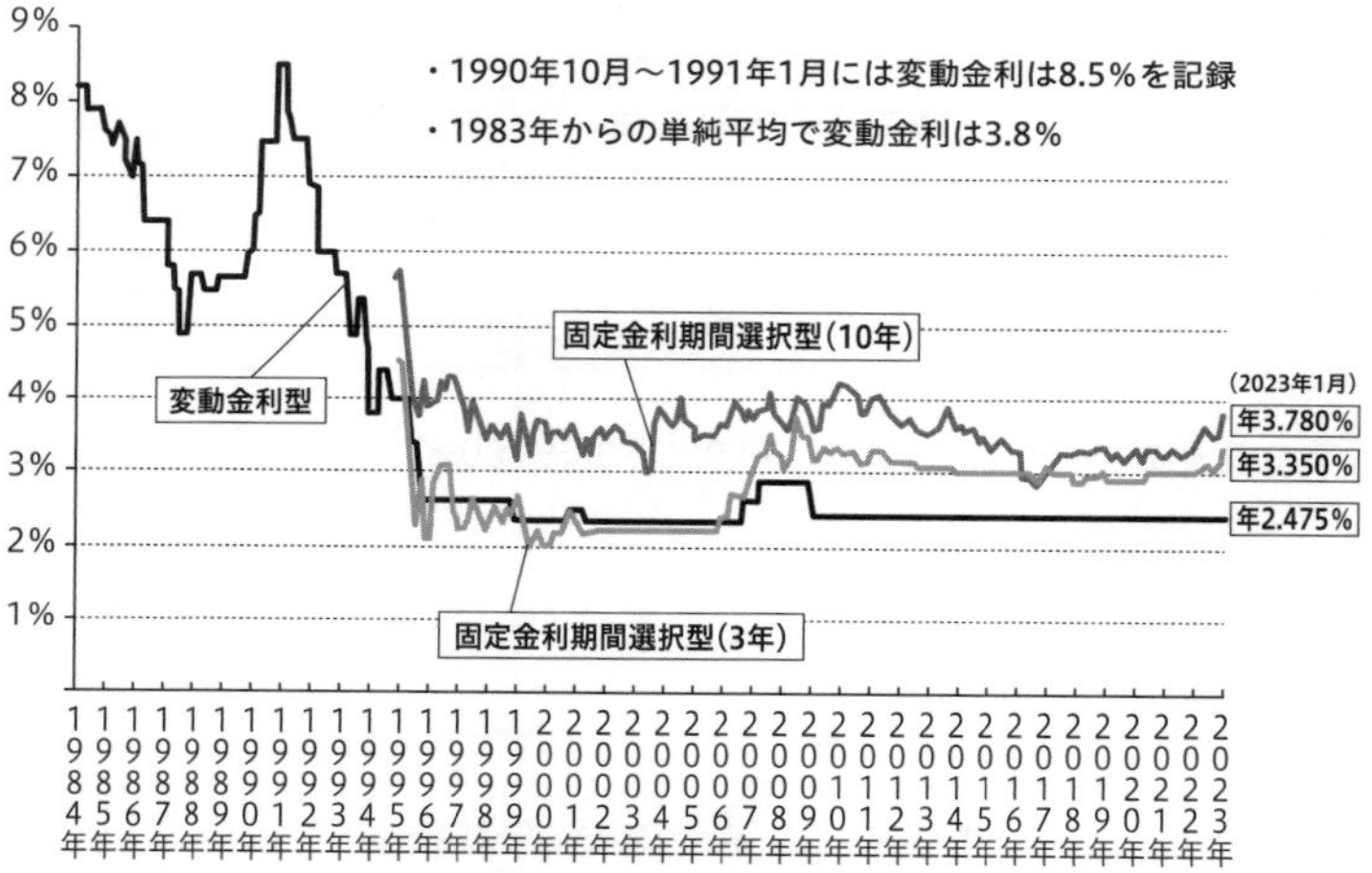

出所：住宅金融支援機構

けど、当時は固定金利で5％くらいだから、今と比べると相当な差があるのがわかるよね」

「金利5％!?　高いですね！」

「もうわかると思うけど、これだけの金利を払っていた世代の人たちからすると、全体の金額を大きく下げられる頭金は必須だった。だから60代以上の人たちが『頭金なしなんてありえない』って言うのは、間違いというよりも時代背景がかなり影響している」

灰島の話を聞きながら、なにかあったら父にも話せそうだと僕はメモを取る。父は、ああ見えて数字を信用している。

以前、父が「資金援助」と、しきりに言っていたのは、こういった背景が関係していそうだと僕はふと気がつく。たしかに金利5％を経験してきた世代からすれば、親からの援助は大きな助けとなる。

「資産性」を見極める3つのポイント

「それから、二人は将来もお金で不安にならないように、資産性が高い家を、というコンセプトだったね。資産性が高いとは、将来に向かっていっても価値の下落が少ない不動産と言い換えることができる。そういった住宅にはいくつかのポイントがあるから伝えておきたい」

資産価値が下がりにくい不動産とは ── ★★★

住宅購入のコンセプトはさまざまですが、もし将来の売却を念頭に入れている場合は、できる限り価値が維持しやすい物件を選ぶことが大事です。そのためのポイントをいくつかお伝えします。

①「将来売りにくい物件」の特徴を知る

将来売りにくい物件には大きくわけて2つの傾向があります。

・将来、住宅需要が減る可能性が高い（住む人が減っていく）

・**需要総数が少ない（住む人がそもそも少ない）**

この2つの傾向は次の3つのポイントで見極めることができます。

・**人口減少が速いエリア**
・**駅から遠いエリア（徒歩15分以上）**
・**不必要に広い物件（マンションであれば100㎡超は危険。戸建ての場合は120㎡超※エリアにもよる）**

これらのような条件に当てはまるエリアが将来売りにくい物件に該当します。

基本的に人は中心部に集中していきます。また人口もある程度の予測が立ちます。市区町村レベルでも将来の人口予測は各団体が出していることが多いので、チェックしておくといいでしょう。

「駅から遠い」については共働き世帯の増加によって、利便性を求める世帯が増加傾向にあり、駅からの近さは大きなポイントです。当然、駅から離れた物件は将来的に需要が減っていく可能性が高く、資産性の観点からいうと弱いと言えます。近年、長野県の軽井沢や千葉県のいすみなど、リモートワークを前提にリゾート地への移住も増えていますが、初心者の売却という点では意識しなければいけない点が多く、あまりおすすめはできません。（ダメというわけではもちろんありません。ただ、相当の不動産戦略が必要になります）

最後に、「不必要に広い」のも要注意です。「家は広ければ広いほどいいのでは？」と思う方も多いと思いますが、住み替えや売却を視野に入れると広すぎる家はマイナスに働くこともあります。

なぜなら、将来の世帯にとって広い家のニーズは徐々に減っていくからです。現在、日本の出生率は1・34人と、4人家族が少なく、同時に世帯当たり人数も減少傾向です。

そういったことを加味すると、不必要に広い物件はその分価格も上がってしまうため、「この価格だったら、立地をよくしよう」と考えられてしまう可能性が高いのです。将来の売れ行きに不安が残る可能性があるでしょう。

ただ、ここで気をつけたいのは「不必要に広い」ということであり、家族構成に合わせて家の広さを決めていくのは悪いわけではありません。そのための目安として、「マンションであれば100㎡超が目安。戸建ての場合は120㎡超※エリアにもよる」と本書では考えています。

②経年劣化を前提に考える（マンション）

物件は、当然年月が経てば劣化するものですが、それを食い止めたり、また時代に合わせて住みやすい状態にするのがマンション管理というものです。

経年劣化を防げずに、早いペースで価値が下落する可能性があるマンションには以下のような特徴があります。

- **自主管理物件である**
- **長期修繕計画がない**
- **管理組合／修繕計画が赤字である**
- **管理費／修繕積立金未納率が高い**

修繕計画とは、長期的にマンションの利便性を保つために計画するもので、10〜12年ごとの大規模修繕を見込んでつくられます。自主管理物件とは、管理を専門の管理会社に委託せずに、所有者のみで管理をしているマンションを指します。コストの面では優位ですが、手間がかかる、やりたがる住民が少ない、計画がずさんなどの問題をはらむことも多く、成功事例は多くありません。住宅購入初心者は避けたほうが絶対にいいです。

③統計的に考える「資産性が高い物件」の特徴

一方で、資産性が高い、近年で言えばむしろ値上がり率が高かったような物件にはどの

最寄駅からの所要時間別リセールバリュー
（首都圏　築10年中古マンション）

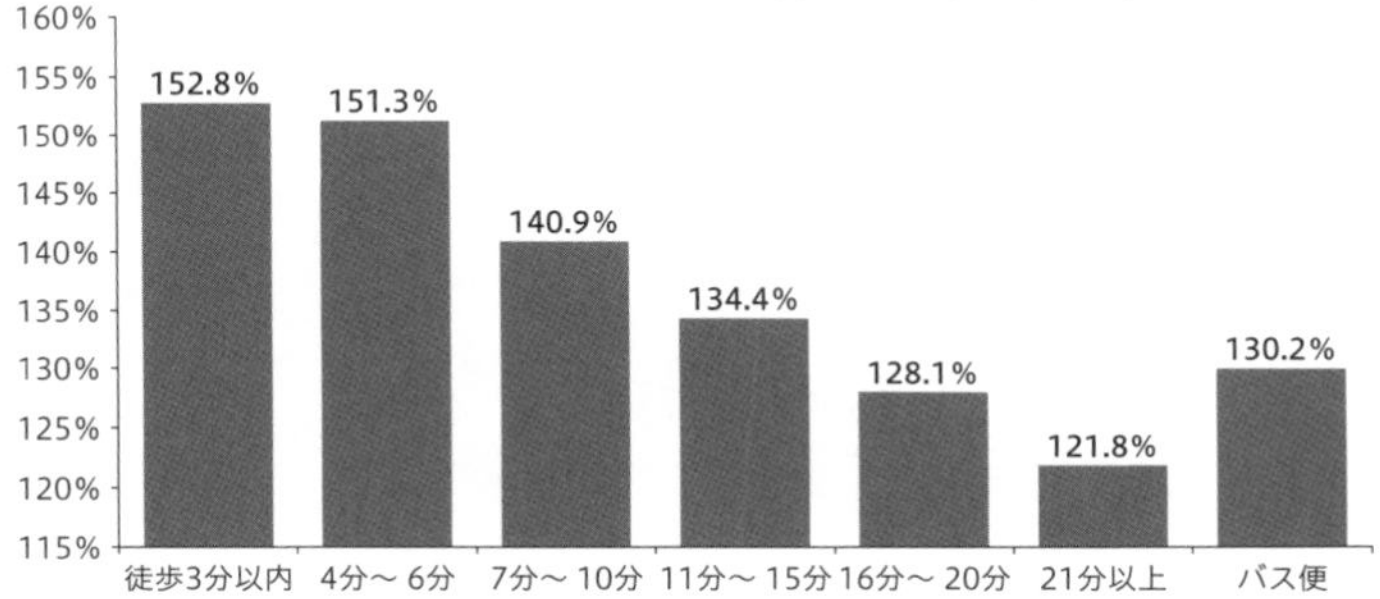

※2012年1月～2014年12月に新規分譲され、2023年1月～2023年12月に中古流通した分譲マンションを対象に新築分譲価格からの価格維持率（リセールバリュー）を算出
※専有面積30㎡未満の住戸および事務所・店舗用ユニットは集計から除外
※首都圏は1都3県（東京都、神奈川県、埼玉県、千葉県）が対象
出所：東京カンテイ（2024）　※リセールバリュー＝新築時価格に対して売却時にいくらで売れるかの割合

ような特徴があったでしょうか。以下のような点が挙げられます。

- **駅から近い（近いほど資産性が高い）**
- **総戸数が多い（多いほど資産性が高い）**
- **人気のエリア・駅である／再開発が行われるエリア・駅である**

特に「駅から近い物件」は、グラフでも示すとおりそれだけで大きな強みとなります。加えて、駅からの距離は明確に数値化できる項目でもあるため、失敗する可能性も格段に減ります。強く意識しておきたいポイントでしょう。

総戸数が多いと言えば、タワーマンションが筆頭に挙げられますが、駅からの

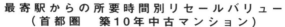

近さや立地のよさに加えて、大規模ゆえの付加価値と眺望がついたマンションに人気が集まりやすいのが現状です。「タワマンはリスク！」というような意見も見受けられますが、選ばれるのには、ステータスやブランドを超えて、合理的な理由があるのも事実です。

「と、いろいろと伝えてきたけど、僕なりに大事な点をまとめたのがこの図」（次ページ）

「なるほど。たしかに、資産性を気にしないのであれば、自分の好きなように考えればよさそうですけど、将来売ることも考えるなら、将来性も見ないといけないですね」

「まさにその通り。昔は一生の家を買う意識が強かったけど、今は中古物件の普及もあってライフスタイルに合わせて売ったり買ったりしている人も増えた。家をちゃんと資産として考えるなら、将来の価値に対するポイントも押さえないとね」

「ちなみにマンションと戸建てだと、どちらのほうが資産性が高いとかってあるんですか？」

「結論から言うと物件によってそれぞれ違う、という答えになってしまうんだけど、マンションと戸建ての大きな違いってなんだと思う？」

「え、えっと、みんなで住むか、自分の家族だけで住むか、とかですか？」

「それもそうだね。つまりそれは、１つの土地をみんなでシェアしているか、自分たちだけで持っているかということ。不動産の価値って土地と建物の価値にわかれるんだけど、マンションはみんなでわける分、自分の資産に対する土地の割合が少なくて、建物の割合が多い。一方

土地の価値、マンション共用部の価値を見極めることが重要
資産価値が下がりにくい物件を探す際のポイント

		資産形成目線でのポイント
物件の価値	土地の価値	・将来の人口が維持されるか？ ・多くの人が住みたいと思う立地か？
	専有部の価値	・眺望・日当たり・通風は良好か？ ・将来の間取り変更に対応しやすいか？
	共用部の価値 ※マンションの場合	・修繕計画は適切に実行されているか？ ・生活便利性を高める修繕の実施計画はあるか？ （玄関ドア・サッシ新規交換・宅配ボックスの新設など） ・管理組合の財務状況は良好か？ ・管理規約は時代に合わせて変更されているか？ （民泊への対応、ペット飼育細則の変更など） ・総戸数が少なすぎないか（30戸がベター、そうでないと将来の管理費・修繕費が高騰する可能性が高い）

戸建ては逆で、土地の割合が多い」

「な、なるほど……？」

「ごめん、わかりづらいよね。たとえば５０００万円の物件の場合、首都圏のマンションは土地が１５００万円、建物が３５００万円という内訳。あくまで一般論のイメージね。築年数でもエリアによっても変わる。一方で戸建ての場合は、土地は３５００万円、建物は１５００万円。比率が逆になる」

「そうなんですね！　**マンションは建物を買っていて、戸建ては土地を買っている感じだ**」

「そうだね。もちろん、マンションは建てられる土地自体が希少だから、単純な比較はできないんだけど。土地建物比率が違うというのがポイント。そして土地は時間が経っても古くならない。一方で建物は古くなる。特に木造の戸建てはマンションに比べて建物の寿

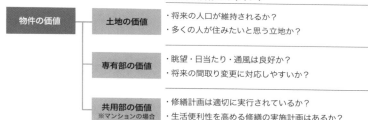

戸建てとマンションの違い

	建物と土地の比率	建物寿命
戸建て（木造）	土地の金額が高い	短い
マンション（鉄筋鉄骨造）	建物の金額が高い	長い

命が短い。最近は60年保証の木造住宅、なんてものも出てきているけど、途中で指定の有料メンテナンスを受けることが前提になっていたりする。図でまとめるとこんな感じ」

「こう見ると一長一短ですね」

「そのとおり。戸建ての場合は土地の価値が下がると資産価値の減少の影響を受けやすいのがわかる。同時に、戸建てはどうしても駅の近くにはなかったりするので、利便性が低くなりやすい。現在の日本では、共働きも増えて、利便性を求める家庭が多いから、戸建てよりもマンションが人気なことが多い。なのでまとめると、『**土地の価値が上がるエリアほど、戸建ては有利。ただし、高額になりやすいので、一般家庭の場合はマンションのほうが手堅く資産性を保ちやすい家を手に入れやすい**』と言えるかな。たとえば東京でいうと広尾とか、青葉台とか、ブランドがあって人気のエリアであれば戸建てでもまったく心配がない。もちろんブランドエリアだけじゃなくても、人口が増えるエリアもそうだね。ただ、戸建てであることを優先に、利便性の低いエリアを選ぶと、将来売りづらかったりする。だから、物件や条件によって大きく違うといえるが、一般的にはマンションのほうが資産性が高いと言える場合が多いね」

「そうなんだ……」花は目を見開いて答える。

「本当はローンの話ももう少ししたいところなんだけど、先に家の条件から固めていきたいから、ローンは少しあとに回そう。まぁ要するに、さっき聞いた条件だと特別悪いってことはないから安心して。っと……もうこんな時間か」

外を見ると少しずつ日が暮れてきている。途中雑談も交えながらではあったがすでに2時間ほど話していることになる。

「ごめん。実は次があって今日はここまで。早く物件を見に行きたい気持ちだろうけどね。二人には宿題として3ステップ目の『条件整理』までを話し合ってまとめてきてほしい。それで次回が講義という意味では最後。実際に物件見学ポイントを解説する。どうやって営業担当と付き合うのがいいのか、物件のどんなところを見るべきかとかね。だから次回が終われば、もう実際に不動産営業ともやり取りをして大丈夫だし、物件見学もしてＯＫ」

再び宿題を与えられた僕と花は灰島と別れて部屋を出た。エレベーターに乗り込むと自分の頭が疲れているのがよくわかる。先ほどまではアドレナリンが出ていたのだろう。花は僕よりも元気があるように見えるが、それでも疲労はありそうだ。

エレベーターを降りると、ビルの正面玄関にはハイヤー運転手の太田が立っていた。実はここに来るときも灰島はまたハイヤーを手配してくれていた。

「お待ちしておりました」

「また、お願いしていいんですか……」なんとなく帰りも待ってくれていることはわかっていたが、ここまで丁重に扱われると恐縮してしまう。僕らが車に乗り込むと静かに車は走り出した。「太田さんは、灰島さんが大事なときにお願いしているって聞いたんですが……」緊張はしているが、前回よりは車内の雰囲気にも慣れてきて僕は太田に話しかける。

「いつもご贔屓にしていただいてます」

「灰島さんから太田さんはこれまでの大事なお客さんを全部見ていると聞いて」

「そうかもしれないです。お二人のようなご夫婦もいれば、ご年配の方もいたり、ときには青井様くらいの男性がお一人で灰島さんのところに行くときの運転をしたこともございます」

おそらく、白濱のことだろう。白濱もこの車に乗ったことがあるならあらかじめ教えてくれればよかったのにと僕は思う。

「僕らも灰島さんにはいろいろお世話になっていて、本当にすごいですよね」

「はい。灰島さんご自身の送迎もたまにさせていただきますが、気配り含めて本当に素晴らしい方です」

「僕もいつも色々教えていただきながら、恐れ多いというか、僕らなんかが話聞いていいのかなっていつも思っちゃいます。こんなすごい人にって」

「まだ数回お会いしたばかりで失礼かもしれませんが、お二人も十分魅力的に感じます。それに、灰島さんも最初から今みたいにうまくいっていたわけではないと、よくおっしゃっています」

「え？」僕と花は思わず顔を見合わせる。

「もしかすると、灰島さんに怒られてしまうかもしれませんが、灰島さんも色々と失敗をしてきてますからね」

「どういうことですか？」

「おっと……。まぁここからはひとり言です」そう言って太田は続ける。

「独立した当初からも灰島さんはご自身でも不動産の売買をされていて、今回はうまくいった、今回はあそこがダメだったとよく話しておりました。どうやらお二人をはじめ、これまでのお客様に話しているメソッドは灰島さんご自身の経験をもとにしているところもあるようです」

灰島が失敗したことがあるなんて信じられない。なぜなら、僕からしてみれば不動産に関しては完璧以外の言葉が見つからないような男だからだ。

「信じられないです」

「そうですよね。しかも、売買も1～2回どころではないそうですからすごいと思います」

「すごいな…、不動産購入が楽しいからやってるんですかね」

「もちろん、それもあるかもしれないですが、きっかけはそうではなかったみたいで、酔ったときに教えてくださったことがあります。灰島さんがまだ会社員だった頃の話です。数字的な目標を余裕で達成できていた灰島さんは、あるとき、営業としての数字が必ずしもお客さんの幸せにつながっているわけではないということに気づいたと言っておりました。それもそうですよね。家は売って終わりですから、あとはサヨナラです。しかも、お客さんによっては、灰島さんの話をそもそも聞いてくれない方もいたそうで、売上は立つけど、これでいいのかと悩んだと言っていました」

僕は頭のなかで、若かりし頃の灰島を想像する。

「言っていることは相手もわかっているはずなのに、受け入れてくれないのはなぜかと考えたときに、灰島さんはふと自分がお客さんと同じ経験をしていないからなんじゃないかと感じたそうです。いかにも灰島さんらしい考え方です。それで自分でも実際に不動産を購入してみるとなかなかうまくいかない。考えていた理論通りにいかないのはもちろんのこと、人間だから判断も間違う、まさに踏んだり蹴ったりだったと。そこで、つまずいてしまうところはどこか、買ったあとともよかったと思える提案はなにかと研究をしてつくり上げたのが、今のメソッドだそうですよ。私も詳しくは存じ上げませんが、そういった積み重ねがあったからこそ、灰島さんはこうして成功されているんでしょうね」

その後、太田は灰島のことをいろいろと教えてくれた。ところどころで灰島へのリスペクトが感じられて、二人が良好な関係であることがわかった。

「到着いたしました」家の前に着くと太田はまたドアを開けてくれる。

「ありがとうございました。灰島さんのこともいろいろ聞けて楽しかったです」

「とんでもございません。ただのひとり言ですから。ただ、今の灰島さんだけを見ると想像できませんが、いろいろとご苦労されたからこその灰島さんであることは間違いありません。私には、お二人の表情は苦労しながらもしっかりと成功に向かって進んでいる当時の灰島さんと重なって見えます。今後もどこかでお会いすることもあるかと思いますが、そのときは何卒よろしくお願いいたします」

去り際に僕らの背中を押すような言葉を残して太田はスマートに帰っていった。

その後、家に戻った僕らは、太田に励まされた気がして、そのまま灰島からの宿題に手をつけた。復習も兼ねて1つずつステップごとにまとめていくと次のようになった。

青井家の方針

①購入コンセプト設定と住む年数

購入コンセプト：居住性を担保しつつ住み替えが発生しても売りやすい資産性のある家。駅から近い戸建ては予算的に難しい可能性が高く、駅から10分以内のマンションを選択。

住む年数：子供が大きくなって家が手狭になったときに住み替えを検討できるように子供が中学校に入学する12年目を目安に設定。（12年後に資産性が維持できていればOK）

②資金計画の作成

過去の金利の変動グラフを調べ、変動金利を選択。プランナーの南と話した通り、二人目の子供が生まれても余裕と選択肢のある生活ができるように物件価格は6000万円程度で決定。

また、住宅ローン控除などの制度を最大限活かせるよう、ペアローンで全額借りることを有力選択肢に。比率に関しては、花が将来働かない可能性も考慮し、8：2の割合で検討することにした。また、今回、住宅購入に使用できる400万円は、諸費用含めローンが借りられる場合は手をつけない。金利が上がる場合などは諸費用として使用する方針に決定。

③ 条件整理・内見する物件の選定

【絶対条件】

・資産性と利便性の両方を考慮して、旧耐震物件は避けて駅から徒歩で10分以内
・2LDK以上で60㎡強程度・日当たりがいい

理由：幼い子供を含めた3人で暮らすため、60㎡あれば余程のことがない限り、居住性が脅かされることはない。それであれば将来売りやすいような資産性に重きを置いて物件を選ぶことにする。

【あったらいいな条件】

・豊富な収納
・大型スーパーが近くにある
・快適に在宅ワークできる環境やスペース
・築浅物件

まとめてみると自分たちが求める家が確実に近づいている感覚があった。

灰島の講義を控え、僕の気分は高揚していた。もちろん、不動産会社への苦手意識を完全に払拭できたわけではないが、クリアすべきことがわかっているのはいいことだ。気分がいいからか、仕事もスムーズに進む。

オフィスの時計を見ると終業間近でちょうどいい。久々に残業をせずに帰ろうとしていると赤田に話しかけられた。

「青井。ちょっといいか」

「はい。大丈夫ですけど…、トラブルかなんかですか？」

「いや、そういうのじゃない。とりあえず、ここじゃあれだから」

そう言って赤田は僕を会議室に連れていく。

「それでなんですか？」

「最近仕事はどうだ？」

「どうって普通ですけど」

「そうか。まぁ俺から見ても最近のお前は頑張ってると思う」

「ありがとうございます」めずらしく赤田の狙いがわからない。

「それでなんだが、来月からお前には俺と一緒に動いてもらうから」

「え？　どういうことですか？」

「俺の右腕として動いてもらうってことだ。サブリーダーみたいなもんだな。だから、これまでの仕事はほかのメンバーに引き継ぎな」

「いやいや、今の仕事、僕が立ち上げからずっとやっててようやく軌道に乗ってきたところですよ。さすがにまだほかの人に渡すのは」

「わかるけど、お前も次のステージに進んだほうがいいだろ」

「次のステージってなんですか？」

「その……なんだ、もうプレイヤーからリーダーになる年齢だろ」

「僕、出世とか興味ないんで。別の人にしてください」

「ダメだ。これはもう決まったことでもある。1カ月の猶予をやるからそのあいだに引き継ぎを済ませて、俺の仕事に合流しろ」

「嫌ですって」

「おい、わがまま言うな。ここは会社だ。それに俺はなにもお前をいじめようとは思っていない。いいな。とにかくこれは決定事項だ。ほかのメンバーには俺からも声をかけておくから、適宜引き継ぎに入れ」

　黙るほかなかった。赤田はそれ以外なにも言うことなく会議室を出て行った。今の仕事は自分にしかできないわけではなかったが、それなりにプライドを持って取りくんでいた。僕は大きなショックを受けた。

家に帰ると花は灰島から学んだことのメモを傍に置きながら、パソコンで調べ物をしていた。

「あっ、おかえり」

「ただいま」

「今日、在宅でちょっと早めに仕事終わったから、諸費用で必要そうなお金のエクセルつくってたんだよね。抜け漏れないか、翔平もあとで見てみてよ」

「わかった」

「あれ？　なんかあった？」

「実は今の仕事を引き継いで上司の下にサブリーダーって感じでつくことになってさ」

「すごいじゃん！」

「いや、出世ってわけではないみたい。人事から辞令が出たわけじゃないし」

「そうなんだ。でも認められたってことでしょ？　よかったじゃん！」

「まぁね」

花は僕の報告を喜んで聞いてくれた。赤井の態度や今の仕事を急に外されたことに対するモヤモヤが消えるわけではないが、落ち込んでいても仕方がないと思い、僕も花が作ってくれた資金計画表を見ながら、なんとか気持ちを切り替えた。

不動産営業に選ばれる顧客になろう

週末、僕と花と灰島は駅前のカフェにいた。

「それじゃあ最後の授業をはじめようか」

「お願いします」

「事前に送ってもらった資料には目を通させてもらった。２ＬＤＫにするというところがポイントだと思うけど、その考えを教えてもらっていいかな？」

「はい、話し合った結果でもありますが、僕らはまだ子供を一人にするか、二人にするかは明確には決められていません。今の子が生まれてから気持ちも変わるかもしれませんし。なので、子供が一人であっても無駄なく住めることを前提に、二人目の子供ができたとしても、住み替えの選択肢が取りやすいことを重要視したいと思っています」

「ふむ。よく考えられるようになったじゃないか」

「ありがとうございます……！」

花もいろいろ調べてくれて、家探しのゴールが少し明確になってきた感覚があります」

「その感覚は大事だね。条件面に関しては、実際に物件を見てみて変わる部分もあると思うけど、今の段階ではこれで前に進んで大丈夫。さて、早速だけど、今日の本題、早ければ来週末には送ってもらった条件をもとに二人には不動産会社に行ってもらうわけだが、以前と同じような苦い体験はしてほしくない。今回は家を買ううえでの最重要ポイントとも言える、不動産営業との関わり方について話をしていく」

「いい？」「悪い？」不動産営業を見分ける4つの質問 ――★★★

住宅購入では、「いい会社」よりも「いい人」を選ぶことが大事です。ただ、いい担当者というのは、人によって大きく異なるので、なかなか単一の答えは出しにくいのも事実です。

ですが、「関係を切ったほうがいい担当者」には共通項が確実にあります。ここでは、関係を切るべき担当者や不動産会社を見抜くことができる質問を紹介していきます。

まず、関係を切ったほうがいい担当者とはなんでしょうか？

先に答えを示すと次の2つに当てはまる場合は関係を切ったほうがいいです。

① 知識・経験値がない（スキル）

② 顧客本位ではない（スタンス）

まず、大事な前提として、不動産営業や不動産エージェントは、取引成立時にのみ、売上が立つビジネスモデルです。そのため、「この人はきっと家を買わないな」と思えば、対応はどうしてもおざなりになってしまう可能性が高いことを理解しておきましょう。

そのため、**いい担当者に優先的に対応してもらうためには、「自分がいい顧客になる」という意識が大切**です。その前提を踏まえて、関係を切るべき担当者の2つのポイントを見ていきましょう。

① 知識・経験値がない（スキル）

スキルに関しては、自分が不動産購入において気になっている点を質問していけば、それに対する回答の内容で判断がつくでしょう。「あ、この人はあまりわかってないな……」と思えばそれまでです。

逆に「なにがわからないかわからない」状態であれば、そもそも住宅購入のプロセスから教えてもらえるのがいいわけですから、とにかくたくさん質問していきましょう。

営業やエージェントも、商談の場は自分がいかに不動産を知っている、信頼に足る人間かどうかを伝えるべき場ですので、はりきって答えてくれるでしょう。

会社によっては、「購入の顧客は新入りが担当しろ」という意識がある会社もあり（売却をベテランが対応したい）、経験値・知識の乏しい担当者が対応することもあります。自分の購入を信頼して任せられるかどうか、自分よりもよっぽど知識があると思えるか、気になっていることをどんどん質問して見極めましょう。

② 顧客本位ではない（スタンス）

さらに知るべきはスタンス面です。

不動産取引ではどうしても情報の非対称性があり、営業やエージェントのほうが住宅取引については当然詳しく、顧客をリードする場面が多くなります。

しかし、それでも真に顧客のために動ける担当かというのを見抜ける質問を紹介しましょう。

質問1：内見後、イマイチだった物件について、自分が意見を言う前に「どうでした？」と先に不動産営業・エージェントに聞く

内見していれば、誰もがイマイチな物件に出会います。情報サイトで見たときはよさそうに感じたが、日当たり重視の割に実際は暗かった、部屋からの眺望が聞いていたより悪かったなど、言い出せばきりがありません。やはり行ってみないとわからない部分はあります。むしろ、そういったことを確認するために内見に行くのです。

もし皆さんが、内見した物件に対して、「イマイチだな……」と思った際、まだ不動産営業に100%の信頼が置けていない場合は、自分が感想を言う前に、「この物件どう思います?」と問いかけましょう。

そのときに、

「いやー、いいんじゃないですか? 駅からも一番近いですし」

のように、自分が重視していると伝えている点が満たされていないにもかかわらず、物件に肯定的な意見を述べてくる人は要注意です。こういった人は顧客のことをプロとしてサポートできていません。また、その物件の営業をするだけの担当者であれば、もっと手数料の安い会社の担当者を選んだほうがいいでしょう。

逆に、

「資料上はいいと思ったんですが、〇〇なのでおすすめできないです。次行きましょう」
「先方の担当から〇〇だと聞いていたんですが、行ってみたら違いましたね。事前に見抜けず申し訳ありません」
「〇〇なので優先順位は下がるかと思うのですがどう思いましたか?」

のように、皆さんの目線に立って正直に意見を述べてくれる、そして意見のすり合わせをしてくれる人はいい担当者であることが非常に多いです。

質問2：家探しをするのに大事なことは？

「家探しをするのに大事なことは？」と聞いて、「物件情報力です」や「スピードです」と答える不動産営業・エージェントは要注意です。物件情報力については質問3で補足しますので、ここではスピードについての解説をします。

「顧客には期限・お尻を決めさせろ」と不動産営業のなかではよく言われます。賃貸の場合は転勤や進学などの外的要因によって決まることが多いですが、購入の場合は特に決めなくても生活に大きな影響は出ません。そうすると、ダラダラと気になった物件を内見しては決められず、「いい物件が出たら買います」という状態に陥ってしまうことが多々あります。そのような顧客に時間を必要以上に使わないように、「期限」に執着する不動産営業やエージェントが生まれます。

ただし、期限を区切って家探しをすることは人によっては大事です。ダラダラと物件を探してしまうことを「白馬の王子様症候群」と私は呼んでいます。「今はないけど、もっといい家がそのうち出てくるんじゃないか」とただ漠然とした願望だけで、現実に向き合えない状態のことです。こういった人に対して、「いつまでに家を決めたほうがいいです」と明確に期間を区切るのは正しいことです。

しかし、その期間が理由もなく、さらに極端に短く区切ってくる人は要注意と言えるでしょう。いつ買うべきかは、顧客自身・家庭の資金計画・趣味趣向・ライフプランに左右されるので、そういった要素を度外視して期限のことを言ってくる人は信用すべきではありません。

ではどういう人が好ましいかというと、まさにこの思考法でお伝えしてきたような、「なぜ家がほしいか、ライフプランを明確にすることからはじめる」といったような真の意味での顧客本位な考えを持ち、それに紐づくアクションを取れる人をおすすめしたいです。

念の為、補足しておくと、必ずしもこの答えでないからその担当はNGであるというわけではありませんのご注意ください。ただ、正しい思考法を持った担当者に出会えたならば、それは当たりと言えるでしょう。

質問3：なかなかいい家に巡り会えないんですけど、どうしたらいいですか？

ケースバイケースですが、「なかなかいい家に巡り会えないんですけど、どうしたらいいですか？」と質問をしたときに「当社は未公開物件も多数扱っているので任せてください！」と答えてくる不動産営業・エージェントは要注意です。質問2の、家探しで重要なことは？と聞いて、物件情報力と答える人も同様です。

未公開物件は情報サイトなどに不動産会社側の戦略で「あえて載せていないだけ」で、必ずしもいい物件というわけではありません。未公開物件をやけに振りかざしてくる不動産営業・エージェントには注意しましょう。ただ、物件情報に触れられる機会は多いほうがいいので、情報はしっかりと入手しましょう。

ほとんどの場合、いい家に巡り会えないのはプロセスに問題があります。復習です。

・家が欲しい理由・条件が明確になっていない
・相場感覚がずれている／現実が見えておらず高望みをしている
・待っていればいい物件が出てくるのではないかと思い込んでいる
・マーケットの見通しに自信がなく、そもそも判断がついていない

など、本来解決すべき問題があります。こういったプロセスを飛ばして、「未公開物件」という甘い言葉で誘惑してくる人は顧客本位と言えるのか、しっかりと考えるべきポイントでしょう。

質問4：いくらくらいの物件が適正ですかね？

多くの人が自分で予算計画をして、大体の金額を決めてから家探しをしていますが、その意見は不動産のプロにちゃんと相談しているものでしょうか。もちろん、自身で考えるのが悪いという意味ではありません。ただ、せっかく一生懸命考えた計画であるならば、プロの目を通して答え合わせをしたほうが、圧倒的に精度が上がり、納得のいく選択ができるでしょう。

しつこいようですが、ベストはプロに資金計画をチェックしてもらう、もしくはプロと一緒にライフプランから資金計画までを立てることです。

その際に、「私（私たち）は、いくらくらいの物件を買うのが適正ですか？」と聞いて、年収から借りられるギリギリの物件金額を提案してくる人は要注意です。

不動産仲介は、手数料商売ですので、単価が高いほうが当然売上は大きくなります。また、高い物件のほうが条件もいいので、顧客が「いいな、買いたい！」と思う確率も上がります。

そのため、適切な金額を提示するよりも「買える最大金額」をおすすめしたほうが営業的には合理的な側面もあります。

しかし、それは皆さんのためでしょうか。答えは言うまでもありません。

たとえば、ペアローンで組むなら共働きが続けられなくなったときのリスクを負うことになりますし、将来子供を私立に通わせたい場合は、その資金をプランに組み込んでおく必要もあります。

将来の家族の計画を鑑みてその金額は妥当なのか、金利の上昇リスクは鑑みているかなど、さまざまなことを理解したうえでその価格を提案しているならもちろん問題はありませんが、段階も踏まずに上限いっぱいの金額の物件を伝えてくる不動産営業やエージェントには注意しましょう。


「こんな感じかな」

灰島の話を聞きながら僕も花もメモをする。こうして見てみると前回の不動産営業は、上限いっぱいの物件を紹介してきたり、スピードが大事と言ってきたり、よくないところが当てはまる。ただ同時に自分たちが曖昧なまま不動産会社に行ってしまったのも事実で、僕は静かに反省する。

「それじゃあ、今度は不動産営業やエージェントといい関係を築けるパターンを見ていこう」

不動産営業やエージェントといい関係を築けるパターン

住宅購入は「優良顧客」になった者勝ち

新築物件にも当てはまりますが、特に中古物件を購入する場合に有効な考え方です。(投資用不動産を探す場合にも当てはまります)

そもそも、不動産取引は特殊な消費活動です。

(いいことではないですが)未公開の物件情報があったり、同じマンションでもまったく同じ家は世界にそれ1つしかありません。加えて、資金調達が必要だったり、悩んでいる隙にほかの人が契約してしまったりと、一般的な消費とは明らかに性質が違います。

もちろん、不便な取引にならないように、情報のオープン化などをしていこうという風潮は業界内には当然ありますが、一方で売却側が未公開の販売を望むこともあり、現状のルールにおいてはこの特殊さを受け入れたうえで、どうふるまうかを考える必要があります。

この現状のルールを最大限活かすためには、**不動産会社にとって「優先度の高い顧客」になることが非常に重要**です。

「いやいや、それは不動産会社の論理でしょ。客側がどうして気を使わなきゃいけないの?」という声が聞こえてきそうですが、これが真理です。

なぜなら、不動産購入においては、仲介担当者（＝不動産営業・エージェント）の力量によっていい購入になるか悪い購入になるかどうかが左右されるからです。そのため、スキルもスタンスも兼ね備えた仲介担当者であっても、顧客である皆さんが「いい顧客」と思われなければ、その優秀な担当者も皆さんへ時間を割ききれずに、話が進まないこともあります。

ですから、優秀な不動産営業・エージェントをまず見極めたうえで、その担当者に「自分になるべく多くの時間を使ってもらえること」が非常に大事になってきます。

「この人は住宅購入を真剣に検討している。条件に合う物件さえあればきっと買ってくれる」と不動産営業やエージェントに思ってもらうことで、時間をかけて、真剣にライフプラン決めてくれたり、最適な物件を探してくれたりと皆さんのためだけに動いてくれます。

どうしても顧客に優先順位をつけないといけない状況はあまりいいこととは言えませんが、ビジネスモデル上仕方がないことでもあります。それであれば、あらためて大事なのは、どうしたら自分がその「優先度の高い顧客になれるか？」を考えたほうがルールを味方につけることができるでしょう。

どうしたら優先度の高い顧客になれるか？

優先度の高い顧客になるには大きく3つの要素があります。

①資産状況を担当者に共有し、資金計画をつくる意思がある（物件が買える状態にある）
②家を買いたい理由と物件の基準が明確である（もしくは明確にする意志がある）
③自分である程度期限を決めている（いつまでには家を購入しようと決めて動いている）

①資産状況を担当者に共有し、資金計画をつくる意思がある（物件が買える状態にある）

当たり前かつ盲点でもありますが、よくあるケースが、「いい物件に出会ったが、いざ買おうとしたらローンが通らなかった」という事態です。

本人も忘れていた昔の携帯電話の分割払いの支払い漏れや、知らぬところでパートナーがキャッシングローンを持っていた、ということがわかり、せっかく希望の家を見つけたと思ったタイミングでゼロスタートになる事態は、当然ビジネスでやっている不動産営業やエージェントにとっても避けたいことです。

そのために、担当者と一緒にまずはライフプランをつくり、適切なローンが通るかを確認しておくことが必要です。また金利、団信、初期費用の観点から、しっかりと皆さんに合った住宅ローンを提案してくれる会社（選べる金融機関の多い仲介会社）に事前審査の手配から依頼するのがいいでしょう。しかし、こういったことをやること自体を渋る人も実は多いです。

なぜなら、「個人情報を営業担当に渡すともう戻れないのではないか」、「押し売りをされてしまうんじゃないか」と考えてしまうからです。

不安な気持ちはわかりますが、不動産営業・エージェントの視点としては、こういった情報を出さない顧客に対しては、なかなか時間は割きづらく、お互い疎遠になってしまうというケースは散見されます。また、疎遠にならずとも、どうしてもレスポンスが悪くなってしまうこともあるでしょう。

最も不幸なのが、こういった背景があることを理解せず「対応の悪い営業だな、これだから不動産屋は」となってしまうケースです。資金計画と事前審査を通して、住宅購入プロジェクトの意思決定者として、担当者の本気を引き出しましょう。

② 家を買いたい理由と物件の基準が明確である（もしくは明確にする意志がある）

自分がどういう理由で家探しをしていて、どんな暮らしをしたいと思っているのか。そのためにどんな家を買いたいと思っているのかが「ある程度」明確になっていることが大事です。

もちろんこれは、「一度決めたら変えちゃダメ」という話ではありません。変わってもいいですが、その段階では一旦そう思っているということが大事です。先ほどのステップで希望条件の整理については解説しましたが、そのステップをちゃんと踏んでいればもちろん問題ありません。あとは内見やプロの意見を聞いてすり合わせていくスタンスを持っている顧客は自然と優先度が上がっていきます。

よくある失敗が、営業をされたくないがために「いや、ただちょっと見ているだけです」と応対するパターンです。優秀な不動産営業やエージェントほど、さまざまな取引を行ってきた経験からライフスタイルの希望やエリアなど、複数の条件を加味しながらいい選択肢を提案できます。その基盤となる最初の条件すら教えてくれないようでは、なかなか次のステップに進もうという気持ちにはなりません。

「いや、そこはガツガツ来てよ」と思う気持ちもわかりますが、優秀なエージェントほど紹介や案件が多く非常に忙しいため、そういった人に対しては、「では固まったらまた連絡してくださいね」という形で距離を置かれてしまうことが多くなるのです。

③ 自分である程度期限を決めている（いつまでには家を購入しようと決めて動いている）

自分で住宅購入までの期限を決めることは必須ではありませんが、意識はしておいたほうがいいでしょう。また、家を買う理由が明確であれば、自然と時期は決まることも多いです。これは、不動産営業・エージェントの見抜き方のところでも述べたように「期限を決めてください」という意味ではなく、結果として期限が決まっている顧客に対するほうが、不動産営業やエージェントのなかで優先順位は上がるという意味です。これは考えるにたやすいでしょう。

期限が決まっているとは、「○月までに入居をしたい。なぜなら子供の入学予定」や「今の住居を売却したので、○月までには次を決めたい」といった形です。

繰り返しになりますが、家は成約しないと不動産営業やエージェントは売上になりません。話が前に進まない顧客に割ける時間にはどうしても限界があるのです。

そのため、外部要因の期限が決まってないにせよ、「いつまでには決めたいと思っています」という仮でもいいので、一旦目標を決めるというのが重要となります。ただ、無用に期限を切る必要はなく、不必要に期限を定めてしまうと、かえって選択肢がせばまってしまうこともあります。決められてない場合は無理をせず、買う意思を伝えたうえで時期を含めて相談するのがいいです。

「こんなところかな。つまり、視点は2つあって、1つは**「二人が不動産営業やエージェントを選ぶ」という視点。もう1つは「二人が不動産営業やエージェントに選ばれる」という視点。**だから、相手を見極めつつ、どうしたら自分たちの優先度が上がるかも意識してみて」

「わかりました」
「あとは内見前の準備と、内見のときにチェックするべきポイント。これはもう把握してもらうだけだから、資料を見ておいてほしい」

内見前の準備・情報の掴み方 ――★☆☆

家探し初期段階はいろいろな可能性を見出したり、優先順位をつけるためにも、少しでも気になる物件を見に行くことをおすすめします。最初はマンションを希望していたけれど、戸建てを見てみたら価値観が変わることもあります。また、希望よりも平米数の小さい物件でも、面積以上に快適に感じて、住めそうなイメージが湧くこともあります。最近多いのは、築古はちょっと……と思っている人でも、リノベーション住宅を見ると意外とありかもと思えるパターンで、柔軟に考えられている証拠でしょう。

ただ、内見は時間もかかるものなので、ある程度選択肢が固まってからは、なるべく無駄は減らしたいところです。内見に行ってみたものの全然琴線に触れず……ということを繰り返すと、家探し自体が億劫になってしまいます。できる限り事前にわかる情報は把握したうえで、自信を持って内見に挑むのが理想でしょう。

内見してみないとわからないものの上位に、「眺望」、「日当たり」があります。この2点

について は、内見に行ってみたら全然よくない、ということが多々あります。（不動産広告の写真はなるべくいい状態の時間や角度などで撮影していることが多いため）

そういったことをなるべく事前に防ぐためにも、今の時代だからこその手法を使いましょう。Google Map／Street Viewでは地図情報のみならず、3D機能を使うことで、周りの建物との関係を加味しながら、気になる物件のおおよその高さを確認することができます。

そのため、「このマンションの7階からだと眺望がよくないかもな」ということも事前に想定することができます。眺望がちょっと不安かもという場合は階数・方角と合わせて確認することで、「内見に行ってみてがっかり」ということを極力減らせるようになるでしょう。

「次にこれが、内見に行ったときのチェックポイントね。もちろん全部細かく見ないといけないというわけではないけど、『どこを見たらいいかわからない。どうしよう』ということはなくせるはずだ」

内見時チェックポイント ★★★

初めての内見の場合、物件のなにをどう見て判断したらいいかわからないという人が多いです。賃貸のときにも同じ経験をした人がいるのではないでしょうか。

住宅購入の場合は賃貸以上に、その物件と長い付き合いになるため、より慎重なチェックが必要です。次に網羅的なチェックポイントを挙げていますが、もちろんこれを毎回の内見ですべてチェックするのは大変ですが、購入を前向きに検討する物件においては抜けもれなくチェックしたいところです。当然、不動産営業・エージェントに一緒にチェックをしてもらうことが必要です。

見るべき項目を挙げるとキリはなく、さらに物件種別やタイプによって重要度も変わってきますが、あくまで候補として以下を把握しておきましょう。

室内

・フローリングの浮きやきしみはないか
・日当たりはどうか
・各窓からの眺望は良好か。もしくは隣家と目が合う箇所はないか
・リビングの風通しはどうか

・キッチンから洗面所への家事動線で生活がイメージできるか
・外からの臭いや騒音は問題ないか（中古物件で空室が長い物件の場合、下水の臭いが上がってきてしまい嫌な臭いがすることがありますが、水を利用しだすと消えますので特段心配する必要はありません）
・クロスの剥がれやシミなどがないか
・天井の高さで不便なほど低いところはないか
・携帯電話の電波はしっかりとあるか
・ベランダの床、壁に大きなひび割れなどはないか
・収納は生活に対して十分か
・電気スイッチやコンセントの位置は使いやすそうか
・洗面所やトイレなどの段差は気にならないか（ある程度あるのは仕方ないです）
・キッチン・トイレ・お風呂・洗面台などに大きな傷や汚れがないか（水を出せたりするわけではないので、その点は売主からの報告書を確認）
・収納など、カビ臭い部分はないか
・部屋の傾きがないか（スマホアプリで確認可能）、ドアや窓がスムーズに開閉できるか
・玄関やドアから隙間風が入ってこないか
・床にストレスを感じるような傷はないか

・階段にきしみがないか

マンションの共用部（主に中古）

・廊下に傘や荷物など、管理規約に反してものを置いている人はいないか
・ゴミ捨て場は整理整頓されているか
・管理人のいる時間は何時か
・切れたまま放置されている電球などはないか
・掲示板にはどのような内容が掲示されているか
・タワーマンションの場合、共用施設の場所や利用時間・利用料はどうか
・エレベーターを待つ時間が長すぎではないか
・駐車場の入れやすさ、機械式の場合は出し入れにかかる時間はストレスがかからないか

戸建ての場合（主に中古）

・外壁や基礎にひび割れがないか
・外壁の塗装の劣化はどの程度か
・駐車場に自身の車は問題なく入るか。また大通りからのルートはどうか
・隣地から越境しているものや大木はないか

・塀の崩れなどはないか。境界を越えていないか
（中古戸建ての品質のチェックは専門家以外には難しいため、不安に感じる場合はインスペクション（住宅診断）を依頼することも有効です）

周辺環境

・駅や主要施設への徒歩分数は表記と大きく異ならないか
・通学路や駅までの道のりはストレスがなく歩けそうか
・コンビニやスーパーなど生活がイメージできそうか
・バス利用の場合は、平日・休日それぞれの運行状況はどうか
・周辺に騒音が気になりそうな施設はないか

実践となるとこれまでの思考法とは違って話は非常にスムーズだった。というよりも灰島の言っていることを完全に理解できるところまで自分のレベルが上がっている実感があった。

「さぁ、今日はこれでおしまい。これからはついに本当の家探しの実践編のはじまりだね。頑張って。二人ならきっとうまくいくよ」

「はい、おかげさまで、すごく自信があります」花が答える。

「家探しの最初は本当になにも知らずに進めていたんだなと今になってわかります。本当にあ

りがとうございます」花と僕は立ち上がってあらためてお礼を伝えた。

僕と花は灰島と別れたあと、いくつか駅前を歩きながら不動産会社を外から眺めた。意外と不動産会社はあるもので、家に戻ってからいくつか気になった会社のことを調べてみた。

そのなかで1つ印象に残ったところがあった。そこは「高松不動産」という名前の中規模の不動産会社だ。ウェブサイトを見てみると営業担当の紹介がそれぞれ写真つきで載っている。思ったとおり、バリバリの不動産会社というよりは、地域の人たちに丁寧に対応するのが売りみたいだ。

なにより、自分たちと同じくらいの年齢の営業担当や幼い子供を持った営業担当が多そうで、子供が生まれることを前提に家を探している僕らにとっていい話が聞けそうな期待感があった。

また、購入者へのインタビュー記事もあり、灰島から教えてもらった知識・経験値や顧客本位さをうかがえる内容だった。灰島のレクチャーも終えたばかりで、疲れていないわけではなかったが、それ以上に習ったばかりの「不動産営業・エージェントとの関係の築き方」を実践してみたくて、サイトに書いてあった番号に電話をかけた。

スムーズにアポイントを取れて来週の土曜日に早速、花と二人で高松不動産に行くことになった。

「お待ちしておりました」

お店の入口をくぐると明るい声で話しかけられた。

「青井様ですね」

「そうです。今日はお願いします」

こちらから名乗る前に名前を言われて少しだけ驚く。どうやらこの時間の予約は僕らだけのようだ。

「こちらこそよろしくお願いします。早速ご案内しますね」

そう言われて、打ち合わせブースに案内され、1分ほど待っていると営業担当がやってきた。

「はじめまして。高松不動産の小原と申します」

僕らよりも年上の男性が名刺を渡してくれる。サイトにも載っていた子供が二人いる家庭を持つ人だ。身だしなみは整っているが、ギラギラした様子はない。

「今、住宅購入を検討されているということで、弊社にお問い合わせいただきありがとうございます。お二人のことを精一杯サポートさせていただきますので、何卒よろしくお願いいたします」小原は丁寧に頭を下げて椅子に座る。

「それで、お二人がどのようなお住まいを希望されているか、いくつかお話を聞かせていただいてもよろしいでしょうか」

「はい。条件をいくつかまとめてきまして……」僕は花と二人でつくった条件や資金についての資料を小原に見せた。

「おぉ……！　すごいですね……。ここまで考えていらっしゃる方はほとんどいないので、非常に助かります。まずは拝見しますね。ちなみにですが、今回は家探しを少し前にはじめられて、あらためて動き出そう、という形ですかね？」

「は、はい。まさにそうです。よく、わかりましたね」

「いえいえ。そんな気がしただけです」この時点で彼の経験と洞察力の高さがうかがえた。

小原は真剣な表情で資料に目を通す。

「ありがとうございました。お二人の考えがよくわかりました。細かいところは今後も聞かせていただくかもしれませんが、まずはこの資料に沿ってご提案させてください」

「よかったです。ご提案いただく前に、僕らからも1点いいですか？」

「もちろんです。なんでもおっしゃってください」

「家探しをするのに大事なことは何だと思いますか？　不躾な質問かもしれないのですが」

「そうですねぇ……、ちょっと考えてみてもいいですか？」

「ええ、もちろんです」僕が答えると小原は上を向いて10秒ほど思考を巡らせた様子を見せる。

「もちろん大事なことはいろいろあるかと思いますが、一番は『丁寧さ』ですかね」

「丁寧さですか」

「はい。これまで多くのお客様を担当させていただき、自分でも家を買ったときに思ったのですが、条件であれ、お金のことであれ、スケジュールであれ、しっかりと1つずつやるべきことを潰していくのは大事かと思っています。当たり前のことですが」

「なるほど」

「加えて、それは我々が意識していることでもあります。私は長年この地域の方々にお世話になってますから、雑な仕事はそのまま地域の方々からいただいた恩を仇で返す形になります。悪い噂もすぐに広まってしまいますし。その意味で、丁寧に住宅購入のサポートをするというのが、私の考え方です。そのため、ときには遠回りになってしまうこともあるかもしれませんが、その方を最適解へ導けるようなサポートを心がけています。……ご質問の答えになっていますでしょうか」真摯に質問に答えた小原の目は真剣だ。

「ありがとうございます。安心しました。ぜひ小原さんにご相談させてください」

「そう言っていただけてよかったです。その代わりと言ってはあれなんですが、私からもお願いが1つあります」

「なんでしょう」予想外の展開に、思わずつばをのみ込む。

「今後、いろいろな提案を私からお二人にするときに、嫌だなと思ったことやわからないと思ったことははっきりと言ってください。たまに提案を受け入れてくれたと思っていたら実は気にしていて、最後にダメになってしまったり、知らないことをそのままにして我々と足並みが揃わなかったりということがあります。せっかく、こうしてお二人に時間をいただいているのに、ダメになってしまってはもったいないですから、そこは遠慮なく言ってください」

「わかりました。遠慮なく言わせていただきますので、小原さんも同じように私たちに接してください」

「承知しました」

過度に僕らを持ち上げるわけでもない小原の真摯な対応は信頼できるものであると僕は判断した。隣の花を見ても僕と同じように感じているようで夫婦での足並みも揃った。

「それで、早速ですが、まずは大きな所のご相談です。お二人はマンションを優先的に考えているとのことですが、予算などを考慮すると、基本的には中古マンションを探していくという形になります。人によっては中古と聞くと敬遠されるかもしれませんが、そのあたりはいかがでしょうか」

「たしかに、少し大丈夫かなという気持ちはありますが、有効な選択肢を増やせるならぜひ、お願いします」

「ありがとうございます。中古といっても築年数によって大きく異なりますので、そのあたりは内見をしながら擦り合わせていきましょう。先ほどもお伝えしましたが、気になることがあれば遠慮なく言ってください。まずは売りに出ている物件すべてのなかから、お二人の条件に合いそうなものを絞り込んでいきます」

そう言って小原はいくつか物件資料を見せながら、それぞれどんなところがいいか提案をしてくれた。中古マンションに対する不安がないわけではない僕と花は小原にいくつか質問をしながら条件に近い物件をいくつか選んでいった。

中古マンションにまつわる誤解と本当の注意点 ——★★☆

現在首都圏では売買のうち半数以上が中古物件の取引です。特に、中古マンションの取引は年々増えているのが実態です。とはいえ、新築マンションを主に検討している方からすると、中古物件は古臭く、また購入が難しいと考えていることが多いのも実態です。ただ同時に、実際検討を進めていくなかで予算の都合から中古マンションに移っていく人もとても多いです。もし皆さんも同じ状況になったとき、判断に迷わないようにするためにも新築派の方々が持っている誤解をここで少し解いていきたいと思います。

まず、「古臭さ」に関して言うと、たしかに新築マンションに比べると中古マンションは築年数が経っていることは避けられない事実です。しかし、**「築年数＝古臭さ」ではありません**。人にたとえるなら、同じ40歳でも生き生きとした人もいれば、少しくたびれた感じがする人もいるように、マンションは管理・修繕状況によって状態が大きく変わります。外壁・エントランスの修繕によってマンションの外観の印象は変わります。さらに、ドア・窓も修繕が行われていれば、なおさら新しい印象を受けるでしょう。また、人間で言う血管にあたる、給排水管についても、中古物件は危険だと切り捨てるのはよくないでしょう。

目に見えない給排水管は、表面的なリフォームでは直せないため、マンション全体の管理組合によるメンテナンスが必須になります。通常では築20年程度経過した際の大規模修繕でメンテナンスが施されるため、中古だから危ないと決めつけるのは得策ではありません。

ですから、「築年数が古いマンション＝すべて古臭い」ではないことを意識しておくといいでしょう。

また、中古マンションならではのいい点もあります。新築マンションはこれから建つ物件を検討し購入すること（竣工前購入）がほとんどですが（完成後に販売される竣工後販売物件も一部あります）、中古マンションは既に建っている物件であるため、そこの住民の暮らし方、実際の眺望、日当たり、風通しを購入前に確認することができます。

そしてもちろん、新築から時間が経っているので、その時点までどのような管理が行われているのか、今後どのような計画が立っているかなどもわかります。そういった観点では、ある意味これから建つ物件を手に入れるより、既存のものを買ったほうが、リアルな情報を得られるという観点では、リスクが少なく安心であるとも言えます。

最後に、中古マンションは余計な諸費用がたくさんかかる……という話をされる方もいます。中古物件の購入の際、多くの場合で仲介手数料が発生する一方で、新築マンションはかからないことが多いためです。その点から中古マンションは不利であるという人もいますが、それも実は誤っています。

たしかに、仲介手数料は一般的に法定上限として売買価格の3%+6万円に消費税をかけたものが発生します。もちろん決して安いものではありません。一方でそれがかからない新築マンションはお得だと思われがちですが、新築の場合は、建物価格に対して10%の消費税があらかじめ含まれたものが購入金額となっています。そのため新築マンションと中古マンションで費用面での違いは実は大きくないというのが実態です。

また、中古マンションは選択肢が多く、自分に合った物件を選びやすい点が魅力です。新築マンションは東京都で言えば同時に60~70のプロジェクトがありますが、中古マンションは販売数で2万戸を超え、選択肢の多さは新築に比べて圧倒的です。選択肢が多い分、探す手間や意思決定のハードルが上がる部分はありますが、そこは、不動産営業やエージェントをうまく活用し、一緒に家探しを進めることがポイントです。

最後になりますが、これらは、中古マンションだからいい、新築マンションだからダメという話でありません。大事なのはその物件の条件・特徴と皆さんのライフスタイル・条件面がマッチしているかどうかです。新築派・中古派という議論はそもそもおかしく、両方のメリット・特徴を理解しながら、最適な購入を進めていくことが住宅購入の本質です。新築・中古のメリット・デメリットを理解して判断をしていきましょう。


「いろいろ好みなど教えていただきありがとうございます。それでは、まずはこの3軒を検討してみるというので決まりですかね」

「そうですね。ぜひお願いします」

そう言って僕と花が見に行くことを決めたのは、駅までの距離はほぼ同じだが、築年数の異なる3つの物件となった。

「細かいところはこれから確認となりますが、このうちの1つのグローレヒルズは空室なので今日見に行けると思います。このあといかがでしょうか？　ハードですかね？」

「いえ、大丈夫です。ぜひ行きたいです」

「ありがとうございます。残りの2つのマンションは居住中のため、今日中に見に行くのは少し難しいです。もし明日行ければ明日に、明日が難しければ来週に見に行きましょう。明日と来週のご都合もお聞かせ願えますか？」

明日と来週のスケジュールも確認しながら、手早く内見の手配を小原は進めていった。

青井家が検討している物件一覧

	価格	築年数	広さ	間取り	駅距離	備考
クロスマンション東塚	6880万円	12年	71.89㎡	2LDK+S	8分	居住中
パレス西町	6280万円	25年	66.35㎡	2LDK	7分	居住中
グローレヒルズ	5880万円	32年	74.50㎡	2LDK	10分	リノベーション済

「お待たせしました。では、本日は1軒の内見になりますが、行きましょう。以前、内見でどこを見ていいかわからないということでしたので、今日はマンションの内見ポイントもお伝えしながら進めていきましょう」

🏠

小原の運転する車で20分ほど移動し、1軒目の内見であるグローレヒルズに到着した。築年数は30年を超えているため、外観とエレベーターには少し古さを感じる。

小原に案内され僕らは物件のなかに入った。リノベーション済み物件ということで、内装は真新しい。僕らは灰島から教わった内見ポイントを押さえながら、玄関からリビング・キッチンまで見て回った。60㎡超としている絶対条件からすると、この物件は70㎡を超えており、リビングは開放的な印象を受ける。

僕はさらに灰島から教わったことを思い出して小原に質問する。

「この物件どうですかね」

「そうですね。住むという面ではいいと思います。一般的な設備もすべて揃っていますし、面積も十分あります。ただ、お二人が重視されている資産性の面では、それなりに欠点があるかなと」

「どこですか？」

「現時点で2点あるように思っていて、1つは駅からのルートです。駅からのルート的には駅から徒歩10分とまぁまぁな条件ではありますが、なんせ信号が多い。しかも大通りをまたぎますから、ベビーカーやお子さんを連れて歩くのは大変です。実際には徒歩10分以上はかかる印象がありまして、仮に売却を考えたときには少しネックになるかなと」

「たしかに、車だと大通り沿いなんで便利そうですけどね」

「そうなんです。ただお二人がお車を考えていないことを考慮すると、そもそもの居住性も下がりますし、資産性としてもダメージかなと」

「なるほど……、もうひとつはなんですか？」

「日当たりです。これはかなり致命的かなと思ってまして、聞いていたよりもリビングが暗い印象を個人的には受けています。午後に見にきてよかったです」

「それが資産性にどう影響があるんですか？　居住性ならわかりますけど」花が小原に質問する。

「実は非常に大事です。戸建とも共通するところがありますが、資産性を見極めるうえで大切な点があります」

資産性のある物件に共通するポイント ――★★★

物件の資産性（将来にわたって価値を維持しやすいか）を見極めるうえで最も大事になるのが、「古くなっても価値が変わらない点があるか」ということです。つまりは、古くなっても住みたいと思える人がいたり、リフォームしても変えようがないところが資産性を保つポイントです。

具体的には3つのポイントで判断できるので覚えておきましょう。

将来の価値を維持しやすいポイント

①立地

②占有部

③共用部（マンションのみ）

① **立地**

駅近はもちろんのこと、人口・世帯数が大きく減らない街かどうかは大きなポイントです。仮に駅の目の前だったとしても、利用者が少なかったり、そこの街の魅力自体が少ないと当然資産性は下がります。数年後の街の雰囲気もリサーチ、イメージすることが重要です。

また立地でいうとなにより駅からの距離が重要な指標になってきます。結論から言うと、駅距離が近いほど、将来の価値は維持されやすいです。資産性重視で購入する場合は、できる限り駅徒歩10分以内を目安に検討するのがいいでしょう。

② **占有部**

戸建ての場合は家全体、マンションの場合でもその住戸そのものとして考えることができます。前述したとおり、資産性＝変えようがないものですから次の3つの観点を確認しましょう。

- **日当たり**
- **通風**

これらの3つは、自分の力だけではどうにもなりません。逆に、それ以外の部分は、概ね将来的なリフォームで改善できる可能性もあります。それほどに、この3つだけはリフォームしても劇的に改善されることはありません。日当たりや眺望（主にマンション）がいい物件を持っていれば、古くなっても、リフォームすればいいだけだから住みたいと思う人は出てきます。大事なのは、現在の綺麗さに惑わされるのではなく、家の本質のところに目を向けることです。

日当たりについては必ずしも南向きである必要はありませんが、主採光面（一番窓が大きいところ）の前に日当たりを遮るような建物がないか（もしくは今建てていないか、現状わかる建築計画がないか）を確認しましょう。また、古い物件に多いですが、窓の位置が低い場合も方角によっては日当たりが悪くなりやすいので確認が必要です。

通風については、理想は一直線で風が通るような間取りが理想的です。ただ、角度がついてしまっていても問題ありません。一方で、大通り沿いや高速に近いという理由から、騒音や排気ガスの影響で窓を開けづらい家や、前にビルが立っていて風通しが悪い家は慎重に検討することが大切です。

・眺望

最後は眺望。これは好みにもよりますが、座った状態で空に向けて目線が抜けるような眺望が理想的です。逆に目の前にビルがある訳ではないが、窓から空が見えにくい部屋、となると開放感を感じにくくなります。

と、ここまで言っておいてなんですが、すべてが100点満点の完璧な家はありません。程度の問題はあります。チェックポイントを理解したうえで、自分として許容できると思えれば、将来売却するにしても次の人が同じように思ってくれる可能性は多々あります。しゃくし定規な考え方になりすぎないようにしましょう。

③ **共用部**（**マンションのみ**）

マンションの場合、自分が生活するスペースを専有部、それに対して住民全体で保有している部分を共用部と呼びます。（ちなみに窓やバルコニーも専有共用部と言って、勝手に変えられないようになっています）マンションは共用部の価値が下がってしまうと、どうしても自分の物件の将来の資産性に対しても影響を与えます。そのため、共用部に対するポイントも重要です。マンションの資産性を保つために避けるべき物件のポイントもここでマスターしましょう。こちらも主に2つです。

自主管理（**修繕計画が整っていない**）

前半で紹介したこととやや重複しますが、大事なことですので、もう一度しっかり復習しましょう。

通常、マンションや集合住宅は、その住民で構成される理事会がマンション管理会社に管理を委託し、健全なマンションを保てるように管理を行います。

一方で、外部に委託せずに、住民／理事会のみで管理を行う物件を自主管理物件と言います。DIY的な感じでいいねと思いきや、そんなに甘いものではありません。

マンションは住民たちだけで管理するには限界があります。なぜなら多くの人が、仕事や自分の生活があるわけで、やる気はあってもマンション全体のことまで手が回らないからです。

そのため、管理会社がプロとして関わっていて、きちんとした修繕計画が整っているところがいいでしょう。その点では、修繕積立金が上がる予定があるマンションのほうが、実は真剣に未来に向けて管理がなされていることは多々あるのです。逆に修繕積立金が極端に安すぎるマンションには注意しましょう。

総戸数が少ない（30戸以下）

単純に住んでいる人が少ないということです。大きな村よりも小さな村のほうが村は貧しくなるリスクが高い、というのは想像しやすいと思います。これと同じで大きなマンションほど、管理費や修繕費などが多く集まるため、その分将来の修繕に対する準備も進み

**戸数規模別リセールバリュー
（首都圏　築10年中古マンション）**

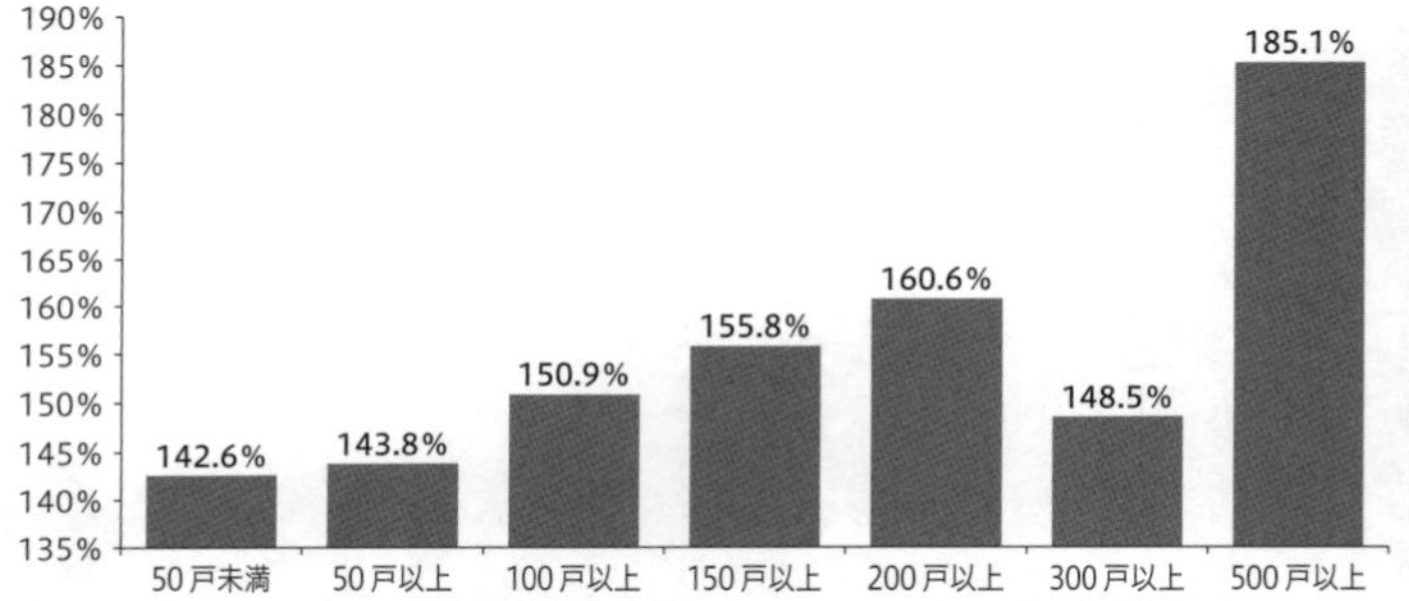

※2012年1月～2014年12月に新規分譲され、2023年1月～2023年12月に中古流通した分譲マンションを対象に新築分譲価格からの価格維持率（リセールバリュー）を算出
※専有面積30㎡未満の住戸および事務所・店舗用ユニットは集計から除外
※首都圏は1都3県（東京都、神奈川県、埼玉県、千葉県）が対象
出所：東京カンテイ（2024）

ます。一方で総戸数が少ないマンションは、エレベーターを修理するとなっても、住民数が少ないため1住戸あたりの負担は大きくなります。統計的に見ても、総戸数があるマンションほどリセールバリューが高いという結果があります。

加えて、さらに人が出て行ってしまったときは一人当たりの負担がどんどん大きくなっていきます。街の人口ともリンクしますが、総戸数からも物件の雰囲気を掴むようにしましょう。

総戸数の目安は、30戸以上かどうかです。総戸数30戸以下のマンションはあまりおすすめではありません。専有部や共用部への関心が高い方は多いのですが、総戸数は意外と見落としがちなことが多いので要注意です。

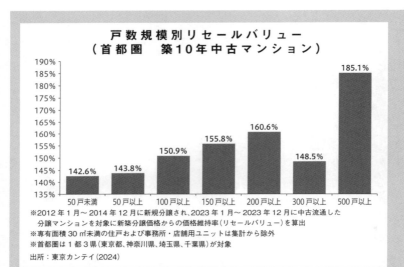

「こんなところですかね。なので、ファミリー向け物件でありながらリビングの日当たりがあまりよくないこの物件は正直イマイチかなと」

「そういうことなんですね。基準を含めて教えていただいて助かりました」花は言う。

「この感じだと、ここは見送りですかね」僕はここまでの話を聞いて小原に聞いてみる。

「そうですね。お二人のなかで優先順位が高いポイントとはズレがあるように思います。もちろんいい物件ではあるので、おすすめはしたいところなんですが、僕がお二人の立場なら次にいきます」

「ですよね。資料も見てみますが、ちょっと違うかなとは思っています」

「わかりました。まだ来週もあるので、1つずつ見ていきましょう。もっといいところがあると思いますし、私もほかの物件を探しておきます」

「ありがとうございます」

「それで、今から会社まで戻りますが、次回2軒目の内見に行く前にローンの事前審査の手続きを進めておけたらと思うのですがどうでしょうか？　早めだと安心もしますし、いざ申込みとなった場合のスピードとしても有利です」

「はい、事前審査は早くやろうと思っていたので、ぜひ進めたいです」

最終的に次回の内見は1週間後となり、その日は解散となった。

ピリリリリ。僕は灰島に電話をかけていた。相変わらずこの人に連絡をするときは少し緊張して背筋が伸びる。

「灰島です」

「あ、灰島さん。青井です。突然すみません。今大丈夫ですか？」

「うん。大丈夫だよ」

「先日、1軒目の内見に行ってきて、営業担当の人もいい感じでした。教わったいいエージェント像にも当てはまる、信頼できそうな人です」

「それはよかった」

「1軒目の物件は少し不安な部分があって見送りになったのですが、それで今週末にもう2軒の内見に行く予定になりました。その手前でローンの事前審査もする予定でして、なにか注意するポイントとかありますか？」

「教えたことを実践できていて素晴らしいね。このまま電話で簡単に説明すると次のとおり。事前審査だからまだ大丈夫だけど、早めに意識しておいて」

住宅ローンで失敗しやすい2つのパターン ★★★

住宅ローンの失敗とはなんでしょうか？

ズバリ答えると、その人に合った、もっといい条件のローンを組むべきなのに、それを知らずに、もしくはそれがわからずに、最適ではないローンを契約してしまうことを失敗として定義できます。その意味ではローンの金額が大きいからダメ、金額が小さいからいいということはありません。「自分に合っているか」が最大の基準です。

物件価格によりますが、標準的な物件価格（5000万円程度）だとしても、0・2％金利が異なれば35年間換算で250万円ほどの支払いの差が出ます。もちろん金利差が大きければそれ以上です。

とはいえ、住宅ローンで大失敗ということはほとんどありません。基本的には家を買うために使うローンですので、ローン自体で大損したり、返せなくなってしまった、というのはローン選びのせいではなく、資金計画やそもそもよくない物件を買っているのが原因ですので、過度に不安がることもありません。

ただし、もちろん、せっかくの大きな買い物なので少しでもリスクを抑えたいという人は、次の失敗例を参考にしてください。

住宅ローンの失敗例①　営業担当任せで自分で比較しない人

1つ目は、営業担当任せで自分で考えない人です。

不動産の営業担当にとっては住宅ローンは正直、（審査が通るならば）どこでもいいと思っている人が多いです。なぜなら、どのローンでも自分の利益にはならないためです。

もっと言うと、営業担当にとってなるべく楽な住宅ローンを選びたい、選んでほしいという心理が働きます。当然ながらその場合は、自社で提携しており、審査手続きが楽で通りやすい銀行が選ばれることになります。

不動産会社にとって銀行のローン提携とはなにかというと、銀行側に担当窓口がついてメールや電話でやり取りができる。また優遇金利を受けやすくなるというメリットがあります。そのため、中規模程度の不動産会社では、1社や2社、多くて3社くらいですが、この提携銀行のなかからローンの借入れ先を選ぶ形となります。それがなぜよくない可能性があるかというと、ここ最近の低金利の有力選択肢であるネット銀行が使えない（提案されない）ことが多いためです。

なぜなら、ネット銀行は金利が安くてとてもお得ではありますが、同時に審査に時間がかかることが多い・本審査で落ちやすい・提携していない限り審査状況が不動産会社側には見えないなど担当者としてもコントロールがしにくいローンという特徴があります。結果として、金利は安いですが、やはり不動産会社からは敬遠されがちな存在になります。

ただ、ネット銀行は店舗を持たない分、審査に通れば金利が圧倒的に安いのはたしかです。特に勤務先が大手である、勤務歴が長い、ほかの借入れなどがないなど、いわゆる「審査上属性がいい人」ならば必ず検討してほしいローンです。ただ、不動産の営業担当任せだとおすすめされにくいということは知っておきましょう。

自分で知識を持ち、比較検討し、ネットも都市銀行系もちゃんと審査を出しながら、自分で判断していく。手間はかかりますが、そんな思考法が求められます。

また、各銀行の違いについては後述します。

住宅ローンの失敗例② 初期費用の安さでのみ考えてしまう人

もう1つ失敗しやすい人の特徴は、短期視点のみで考えてしまう人です。逆を言えば長期目線で考えない人とも言えます。

こういった人がなぜ失敗しやすいのかというと、ローンというものは35年間の話です。繰り上げ返済や売却などもあり今の住宅ローンの平均返済期間は11年と言われていますが、多くの人は35年間丸々とは言わないまでも、少なくとも10年以上は組むという状況です。そのため、直近の目線だけで考えてしまうのは非常にもったいないです。1つ例を挙げると、ローンには初期費用というものがあります。初期費用は当然安いほうがいいですが、同時に初期費用が安いローンは金利が高いことがあります。

銀行もビジネスですので、収益を取っていくなかで手数料が安い、初期費用が安いことを売りにしながら、金利を高くしている銀行もあります。もちろん短期で売ろうと考えている人にとっては初期費用が安いほうがいいですが、長期で見ると損をしてしまうこともあるので注意が必要です。自身が想定している居住年数でシミュレーションを行い、お得なほうを選ぶようにしましょう。

一般的には初期費用はローン借入額の2・2%かかり、初期費用を抑える場合金利が0・2〜0・25%程度加算されることが多いです。その場合、7年未満で売却をする場合は初期費用を抑えたほうが得になり、それ以上住む場合は金利を抑えたほうがお得になります。

加えて、もう1つの観点が保険です。住宅ローンを組むと基本的には団体信用生命保険(団信)というものに同時に加入します。これは借り手がもし亡くなったときにローン残債がゼロになる、という性質の保険です。これをベースに、これよりもさらに手厚い保険がつく住宅ローンの付帯保険というものもあります。たとえば、死亡しなくても、がんと診断されれば残債がなくなる、もしくは残債が半分になる、といった保険です。

これは皆さんが、もし住宅を購入したあとに医療保険や生命保険に入る際、その保険料をわざわざ払うよりは、もちろん住宅ローンに組み込まれているほうがお得ですよね。仮に金利が0・1%高かったとしても、ローンに組み込まれている保険の分、結果的には保険がついているローンのほうが安いということもありますし、保障内容も入院や手術で数百万円受け取るよりも、ローンの残債4000万円が綺麗になくなる、というほうがインパクトは大きいです。

このように住宅ローン選びとは、今の金利や直近の支払いの話だけではなく、将来の自分の健康不安やリスクに対する備え、それに対する保険、それらをどのように読み解くかによって最適解は変わってきます。審査に通りやすい人はネット銀行で組むのがいいですが、必ずしもそうでない人は、さらに選択肢も複雑化してきます。

また、保険の内容をいちいち比較するのも難しいので、やはり、住宅のプロにしっかり相談するということが大事になっています。

ここまでの話でおわかりのとおり、組むだけならただの事務作業ではありますが、ローン選びは簡単ではありません。必ず現行のローン事情に強い不動産営業やエージェントを活用するようにしましょう。

「だから、最終的にローンを組むときは僕とも相談しよう。今回は事前審査だから、予算よりも少し高めの家で審査すればどこの銀行でも大丈夫だから」

「わかりました」

「それじゃあ頑張ってね」

🏠

翌週、僕と花は小原に連れられて中古マンションを見にきていた。残り2軒のうちの1軒目だ。

パレス西町

6280万円　築25年　専有面積66・35㎡　間取り　2LDK　駅まで徒歩7分　現在居住中

新築戸建てを検討していた過去もあるがゆえに、マンションに関してはまだ「中古」というところが正直少しだけ気になっていなくはない。「着きました」という声のあと、小原の車を降りる。目の前にあるマンションは資料で見ていたよりも古臭い印象はない。

「こんにちは」エントランスですれ違った親子は気持ちよく挨拶をしてくれて、どうやら住人の雰囲気はよさそうだ。

「売主様は気を遣って外出してくれていますので」

そう言われて案内された部屋に入ると居住中というだけあって、家具や家電が並んでいる。

おそらく少しご年配の家庭であろうか。生活感があるが、逆に言えば自分の生活をイメージしやすい感じもする。

「小原さん。中古マンションも選択肢として悪くないとはおっしゃってましたけど、中古マンションに限った内見ポイントってあったりするんですか？　少し古い気もしてしまって」僕は思ったことをそのまま伝える。

「そうですよね。戸建てと重なるところもありますが、中古マンションを見る際のいくつかのポイントを説明しますね」

中古マンション内見のポイント

日当たり、通風、眺望は戸建てと共通していますが、中古マンションのほうがより住戸によって差が大きいです。部屋の内見をする際、まずはこの3点についてしっかりとチェックをしましょう。前述したこれらの内見時チェックポイントに加えて、中古物件を見る際の心持ちのポイントが2つあります。

①見た目の印象に惑わされすぎない

中古物件は新築に比べると部屋に使用感があるのは当然です。またマンションの場合は、ほとんどが居住中なので、家具や家電が設置してあります。そのため現所有者の暮らし方で専有部の印象が大きく変わります。ですから、家具や家電の設置に惑わされないようにすることがポイントです。荷物の多さや整理整頓具合も現所有者によって大きく異なりますので、収納の奥行なども内見では把握しづらいケースもありますが、間取り図や寸法を参考に、自分たちが住む場合のイメージをしましょう。

また、築年数によっては、部屋をパッと見たとき「古い」と思うかもしれません。その印象に大きく影響を与えているのが、壁と床の2つです。しかし、中古物件の場合、入居時に壁と床を張り替えることがほとんどの場合可能です。加えて、この2つを替えるのは大きなリノベーションにもならないため、費用も抑えつつ部屋の印象をグッと新しくすることができます。

そのため、中古物件の内見に行く際は、現在の様子や間取り図からわかる寸法をもとに、どこをリフォームすれば自分が納得する家になるのかを考えると、内見時の見た目の古さに惑わされることなく、部屋のポテンシャルを見極めることができます。

②「いい管理」と「最低限の管理」どちらの物件か見極める

繰り返しになりますが、中古マンションを見極める最大のポイントは「管理」です。管理と聞くと少し保守的なイメージを持たれる人もいるかもしれませんが、マンション管理の場合、管理は2種類にわかれます。それが「積極的な管理」と「最低限の管理」です。

最低限の管理とは、一言で言うと「マイナスをゼロにする管理」です。たとえば、電球が切れたから交換する。塗装が剥がれてきたから直すなど、必要になったから手を加えるといったものが最低限の管理です。

対して、「積極的な管理」とは「ゼロやマイナスをプラスにする管理」です。積極的な管理ができる物件は時間が経っても資産性を維持でき、居住性の面でも利便性が高くなります。たとえば、次のようなものを取り入れられている物件は時代に合わせて変化ができている証拠なので、内見の際にチェックしておくのがおすすめです。

・サッシの交換（築30年以上の場合）
・テレビ付きインターホン
・宅配ボックス

こういった、なくても生活できないわけではないが、あると嬉しい機能や仕組みを時代に合わせて取り入れているかが大きな判断基準になり得ます。

しかも、こういった機能を導入するにしても、「入れたい」と言って簡単に導入ができるわけではありません。管理組合がしっかりしていなければ、こういったアップデートは合意形成すらできないので、そのマンションの住民の意識も推し量ることができます。

また、積極的な管理がされているかどうかは共用部に表れるものです。掲示板にどのような内容の伝達が貼られているか（たとえば、ベランダ内の喫煙禁止を呼び掛けているということは、喫煙をする人がいる／いたということ）は確認すべきですし、駐輪場やゴミ捨て場といった住民が全員で使う場所の状況などは実は築年数によらず、管理の良し悪しによって決まるポイントです。室内のみならず、共用部も忘れずに確認するようにしましょう。

まとめると、**中古マンションの内見の際には、今の状態の部屋（占有部）のイメージに惑わされるのではなく、マンション全体の方針を読み取る意識が大切**です。

「こういう視点で見てみるとたしかに部屋の印象が変わりますね。全体的にすごく広いと言うわけじゃないですが、条件は結構揃っている気がして」花は言う。

「そうですね。設備面は充実しているほうかと。加えて、広さも個人的にはちょうどいいのではないかと思ってます」

「ちょうどいい広さ？」僕は小原の言葉が引っかかって質問をする。

「はい。これは中古に限った話ではないのですが、大きい部屋だと、いざ売却となったときに人を選んでしまうリスクがあるんですよね。もちろんいい面もたくさんありますが」

「リスクがあるんですか？」

「お子さんがいない夫婦が二人で買うとか、定年後の夫婦で買うとなった場合に広すぎる家は選択肢から外れてしまうんですよ。こんなに広さはいらないし、広い分値段も高いしって。なので、お二人のように資産性も重視される場合はこのくらいの広さの家だと売却の際もいろいろなターゲットの方へ売りやすくていいんじゃないかなと思った次第です。これなら広く使いたい単身の方も頑張って買うこともできますし、まだ幼い子供がいる四人家族も購入の対象に入ってくると思います」

「なるほど。広いほうが資産性が高いってわけではないのか」

「はい。資産性とは「売りやすさ」でもあるので、少し平米数が小さくても、快適に過ごせる間取りや動線ならば、お得感が出てきます」

「じゃあ、小原さん的にはありですか？」

「そうですね。今すぐ決めていただく必要はないですが、合格はつけていいかと思います。しかもこの部屋からだと、城東川の花火大会も見えるはずなので、居住性の意味でも思い出ができる気がします。あくまで些細なことですが」

「あ！　たしかにここからならよく見えそうですね！」

その後、僕と花は小原に教えてもらったポイントを意識しながら内見を済ませた。もう1軒のクロスマンション東塚の内見もスムーズに終えて、高松不動産に戻った。

「どうでしたかね」打ち合わせのブースに入ると小原が僕らに尋ねる。

「僕はまず中古マンションも悪くないなと思いました。最初は新築戸建てを見てたので、実は正直どうなのかなとちょっと不安な部分もあったのですが、いろいろ教えてもらったこともあり、戸建てよりも僕らに合ってるんじゃないかなとは感じています。花は？」

「私も同じかな。あとは先週のリノベ物件は広いし収納も多くていいなと思ったけど、それは絶対条件じゃないし、工夫でどうにかなるかもって思いました」

「ありがとうございます。実は私もお二人と同意見でして、中古マンションで固めつつ、無駄なく暮らせるような住まいがお二人には合いそうだと考えています。気にされていた中古感は、うまくリフォームすれば印象は変わりますし、たとえば最初から壁と床は替えるということを念頭に置いておけば予算もしっかりと調整ができますのでクリアできるかと」

「ありがとうございます。このあとですが、おそらくほかの物件も見られますよね？」

「はい。できればもう少し見たいです」

「承知しました。お二人の条件に合うようなところをいくつか探しておきます」

こうして僕らは中古マンションに方向性を固めた。その後、僕らはローン事前審査の書類を提出し、高松不動産を後にした。

見に行ったのは白濱の住んでいたような華やかなエリアでもなく、花が読んでいた雑誌のようなおしゃれさがあるわけでもない物件だ。それでも不思議と「これでいい」と思えたことが、僕らの正解に近づいている証拠に思えた。

この日はせっかくなので繁華街のほうに出て、花と二人で外食にした。花が妊娠してからというもの、すっかり外食することが減ったような気がする。けれどそれこそ子供が産まれたらもっと外食の機会も減ってしまうんじゃないかと、花が誘ってくれた。

息抜きのつもりで外に出たのにもかかわらず、ふとした瞬間に、つい家のことを考えてしまう。

「翔平、さっきの家のこと考えてるでしょ？」

赤信号で立ち止まったときに花が話しかけてくる。

「え？　わかった？」

「そりゃわかるよ。もう何年の付き合いだと思ってるの」花は僕の顔を覗き込みながら言う。

「まいったな……。切り替えなきゃってわかってるんだけど、つい考えちゃってね。さっきの家も、最初は微妙かなって思ってたんだけど、小原さんの説明聞いてなるほどって思って。奥深いなぁとしみじみ」

「まぁね。プロの視点は違うって感じだったよね」

「そうそう。それでいろいろ考えていくとさ、この前、内見に行った日当たりの家で幸せに暮らせる人ってどんな人だろうとか、どんな生活だったら快適なんだろうとかも妄想しちゃって」

「もう家のとりこじゃん」

「そんなつもりはないんだけどね。やっぱり考え方がわかってくると面白くてさ。そんなことない？」

信号が青に変わって、僕らはゆっくり歩き出す。

「私は面白いっていうより、安心したって気持ちが大きいかな」

「安心？」

「うん。前に戸建て買おうとしてたときってすごく危なかったんだなって今ならわかるというか。右も左もわからないまま進もうとしてたじゃん」

「た、たしかに……。ごめんって！」僕は思い当たる節がありすぎて咄嗟《とっさ》に謝る。

「怒ってるわけじゃないよ」花はペコペコする僕を見て笑う。

「安心か。まぁ花の言うとおりだね」

「前はさ、もう言われるがままだったじゃん。『この物件いいですよ』『住宅ローンはこれですよ』『スピードが大事です』みたいな。でも、それがいいのかどうかもわからないから、不安だけど前に行くしかないって無理してさ。それが、今ならなにがよくてなにが悪いのか、自分たちの頭で判断できるのは安心だよ」

「そこまで深く考えてるなんて、僕のこと家のとりことか言って茶化したのに、花も立派な家のとりこだね」

「あれ？　もしかしたらそうかも？」

そう言って僕らは笑い合った。

その後、雰囲気のよさそうな洋食屋に入って、僕らは家のことを話しながら食事を楽しんだ。これまでの復習やこれからの準備のことなど、息抜きのつもりが結局は二人で夢中になってしまった。同時にもしかすると正しい考え方を持ってからの家探しは、ものすごく楽しいものなのかもしれないと僕は思った。

「なんだかさ、私たちって夫婦になったって感じだよね。いまさらだけど」デザートのプリンを大事そうにすくいながら花は言う。

「え。なに急に」

「いや、やっぱり住宅ローン事前審査の書類とか書いてたら、運命共同体なんだなってあらためて思って。ほら、前はそんなこと考える余裕もなかったから」

「そういうことか」

「そうそう。結婚生活もそれなりに長くなってくるとなかなかそういうこと感じる機会も少ないしさ」

「たしかに。でもこのまま、無事に家も買えて、子供も生まれたら。もう僕らもあっという間にお父さんとお母さんだよ」

「そうか、こうやって変わってくんだね」

「それで、気がつけばいつの間にかおじいさんとおばあさんになってるのかもね。シワシワの」僕は笑いながら言う。

「え！　嫌！　いい化粧品買わなきゃ！」花はしっかりカウンターを決めてくる。

ここまで来るのに、いろいろあったが僕らはちゃんと前に進めている気がする。

考え方を知らないままの家探しは家族の関係を悪くしてしまうが、考え方を知っている家探しは、むしろ家族の絆を深くしてくれるものなんじゃないかとふと思ったのだった。


会計を済ませて、駅に向かうと向こうから見慣れたシルエットの男が歩いてきた。なんと赤田である。そういえばこの駅は会社から赤田の家までの乗り換え駅だ。

「え、赤田さん！」

普段なら自分から積極的に声を掛けたくはないのだが、楽しい気分だったからか、僕は思わず赤田の名前を呼ぶ。

「お、おお青井か」こちらに気がついていなかった赤田は驚いた顔を見せる。だが、それはほんの一瞬で、そのあと花にも気づいた赤田は会釈をする。めずらしく神妙な顔つきだ。

「え、その服装ってことはもしかして休日出勤ですか。なにかあったんですか？」

「まぁ俺は人気者だからたまには、な」

花がふふっと笑うが、僕はいつものこと過ぎて笑えない。

「青井は？」

「僕はですね……」

ここで家探しなどと正直に言えば、また武勇伝を聞かされるために飲みにでも誘われそうだと感じた僕は適当な言い訳を一生懸命考える。

「家探しです！」そんな僕なんかお構いなしに花が答える。

「おぉ。そうですか。いいですね」

「いつも主人から赤田さんには家のことをいろいろ教えてもらってるって聞いてます。ありがとうございます」

「いえいえ。かわいい部下のために上司として当たり前のことをしているだけですよ。そんなことより、この男、家で私の悪口言ってないですか？　どうも私の熱意が伝わっていないみたいで」

「い、言ってないですよ！」僕は慌てて答える。

「うーん。どうですかね」それを見た花は笑いながら赤田に言う。

「次、この男が私の悪口言いそうになったら、ぜひ奥様から『そんなことない。いい上司だよ』って言ってやってください」

「わかりました」

僕を抜きにして花と赤田の会話は弾む。おそらく波長が合うのだろう。加えて、赤田の話の上手さを目の当たりにして、出世している理由をなんとなく僕は理解する。

「で、青井。家探しは順調なのか？」

「ええ。なんとか順調ですかね」

「そうか。また聞かせてくれ」

赤田は花がいたからなのか、それ以上は踏み込んでこなかった。

「では。また会社で」僕と花は赤田に頭を下げてホームへと向かっていった。

「おう」そう言って赤田は答えた。

「家は順調、か……」いつもと違う鋭い目線で赤田はそうつぶやいたが、僕と花は気づくことはなかった。

◆

「そんな感じで一昨日は内見してきました」後日、僕は灰島と電話で話していた。

「そうか。いい進捗をしていると思うよ。しかも話を聞くに不動産営業の人もしっかりしていそうだね」灰島はにこやかに言う。

「それで、ちょっと聞きたいんですが、中古マンションって今まで僕らが学んだ以外になにか注意点あったりしますか？　これからほかの物件も重点的に見ていくにあたり、少し気になっていて」

「そうだな。大事な点はもう伝えてあるけど、応用編として、いくつかあるかな」

中古マンションを選ぶ際に気をつけておくべきこと ──★★☆

中古マンションは住宅購入の選択肢としてかなり主流になっています。その反面、よく調べずに購入をしてしまう人も増えてきており、買ったあとに後悔するパターンも何度か見てきました。

ここでは中古マンションを選ぶ際に気をつけておくべきことを2つご紹介します。

①リノベーション済みの綺麗な見た目に騙されて築古物件（旧耐震物件）のデメリットを理解せず購入

最近は、中古マンションを売る際に先にリノベーションをしてから販売する物件が増えています。購入する立場からすると見た目も綺麗なうえ、リノベーション費用もすでに含まれているわけですから、魅力的な物件に感じるのは言うまでもありません。

ただ、その際に1点だけ注意点があります。それが築年数です。築年（厳密には建築確認取得）が1981年の6月より前の物件だと旧耐震基準の物件ですので、そもそも建物としての耐震性が今のマンションよりも劣っていることに加えて、売却の際も売りづらくなってしまう可能性が高いです。

その理由は、住宅ローンの借入れの難易度が高くなるためです。旧耐震物件の購入にはお金を貸せないと一律で決めている銀行もあれば、金利を上げることが前提になる銀行もあります。加えて、昨今の不動産価格の高騰により、価格の安い旧耐震基準の物件の取引は増えましたが、その分、審査は年々厳しくなっています。

さらに、1971年以前築のマンションは「旧旧耐震基準」で建てられたマンションとなり、さらに住宅ローンの借入れの難易度があがります。

もちろんまったくローンが組めないという話ではありませんが、現在の低金利を魅力に住宅購入を検討する世帯が多いなか、金利条件が悪くなることは痛手となりやすいです。

また、こういったリスクを説明をしないままに築古のマンションをすすめる不動産会社も一部存在するため、注意が必要です。

リノベーション済み物件が一律いいも悪いもありません。すべては個別の物件の状況によって異なります。リノベーション済みで綺麗な家だとしても築年数と照らし合わせながら判断をするようにしましょう。少し冷静になればわかることですが、リノベーション済みのおしゃれな写真や資料を見ると、つい本質を忘れてしまいがちです。

②リノベーション・リフォームはどこまでできるのかを確認せず購入

もうひとつ、気をつけておきたいのが、リノベーション・リフォームの範囲です。中古物件の場合、リノベーション・リフォームすることを視野に入れる人がいると思いますが、自分の家だからといってなんでもかんでも自由に変えられるわけではありません。

柱の位置をはじめとする家の構造によって、できる範囲は限られてきます。そのため購入する前にイメージがあるのであれば、不動産会社・リフォーム会社経由で確認をしましょう。たとえば、古いマンションの場合フローリングの利用がＮＧなこともあったり、壊せない壁があることが多いです。

実際に物件を購入したあとに、イメージしていたリノベーションが構造上できないと発覚したケースは多く存在します。リノベーションを行う前提で家探しをする場合はその観点を持って、専門家に必ず物件状況を確認してもらってから購入へ進みましょう。

「こんなところかな。だから二人も、もし壁や床以外にリノベーションしたいことがあれば先に確認したほうがいいし、今後も築年数のところはちゃんと見てから判断してほしい」

「わかりました。ありがとうございます」

「それにしても、かなり順調に進んでるんじゃない？　なんか頼もしい感じがするよ」

「本当ですか？　でも、たしかに楽しいのはあって、教えていただいたことが見事にハマっていく気持ちよさというか、ちゃんと頭を使って家を選べている感覚があるんですよね」

「知識だけじゃなくて、ちゃんとレベルが上がってるってことだね」

「そうだと信じて頑張ります！」


後日、小原は内見のついでにさまざまな物件を揃えてくれ、本格的に家選びがはじまった。

「どれがいいか悩むね」内見から帰り、資料を机の上に並べながら花は言う。

「だね。どれもいいし、どれも気になるところはあるし」

「そう。この物件のことこっちの物件のここが交換できたらいいのにとか思って甲乙つけがたい。極端な築古物件はちょっとなしだけど、ほかは基本的に条件を満たしている気がして」

「うーん。悩むなぁ。個人的にはなんだかんだ最初のほうに見たところが気になってはいるんだけど」思わず僕も考え込む。

青井家が追加で検討している物件一覧

	価格	築年数	広さ	間取り	駅距離	坪単価	備考
西町ロイヤルコート	6720万円	15年	68.89㎡	2LDK+S	10分	322万円	
西町マンション	5980万円	22年	64.35㎡	2LDK	9分	307万円	
スカイハイツ利根	5480万円	43年	70.35㎡	2LDK	6分	257万円	リノベーション済
グリーンコート櫻坂	7180万円	11年	66.2㎡	3LDK	7分	358万円	

「ね。私も。でも最初のほうに見たところがよく思えるのは先入観かもって思わない？」

「そうなんだよなぁ」

「もう少し探してみる？」

「うーん、このエリアだとこれ以外は条件外って小原さん言ってなかった？」

「だから、もう少し待ってみるってこと。時間が経てば物件も変わるじゃん」

「まあね」花の言うことも一理ある。

「どうしよう。待ってみる？」

「でも、その前に一応灰島さんにも相談してみない？　この候補見せつつ」

「そうだね。もしかして灰島さんならほかにもいいやり方知ってそうだし」

平日の夜。僕と花は灰島の事務所を再び訪れていた。

「ど、どう思います？　待ってたらほかにも物件が出てきそうな気もしていて」

「うーん。そうだなぁ」灰島は少し険しい顔をする。

「微妙ですか？」

「正直、待っても状況は変わらないと思うんだよね」

「どうしてわかるんですか？」

「わかるってわけではないんだけど、これまで多くのお客さんを見てきたんだけど、この状況も実はよくあることなんだ。つまり、いい選択肢が手元にあるのに、二人のように待てばさらに理想に近い物件が出てくるかもと迷ってしまうこと」

「理想の物件はないってことですか？」花が反応する。

「ないわけではないけど、出てくる物件は今見ているものとほとんど変わらないと思う。基本的に市場に出ている物件ってその地域の特性がすごく反映されているから、時間が経っても、大きく変わることはほとんどないんだよね。たとえばだけど、二人が探しているエリアで高級タワマンのような物件って出てないと思うんだ。それはその地域にはそういったニーズがないからで、待ったところで状況はそこまで変わらない」

「なるほど」花は頷く。

「もちろん、可能性はゼロではないけど、前にも言ったように、待てば待つほど営業担当の優先度も下がっていくし、デメリットも出てくる」

「じゃあ、今のなかで決めるのがいいですね」

「僕はそう思うかな。仮に待ったとしても、少々物件のラインナップが変わるだけで、結局決断をするのは変わらない。もちろん住宅購入は重要な意思決定だから不安なのもよくわかるし、焦って買う必要はないんだけど、君たちの場合はすでに家を買う理由も決まっていて、優先順位もついている。そしてそれに見合った物件もある。もっといい物件があるのでは……と決断するのを後回しにしてしまう人も多いけど、待ってても大概理想の物件が出てはこないんだ」

「たしかに……」

「それから、二人が資産性の高い家を探しているということは、将来の売却を視野に入れているということ。もし、数年後に買った物件が少しずつ合わなくなってきたら、またその時のライフスタイルに合った物件を選べると思えば、少し気は楽になるんじゃないかな」

「**永住を前提にしなくてもいいところは、住み替えがしやすいマンションの利点**かもですね」

「そうだね。ちなみに、僕もこのなかだったら二人が気になっていた2軒目の物件がいいかなって、軽く見た感じだと思うかな。この物件は大きく値下がりもしなさそうだし、居住性も犠牲にしすぎていないのがいいよね。二人の担当の小原さんの言う家のサイズについても同意かな。いい間取りだ」

「そういう視点で見てるんですね」

「あ、言われてみれば、僕が中古マンションをどう見ているかは話したことがなかったね。いい機会だからここで解説しよう。整理のつもりで聞いてもらえると嬉しいかな」

資産性の高いマンションと低いマンション ——★★★

何度も話に出てきますが、「資産価値とはなにか」について考えてみましょう。

「資産」＝「将来的にもその価値を保ってくれる可能性が高いもの」として捉えることができます。そして資産性とは、その物品が、資産としての性質をどれほど持っているかという定性的な指標になります。

たとえば、軽自動車は乗れば乗るほど価値が下がりやすくなりますし、事故でもしたら、最悪資産価値はゼロになります。つまり、資産というよりは、費用・コストとみなしやすいです。よって資産性が低いと言えます。

一方、金属の金は資産性が高いと言われますが、この理由は、世界の金の総量というものがある程度一定で、価値の変動が大きくなく、またどうやっても壊れたりしないという点で資産性が高いと言えます。

そんな資産性を不動産で考えてみると、資産性が高い不動産とは、シンプルに**「将来に**

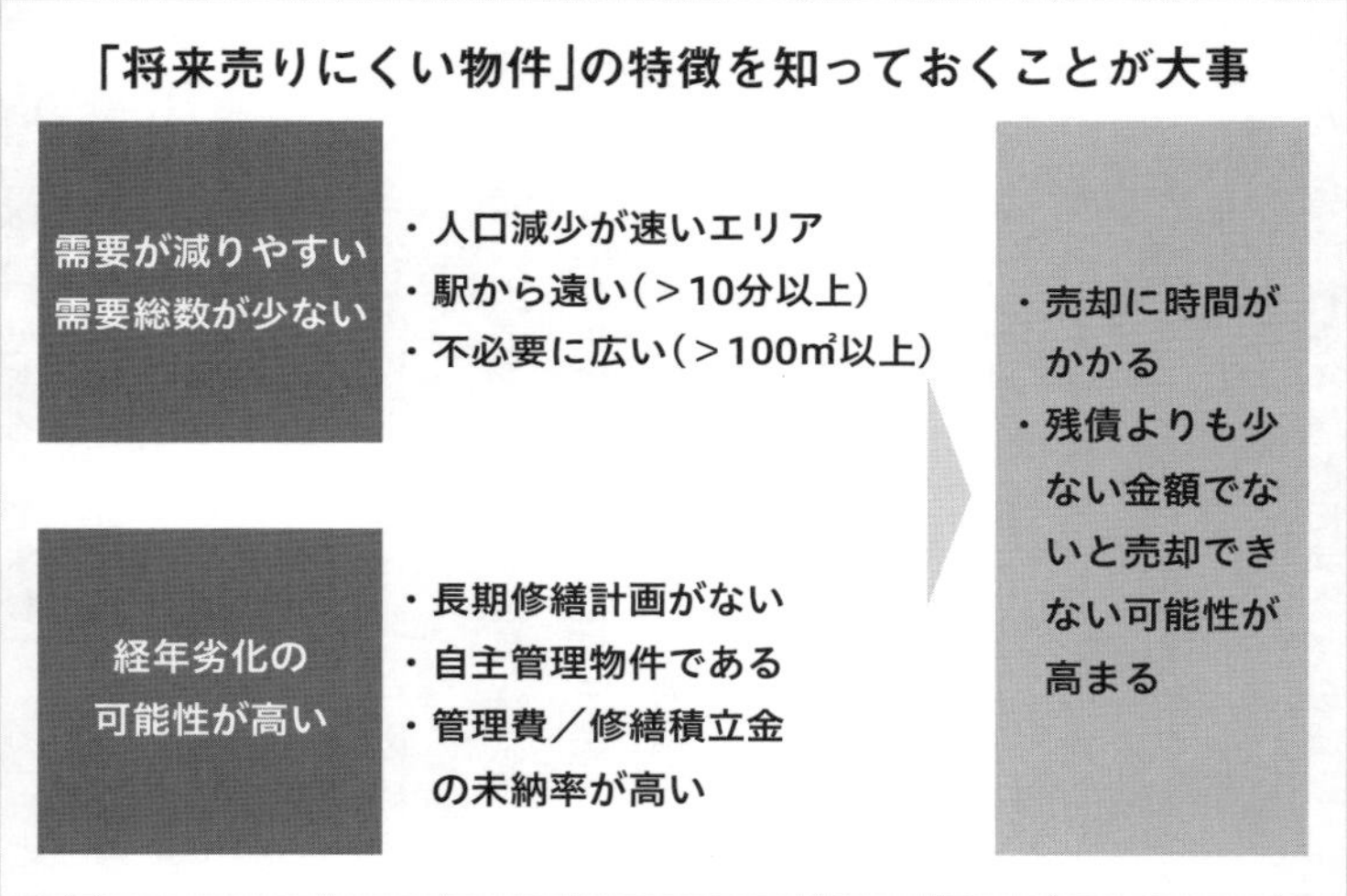
「将来売りにくい物件」の特徴を知っておくことが大事
需要が減りやすい
需要総数が少ない
・人口減少が速いエリア
・駅から遠い（＞10分以上）
・不必要に広い（＞100㎡以上）
経年劣化の
可能性が高い
・長期修繕計画がない
・自主管理物件である
・管理費／修繕積立金
の未納率が高い
・売却に時間が
かかる
・残債よりも少
ない金額でな
いと売却でき
ない可能性が
高まる

わたってもその価値が減りにくい不動産」のことを指します。資産の価値は必ず変動します。土地はなくなりませんが、相場によって価格は変わります。建物は使うほど劣化し、時間が経過するほど古くなるのは当然です。

　それでも価値が相対的に減りにくい物件が資産性の高い不動産・住宅であると言えるでしょう。

　資産性で家を選ぶことの是非はもちろんあり、私は資産性と居住性のバランスをどっちに寄せるかというのは価値観であってどちらも正解なのでここでは触れませんが、では、「資産性の高いマンションがほしい！」となったらどんなマンションを探せばいいのか、見ていきましょう。

マンションは規模とアクセスがポイント

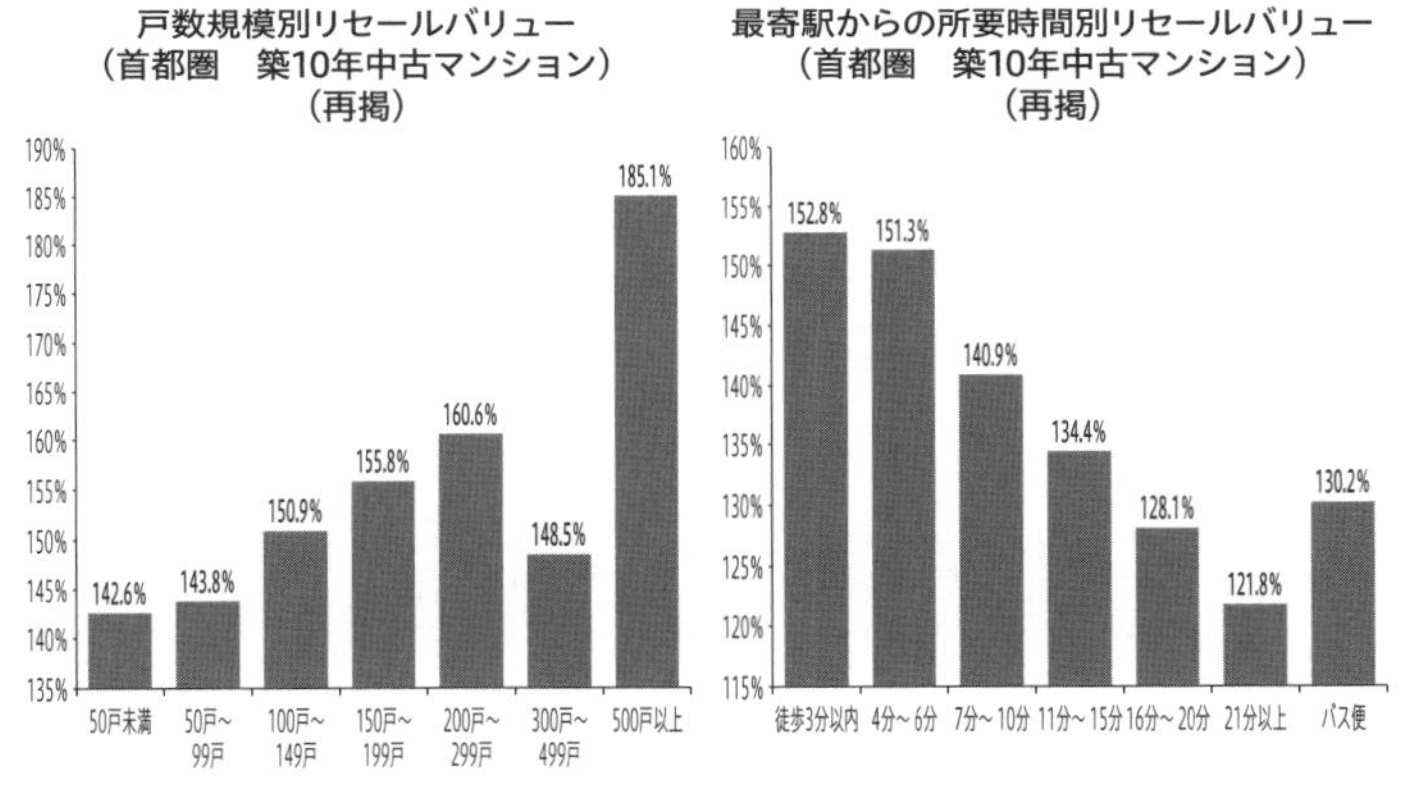

出所：東京カンテイ 2024

① そもそも資産性の低いマンションは見分けやすい

資産性が低くなりやすいパターンをまずは見てみましょう。

いろいろな見方がありますが、まずは「将来になるほど、（同等の価格では）売りにくいマンション」というのがひとつの目安になります。前提として、どんな価格でもよければ不動産は必ず売れます。（0円でも売れない物件もありますが、これはマイナスの価格を持っているということです）また、どんな物件も相場よりも割安であったらお買い得です。

ただ、買ったときに比べて、将来にいくほど価値が減りやすい（買ったときの価格よりもディスカウントされやすいもの）は、前ページで示した図のような特徴があります。

「今」よりも「未来」にいくほど価値が減りやすい。それは**「環境が劣化する」「モノが劣化する」の2つが原因**です。もちろん現在価値に未来の変化も織り込まれていますが、得てして自宅というものは実用性も兼ねているため、それ以上に価値が減りやすいです。

②環境が劣化する＝需要が減りやすい

環境の劣化はエリアの利便性と、社会の変化から考えることができます。エリアの利便性はわかりやすくすると人口の変化で、人口の減少が速いエリアというのは注意が必要です。実は東京でもそういった地域があるので、「東京だから大丈夫」と決めつけるのはやめましょう。

また、専有面積が広すぎる、駅から遠いという物件も、核家族・少子化による世帯人数の変化・共働き世代の増加は不可逆なので、今後の需要は減りやすいでしょう。

統計的には、駅徒歩10分以内はリセールバリューがプラスに働いていると言われます。

③モノが劣化する＝経年劣化の可能性が高い

「中古マンションは管理を買え」と言いますが、管理状況がよくないということは、将来劣化しやすいということです。修繕計画がない、自主管理物件である場合などは要注意です。また管理費・修繕費の未納率が高いといった特徴も、管理状況がよくない証です。


「こういうのって絶対的な正解はないけど、失敗は避けられるものだから、やっぱり王道の考えが大事なんだよね」

「そうですね。なんか確信が持てました」

その後、僕らは灰原の事務所を後にし、軽く食事を済ませて帰路についた。

「ねぇ翔平。2軒目に見にいったところで進めてみない？」

「そうだね。灰島さんの話も聞いたあとだとなおさらね」

「そうそう。しかも、もともと気になってはいたし、待っても出ないっていうのがわかったんだったらあそこがいいよね」

「じゃあ、帰ったら小原さんにメール入れようか」

いよいよ物件の方向性も決まり、「夢のマイホーム」がすぐそこまで近づいてきていた。

修繕費・管理費の相場 ——★★☆

マンションを検討する際に気になるのが毎月かかる管理費・修繕費です。（戸建ての場合も、一定期間ごとに老朽化による修理は発生するため、修繕費がかからないという訳ではありません）

修繕費・管理費の相場については、1㎡×400円（70㎡のマンションであれば70×400円＝2万8000円／1カ月）が基準になり、この基準をもとに次の要素が絡んで金額は変動していきます。

・マンションの戸数・階数
・価格帯
・築年数

マンションの戸数・階数については、10階前後・全体100戸程度のマンションが最も戸当たりの管理費・修繕費が安くなり、総戸数が少ないマンション、もしくはタワーマンションのように戸数が多いと管理費・修繕費は上がる傾向にあります。

また価格帯については、マンション価格が高いほど、設備やサービスも充実している反面、ランニングコストも高くなる傾向にあります。

築年数に関しては、マンションは10〜12年ごとに一度、大規模修繕を行っていきますが、築年数が古くなるほど修繕費の負担は上がっていく傾向にあります。

お伝えしたように、1㎡×400円が基準なことに加えて、これらの要素で修繕費は上下しますが、ロジックを逸脱してランニングコストが高いような物件は、その理由をしっかりと確認をしたうえで、慎重に検討をするようにしましょう。

また、管理費については半分にあたる1㎡×200円が目安です。管理費は未来のために積み立てる修繕費とは違って、今の物件維持に必要なお金です。管理費が極端に高い場合は、有料駐車場の収入が少ない行き当たりばったりの管理対応になっている可能性があるため、「どうして管理費が高いのか」の理由をしっかりと確認するようにしましょう。

修繕計画

マンションの購入の際に気になることは、将来もこのマンションは健全でいてくれるか？　快適に過ごせる状態を維持してくれるか？　ということでしょう。

それを叶えるための計画が「長期修繕計画」であり、購入前に必ず確認すべき内容になります。

加えて、管理規約、重要事項調査報告書とこの長期修繕計画の3点セットに管理についての重要な情報が載っていますので、内見時に間取り図やその他資料とセットで確認できるように仲介会社には依頼するようにしましょう。

とはいえ、実際は細かい文字とグラフが載っているようなものなので、すべて読み解くのは難しいです。次の確認すべき要点を押さえましょう。

・過去の修繕内容と今後の修繕計画とそのタイミング
・今後の修繕積立金の増額計画（決定しているものもあれば、協議中のものもある）

・現在、赤字・借金状態になっていないか（将来の積立金増額につながる）

ハザードマップ

日本は天災国家と言われるように、地震・台風・洪水・噴火など天災被害に関するニュースが毎年のようになされる国です。そのため、住宅がどれほど天災に強いかは命と資産を守るために当然気にするべきポイントです。

契約時の重要事項説明で、仲介会社は自然災害のリスクを説明する義務がありますが、あらかじめ自分で調べたり、事前に備えたりすることは非常に大事です。危険な地域であれば買わないという選択肢も取れます。

まず調べ方については、国交省が出しているハザードマップで各種災害リスクをわかりやすく確認できます。

確認すべきは、土砂災害・洪水・高潮・津波の4つになります。特に、洪水・高潮・津波に関しては範囲が広く、東京都であってもほとんどの地域について程度の差はあれど、なにかしらの危険性が記載されています。まったくリスクのないところだけで探すのは、無理があります。

また、首都圏で人気のエリアで、武蔵小杉や麻布十番などハザードマップではリスクありと表示されますが、いったいどのように考えたらいいでしょうか。

ポイントとしては、0・5m未満の浸水リスクであれば、戸建てに住む場合であっても1階の浸水は避けられる可能性が高いです。ただし、高さ制限などで半地下のように作られている物件の場合は0・5m未満の浸水であっても1階が浸水するリスクがあります。0・5〜3mのリスクがある場合は、2階に大事な家財を置いておくなどのリスク対策を検討すべきです。また、火災保険の水災被害オプションをつけておくと安心でしょう。

マンションの2階以上に住んでいる場合は、洪水によって浸水する可能性は極めて低いと言えるでしょう。ちなみに、神奈川県の武蔵小杉エリアは2019年に最大1・4mの冠水があり、大きなニュースとなりましたが、しばらく経ってそのエリアの不動産価値は上昇傾向となりました。

マンションか戸建てかによってリスクに対する考え方も異なりますが、重要なことは必ずハザードリスクとそれに対する対策を理解しておくことです。

「ご連絡ありがとうございます。どの物件にするか決められてよかったです」

小原はいつもの打ち合わせブースに行く途中、ほっとした様子で言った。

「小原さんのおかげです」

「しかもいろいろ探してもらったのに結局最初の提案にあった物件ですみません」花が僕に合わせて言う。

「いえいえ、納得していただくのが一番大事です。しかも、結局最初の候補のところがよかったというのはよくある話ですので。僕も一番合っていると思っていたのは、お二人と同じところだったので本当によかったですよ」

「言ってくだされればよかったのに」

「いやいや、我々がお手伝いできる範囲は限られているというか、意思決定はやはりお客様ご自身にしていただかないといけないですからね。ただもちろん、ほかに有力なお客様が出てきていないかは逐一チェックをしてましたよ」

こういった発言にも小原の人のよさと仕事の出来具合がうかがえる。打ち合わせブースに着くと早速、今後の打ち合わせがはじまった。

青井家が選択した物件
パレス西町（中古マンション）
6280万円　築25年　専有面積66・35㎡　間取り2LDK　駅まで徒歩7分

「お二人はローンの事前審査がすでに通っているため、このあとの流れは大きくわけて次の通りです」

物件選定後の流れ（中古マンション）

・リフォーム会社への見積り依頼
・物件申込み
・契約書類作成・確認
・重要事項説明・売買契約締結
・住宅ローン本審査資料提出
・住宅ローン契約
・引渡し前確認
・引渡し
・瑕疵《かし》チェック
・リフォーム実施
・完成・入居

「結構あるんですね」

「そうですね、大きな買い物ですので。ですが、ここまでの家探しとは少し流れは変わって、チェックが中心になります。住宅ローンは大丈夫かとか、家の状態は大丈夫かとかそういうイメージです。ただ、全部で2カ月弱くらいはかかるので、油断せずいきましょう」

「2カ月弱……！　そう聞くと長いようで、短いですね」

「はい。頑張りましょう！」

具体的にどれくらいの期間で家が手に入るのかがわかって家のイメージがさらに湧く。

「それでまずは、リフォームの確認ですが、壁床の張替えということでよろしいでしょうか？」

「はい。自分たちでも調べましたが、それでだいぶ気持ちよく住めそうだなと思いました」

「いいと思います！　言ってよかったなぁ」小原はひとり言のように言う。

「小原さんのおかげです」

「なんか照れますね。それで、リフォームはご希望の会社などなければ弊社の提携先をご紹介いたします。比較も含めて、2社見積りをお出ししますね。弊社をはじめ何軒も実績があるところなので安心です。もちろん、ご希望があればほかの会社でも大丈夫ですよ」

「ちゃんとしたところであれば大丈夫なので、提携のところでぜひ、お願いします！　2社もあれば安心ですし」

「わかりました。それじゃあ今日は、このまま打ち合わせして、申込みまでしていきましょう」

「なんかドキドキしてきました」

「わかります。僕も自分の家を初めて買ったときドキドキしました」

「そうなんですね。そう言われるとなんだか少し安心できます」花は深呼吸する。

「ちなみに、諸費用分が約400万円とのことですが、実際どんなことに使っていくイメージなんですかね。前ざっくり教えてもらったのですが、実はよくわかっていなくて……」

「そうですよね。中古マンションの諸費用について確認していきましょうか」

諸費用の基本 ――★★☆

諸費用の基本については、必然的に文量が多くなってしまうため、まずは一読いただき、実際には、住宅購入をする際に細かく見ていくことをおすすめします。

中古住宅は購入価格の7％が購入時の諸費用

すでに紹介しましたが、復習です。中古住宅の諸費用は購入価格の約7％（消費税込み）が基本です。（マンションよりも戸建てのほうが多少諸費用金額は上がります）

新築は仲介手数料が発生しないことがありますが、その代わりに修繕積立一時金が大きく発生したりもします。それではそれぞれどんなものに費用が発生するのか見ていきましょう。※以下すべて税抜き

仲介手数料：3％＋6万円

主に中古住宅を購入する際に発生するもので、物件価格の3％＋6万円に、消費税をかけたものというのが法定上限となっています。

ただし、新築戸建てでも購入時に仲介手数料が発生することがありますし、逆を言えば仲介が間に入らない取引、いわゆる売主（ディベロッパー等）から直接買う取引には仲介手数料がかからないということです。

その場合は、売主は法人なことがほとんどであり、仲介手数料がなくてお得だね、と言いたいところですが、実際は法人の場合は建物価格に消費税が含まれているため、一概にどちらがいい悪いということはありません。

ローン手数料・保証料：借入額の2％

ほとんどの人が住宅ローンを借り入れて購入するわけですが、借入金額の2％が保証料として発生し、さらに事務手数料として3万円程度発生します。

ちなみに前述の仲介手数料は粘り強く交渉するのに、住宅ローンの事務手数料にはまったくの無関心で、言われたままに払う方も多いです。

もちろん、2％の手数料が交渉して下がるわけではありませんが、2％ではなく、金利上乗せ型のローンや、税別30万円固定としている銀行もありますので、初期費用を抑えたいという方はその点も考慮して検討するのがよいでしょう。

なお、およそ10年未満で住宅ローン完済・住み替えの可能性がある人は、初期費用ではなく、金利上乗せ型を選んだほうがお得になることがほとんどです。正しくは個別にシミュレーションをすべきですが、覚えておきましょう。

登録免許税・登記費用 30～50万円

家を買うときはこれが自分の持ち物であるということを法的に証明するために登記を行います。これに対する税金と、この処理を行ってもらう司法書士費用がかかります。また、ローンを借りる場合は抵当権を設定しますので、これにも費用が発生します。

いくらかというのは物件の評価額に応じて異なり、また住宅に対する軽減税率というものがあり、おおむね50㎡以上、新耐震、というような項目を満たす場合はこの税金が安くなります。物件価格によってきますが、30～50万円程度と覚えておきましょう。

不動産取得税：0～数十万円

ここが一番複雑ですが、細かい数字を覚えておく必要はありません。一読していただければ十分です。

不動産取得税＝建物の固定資産税評価額×税率4％＋土地の固定資産評価額×税率4％をベースにします。現在は軽減税率ルールがあり、一定要件を満たす住宅の場合は大きく税金が減らせます。ちなみに、評価額は税務署が決めるので、実際に取引される金額とは異なります。これは物件ごとに異なるので、不動産会社経由で確認するほかありませんが、一般的な自宅用の中古マンションの場合は数万〜十数万円程度、新築戸建ての場合はほぼ0円となります。

補足：中古住宅の軽減措置を受けるための要件

先ほどの不動産取得税でも出てきましたが、中古住宅の不動産取得税を安くするためには条件が3つあります。

① 自ら居住する目的の住宅であること
② 取得した住宅の延べ床面積が50〜240㎡以内であること（延べ床面積には物置や車庫、マンションの共用部分なども含む）：つまり、小さすぎる・広すぎる住宅はこの要件を満たさないことがありますので注意が必要です。
③ 1982（昭和57）年1月1日以後に新築されて、新耐震基準を満たすもの：旧耐震物

件を購入する場合は軽減措置の要件を満たせないことを念頭に置いておきましょう。

細かい計算は省きますが、50㎡以上、新耐震であると税金が安くなる、と覚えておくとシンプルです。

多くの場合、軽減税率を満たす場合は0円〜数万円程度に収まることが多いです。総額から比べれば小さいですが、その数万円で、家具や家電をアップグレードしたり引越し費用にあてられるのですからバカにできません。

火災保険料（5年保障の場合）　マンション：10万円　戸建て：20万円

住宅ローンを組む場合、火災保険に加入することが必須です。この保険料が広さなどにもよりますが、10万円程度を想定しておきましょう。また、地震保険に入るかどうかでも金額は変わってきます。地震保険に入る場合は5年保障で10万円強となってきます。

さらに、家財の保障金額をどうするか、保障のカバー範囲をどうするかと選択肢は多いです。保険の考え方は人それぞれですが、中途半端にするのが一番よくありません。しっかりと考えて意思決定をするようにしましょう。

私のスタンスとしては、**保険は最低限か、水災リスクが高いと感じるエリアでマンションの1〜2階の場合は、水災保障を付けて安心を買う**のがいいと思っています。

印紙　3万円前後

紙での契約の場合、この世で最も不思議な税金、印紙税が発生します。５０００万~1億円の取引の場合、３万円。（本来6万円ですが、こちらも軽減税率措置があります）

不思議と言っているのには理由があります。この印紙税は、電子契約だと発生しないという特徴を持っています。そういった背景や書類の保存性・効率性の観点から可能な場合は電子契約を私は推奨しています。不動産売買契約における電子契約は２０２２年より全面解禁されており、スマホやパソコンで完結できる手軽さから体験された方には非常に好評です。

修繕積立基金　20~50万円（新築マンションのみ）

修繕積立基金は新築マンションの購入時のみに発生するものです。「修繕積立準備金」「修繕積立一時金」とも言われます。将来の修繕計画などに備え、取得時に一括でまとまった金額を徴取するものです。マンションの価格や方針によって変わりますが、およそ数十万円程度です。

番外編

手付金　5〜10%

手付金は諸費用ではありませんが、見落としがちなので番外編として紹介します。

購入の際、契約から決済（引き渡し）まで、ローン利用の場合最低でも1カ月はかかります。（新築マンションの場合は完成まで）

そのあいだの保証金として、契約価格の一部（5〜10%）を手付金として、契約時に買主から売主へ支払います。中古住宅だと5〜10%が一般的ですが、不動産会社によっては必ず10%を標準としているところもあります。

ただ、手付金は売主買主の両者で合意が取れれば調整が可能です。（上限や保全措置などの諸条件あり）。たとえば、売主さえよければ30万円程度で済む場合もあります。

とはいえ、人気の新築マンションの場合は10%を標準としている場合が多く、契約から引き渡しまで1年以上あるマンションでも、これは変わりません。総額が変わる訳ではありませんが、引き渡し前の段階で多く支払いが発生するのは資金効率の面では機会損失なのではと感じる側面もありますので、あらかじめ確認するようにしましょう。

住宅ローン特約

住宅ローン特約は、不動産購入時に重要な役割を果たす条件の1つです。この特約は、購入者が契約後に住宅ローンの本承認を受けられなかった場合に、契約を無条件で解除できるというものです。逆に言えば、ローン事前審査が通ったからといって、本審査が100%通るわけではないということでもあります。

この特約は、個人が購入する場合にはほぼ必ず契約書内に設定されるものですが、その期限も重要になります。仮に1つの銀行に落ちた場合でも、ほかの銀行を探す余裕があるのかなど、買主目線からするとなるべく余裕があるスケジュールであることが望ましいです。(売主目線から言うと、やっぱり落ちました、ということを避けたいため、ローン特約期限は早めにしたいという気持ちになります。一般的には契約後2~3週間程度に設定することが多いです)

しかし、住宅ローン特約を利用する際には、いくつかの注意点があります。ローン承認が得られなかった場合、その理由を適切に証明する必要があります。金融機関からの正式な承認拒否通知が必要な場合もあります。したがって、ローン申請時にはすべての必要書類を正確に提出し、手続きを適切に行うことが重要です。

つまり、故意にローン本審査を遅らせたなどの場合は解除ができなくなりますので注意が必要です。

「なるほど。一体どのくらいお金がかかるんだろう?と思ってましたけど、しっかりかかりますね。でも内訳もわかってよかったです」

「ありがとうございます。そう言っていただけると助かります」

リフォーム見積りの手配も進めつつ、小原の説明を受けながら僕らは申込みの手続きを進めた。書類に住所氏名を書くあいだはドキドキしつつも、嬉しい気持ちが上回っていて、ここまで家探しをしてきてよかったと自然と思った。

家の申込みを終えてから、僕は仕事の調子もよかった。もちろん赤田の直下で働くのはいまだに慣れないが、今は家を買う喜びが勝っている。

「青井じゃん！」

運動がてらオフィスの階段を上っていると上から声が聞こえた。顔を上げると同期入社の中野が立っていた。中野とは一番気が合う。僕とは違って入社以来、ずっと営業部にいる。

「久しぶり！　元気してた？」

「俺は元気よ！　そんなことよりなんか青井は大変みたいじゃん。ちょっと心配してたから元気そうでよかったよ」

「え？　大変ってなにが？」

「いや、だから異動の話だよ」

「異動？　なにそれ。僕の話？」

「……あれ？　俺もしかして余計なこと言った？」

「……どういうこと？」

「いや、俺もよく知らないんだけど、ここじゃあれだから、今日さくっと飲みにいこう」

中野とはそこで別れたが、「異動」の2文字が頭から離れなくて、その後の仕事の記憶はほとんどない。しかもこういうときに限って赤田は一日中会議で捕まらないのだからストレスが溜まる。定時になると僕はすぐに帰り支度をして中野から連絡のあった店に向かった。

「こっちこっち！」店の奥から中野が僕を呼ぶ。

「で、異動ってどういうこと？　今日仕事がまったく手につかなかったんだけど」

「まぁ落ち着けって。俺が聞いたことは全部話すから」

中野になだめられながら、僕は注文を済ませ、席に座る。

「で、どういうこと？」

「あくまで俺の上司から聞いた話なんだけど、ウチのクライアントが今度大阪に移転するじゃんか。それで、大きな取引先だからうちもすぐに対応できるようにって大阪支社の人員増やすみたいなんだよね。それでこっちの営業部はもう誰が行くのかみたいのがほぼ決まってて、その流れでほかの部署はどうなんだろうねってときに、青井らしいよって」

「マジ？」

「マジ。まあ本人が知らないなら噂の可能性もあるなと俺は思ったけどね」

「でも、ウチの会社って辞令出るの本当に直前じゃん。去年も先輩が急に異動になってたし。ほかに聞いてることないの？」

「あ、なんか異動については、部長の赤田さんへの相談なしでは人事も決められないから、わりとそこがでかいらしいよ。うちの会社って、現場が強いし」

「あっ！」

「なんだよ、びっくりさせるなよ」

「そういうことか……」

「なにがだよ」

「いや、多分赤田さんが僕を飛ばそうとしてるんだよ」

「なんで。それはないだろ」

「あるって。だって、実はこの前、俺が立ち上げから関わってた仕事を無理やり取られたんだけど、そのときにあの人に噛みついたんだよ。それから結構ギスギスしてて、こっちからするともうかかわりたくもないって、普段は最低限の会話しかしてないから。それでこいつ飛ばそうってなったんだと思う……」

「まだ、わかんないって。しかも仮に転勤だったとしても大阪はいいところだぞ？」

「そういうことじゃないんだよ……」僕は頭を抱えながら言う。

「どういうこと?」

「今、家買おうとしてるんだよ。しかも、ちょうどこの前、申込みもしちゃって……」

「うわぁ。まじ?」

「まじだよ……」

「でもまだ決まったわけじゃないんだからとりあえずあまり深く考えずにさ」

住宅購入と転勤 ──★☆☆

住宅購入をサポートしているなかで、一部の人が気にするポイントは、「家買ったあと転勤になったらどうしよう?」という点です。また、「家を買ったやつは、地方転勤させられる。辞められないからね……」という都市伝説的な噂がある会社もあるくらいです。

まず、後者の噂については、会社によっても違うと思いますし(そもそもそんなことはないと信じたいですが)、転勤に適した年齢が30代程度の中堅年齢で、その世代と住宅購入層の年代がまさに一致するため、いわゆる認知バイアスのように結びつけて考えてしまっているのが実態でしょう。

とはいえ、住宅購入は多くの人にとって大きなイベントで、転勤の可能性があると、住宅購入の決断が難しくなってしまう気持ちになるのはたしかです。ただし、転勤があるか

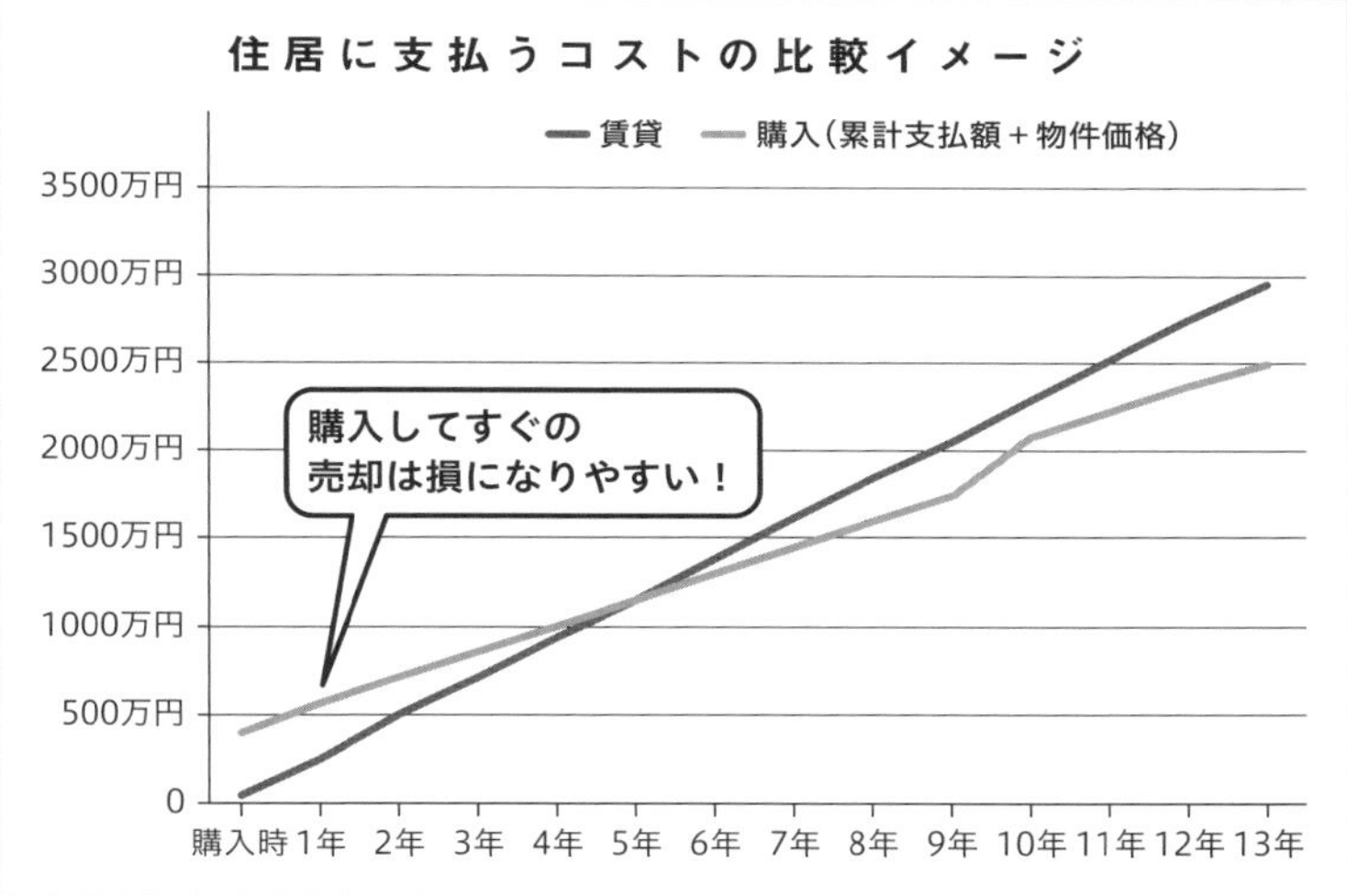

ら住宅購入はできないというのはとても残念な考え方です。

ここでは、「実際、転勤になったらどうなるの？」という点と、それでもうまく乗り切るためのポイントをお伝えします。

まず、転勤となった場合、すぐ家を売らないといけない、というわけではありません。賃貸として貸し出すことがまず可能です。もちろん、銀行に正しく背景を連絡する必要がありますが、まさにこれはやむを得ない理由ではあり、多くの場合では住宅ローンを組んだ状態で賃貸としての貸出しをすることができます。

（賃貸に出し、収益を得る前提で住宅ローンを組むのは絶対にやめましょう）

また、最初に思いつくように売却をするという選択肢を取ることもできます。

もちろん、こだわって買った、もしくは新規にリノベ・リフォームした思い入れのある家を他人に貸し出すことに抵抗がある人もいると思います。

また、購入から期間が経っていない場合の売却は、賃貸に出すのと比べて、購入の初期費用を回収できるほどの利益を得られない可能性が高いです（前ページ図）。その場合は積極的な貸出しを検討したほうがいいでしょう。

転勤によって賃貸に出す際は、ポイントが1点あります。それはできる限り「**定期借家契約**」で賃貸に出すということです。

定期借家契約とは、期間が決まった賃貸の契約のことです。通常の賃貸（普通賃貸借契約といいます）の場合、日本の民法上「借り手」のほうの権利が強いです。

たとえば転勤から帰ってきたので自分の持家に住みたい。けど借り手が出ていってくれない……という事態に陥る可能性もあります。

一方で定期借家契約の場合、たとえば、2年間といった期間を定めて期間が終了した場合、当然退去をしてもらうこともできますし、転勤が延びたとなれば、その期間の更新も交渉できたり、また物件価値の上昇に伴う賃料の値上げも更新時に新しい契約として設定することができます。

ただ、もちろんいいことだけではありません。借り手の立場から考えると、期間が定まっているため、その期間後に出ていかないといけない可能性があるということですので、普通賃貸借の物件に比べて不利な契約となり、敬遠される可能性があります。そのため、定期借家契約で募集をかける場合は普通賃貸借に比べて多少賃料を安くし、借り手にとってメリットがあるように映すことが大事な点になってきます。

転勤と住宅購入は、適切な契約と計画によって非常にうまく両立することが可能です。特に、定期借家契約を活用することで、収益性と安定性を高めることができます。転勤が怖いと感じる前に、しっかりとした計画と選択肢を考慮して、賢い住宅購入を行えるようになりましょう。


「ねぇ花。ちょっといい？」

「どうしたの？」

「家のことで」

「なんかあった？　あ！　もしかして先に買われちゃった……？」

「いや、小原さんからは普通に順調ですって連絡来てる」

「なんだ。じゃあなに？」

「実はさ、僕が大阪転勤の可能性があって……」

「えぇ!?　うそでしょ!?　今このタイミングで？」

「本当。まだ決まりではないけど」

「えぇ」花は絶句する。それはそうだ。僕が同じ立場でも同じリアクションを取ってしまう。

これ以降、我が家は暗い雰囲気に包まれた。花は嫌な顔もせずに引越しの準備や手続きを早速考えてくれているが、楽しみだった家のことにはお互いそれ以上触れられなかった。小原に連絡をすると、一旦申込みを止めますと迅速に対応をしてくれたものの、当然声は落ち込んでいた。僕には自分の異動ひとつで多くの人に迷惑をかけてしまうのだと、なんとも言えない罪悪感と無力感に襲われ、その夜はどうにも眠れなかった。

翌日、僕は赤田をようやく見つけて声をかけた。

「赤田さん。ちょっといいですか？」

「今、忙しいから手短に頼む」

「ここじゃ話しづらいんですが」

「じゃあ今は無理だ。またあとでな」

「今じゃなきゃ仕事に集中できません」

「なんだそりゃ……。じゃあ5分だけだ」

そう言って同じフロアの会議室に僕と赤田は入った。

「それで？　なんだ」

「転勤の件です」僕の一言に驚いて赤田の顔は強ばる。

「なんの話だ」

「転勤なんですよね。大手クライアントの移転に伴って」

「まだ正式に辞令も出てないんだ。お前にだけ詳細を言うわけにはいかん」

「もうみんな知ってますよ。僕も営業のやつから聞いたんですから」

「社員が噂するのは自由だが、俺は管理職として言うわけにはいかない。これはルールだ」

「もう言ってるようなもんじゃないですか」

「さぁな」

「どうしてですか？　僕なんかしました？　赤田さんの下につくのを最初に拒んだから飛ばそうとしてるんですか？」

「はぁ、お前な……。まぁいい、言いたいことはそれだけか？」

「自分の家族のことは大切にするのに、他人の家のことはどうだっていいんですね」

僕の捨て台詞を背中で受け止めて、赤田は会議室をあとにした。

その日の夜、仕事終わりに小原が時間をつくってくれて、僕は高松不動産で事情を説明した。

小原は時折悲しそうな顔をしつつも、真摯に対応してくれた。

また、正式な辞令が出るまでは、物件を押さえてくれるとも言ってくれた。

僕らの住宅購入の前には、こうして大きな壁にぶち当たったのだった。

Column

この本を書いた私の初めての住宅購入体験は『軸ずらし』

私が初めて家を買った経験をお伝えしたいと思います。

それは26歳で、大卒社会人としてはかなり若い年齢でした。一人暮らしの社会人3年目。私は株式会社リクルートに在籍し、皆さんご存知のSUUMOという不動産メディアで働いていたため、周りには不動産好きの人が非常に多い環境でした。

加えて、家を売買している企業が私のクライアントだったため、早く自分で家を買うという経験をしてみたい、という思いも私には強くありました。

まず私は自分が住みたいエリア、そして借りられる金額を確かめたうえで、安直にですが「築10年前後」といういわゆる築浅マンションがいいかな、と探しはじめていました。

ただ、築浅の物件は当然高い。そしてほしいエリアは物件が少ないということで、私の家探しは早くも難航しました。

何度か内見には行きながらも、ゆうに半年は探していたでしょうか。いい物件かなと思っても、価格的に手が出せなかったり、逆にこれだったら無理して買わなくてもいいよなと思ったり、グルグルと悩みながら時間だけが過ぎました。

そんななか、営業担当の方から『築古でリノベーション』という選択肢を提示されました。築古リノベーションであれば、築年数は古いが、なかは自分の思うようにできる。また、エリア的にも都心部で探していたので、古くても、土地の価値がしっかりあるということでした。築古に対する不安はもちろんありましたが、そういう選択が合理的なのではと思えました。

このように、考えてもいなかった選択肢を提示してくれることを、いわゆる『軸ずらし』と言ったりします。その人が考えている条件の一部を適切にずらすことで、選択肢を増やす。それによって最適な選択を行えるようにするのが不動産営業・エージェントの1つの付加価値です。

築古のリノベーションで探すという軸に変えてまもなく、今日その日に出た情報ということで、立地もいい物件に、その日の夕方内見に行きました。駅から5分ほど、築46年でしたが、めずらしく内装に一切手が入っていない46年前の状態のままの物件でした。

実は築古物件を買うときに1つ懸念としてあるのが、住んでいる途中で持ち主がリフォーム・リノベーションをしているため、物件価格がその分高くなってしまうというケースです。もし、自分がフルリノベーションしたいという場合は、価格が上がる分マイナスになります。（そのまま使える場合は話が別ですが）

その物件は持ち主がセカンドハウスとして買っていたものの、ほぼ使ってこなかったという、内装は当時のままのヴィンテージな赤絨毯の物件でした。

加えて、1年弱後に大規模修繕が予定されており、窓サッシが替わるということも資料からわかっていました。窓サッシは共用部で勝手には替えられません。古いマンションの場合、サッシが古いとどこか古めかしい印象が拭えないことがありますが、それも解消されました。また遮音・遮熱性能が昔よりも高いため、最終的に、サッシが入れ替わったとたんに家が暖かくなりました。これも資産性が高い可能性を感じた部分でした。

しかし、初めての住宅購入です。しかも中身は昔ながらの内装と赤絨毯ですから、さすがに不安です。ただ、私は幸運にも周りに不動産の専門家がたくさんいるという職場だったため、当時の上司や先輩をはじめ、詳しい人にこの物件どうですか？　と、販売図面を持って相談して回りました。聞いた結果『買いだ！』という力強い意見をいただき、26歳の私は自信を持って住宅購入に進むことができました。

ただ、夕方の1回のみ内見に行って買うというのはリスクだと思い、前回内見時とは違う時間帯の日中に再訪しました。西向きでしたが日当たりも悪くなく（特段よくはなかったですが）、なにより眺望がよかったので購入を決めました。

そこからリノベーションの見積もりをバタバタと進めていましたが、やはりリノベーション会社の選び方にも難しさがありました。最初に話を聞いていた会社の見積りが高く、これも適切なのか、ということをまた諸先輩方に相談をし、ちょっと高い、ということで会社を変え、再度見積りをとって、最終的には無事契約に進むことができました。

契約日、緊張しましたがよく覚えています。売主さんがとても素敵な方でした。シャネルのワンピースを着こなした、おそらく70歳ぐらいの女性です。非常に上品な出で立ちで、そういった方から物件を買わせてもらえるということの運気のよさも感じ、この物件はきっと素敵なものになると確信しました。「リノベーションする予定なんです」とお伝えすると、「それは楽しみね！」とともに喜んでもらえた記憶があります。

一方、もちろん100%プラスのことばかりではありませんでした。実際に家を買ったあとにわかったことですが、少し近くに大使館があり、その結果、土日の昼間には、いわゆる街宣車のプロパガンダの音がかなり聞こえてくる物件でした。そのため、週末はそれで目が覚めることも多々ありました。しかし、それを差し引いても非常にいい物件を手に入れたと思っています。

その後、半年間のリノベーションを経て住んだ家は非常に思い出深く、自分にとってもとてもいい経験でした。

また、資金面では、もちろんその間の市場がよかったこともありますが、3年ほど住んだあとにリノベーション費用を上乗せした金額を上回る高値での売却も実現できました。家賃の支払もなく、おまけに利益も出る。資産性の観点でも自分の期待通りの物件であり、おそらく築浅の物件を探し続けていたら出会えなかった物件だったと思います。

あの初めてのドキドキ感と、先輩方にいろいろ教えてもらった経験は、今思うととても恵まれた環境でした。不動産・住宅に詳しい人、かつ利害関係がない人に話を聞けるのは、実は不動産領域において簡単ではありません。私は幸運だったと思っています。

「信用できる詳しい人に相談できるという価値が、より身近に、より一般的になればいい」。これは私が行っている事業の原点でもあります。

加えて、「ハンコを一箇所いただき忘れておりまして……」と、22時にハンコ一箇所のために私のところまで訪れる営業担当の方の非効率さというものも目の当たりにし、もっと効率化はできないものか……と感じたことも、今の事業につながっている原体験です。

第7章

家を買うのはゴールじゃない

契約に進んでからも油断してはならない

僕は朝早くから会社に向かっていた。内示が出るとしたらおそらく今日だろう。昨日の夜からあまり眠れなくて正直フラフラする。言いたいことはいろいろあるだろうが、花はぐっと堪えて笑顔で送り出してくれたのが唯一の救いだ。

あれから転職することも考えたが、当然今から間に合うわけもない。しかも、住宅ローンの審査中に職業を変えてしまうリスクを考えたら根本的な解決にはならず、結局のところ、会社の言われるがまま転勤するしかないというのが最終的な結論だった。

電車のなかで不動産の広告が目に入ってきて、すぐそこまで来ていたマイホームの喜びが、指からこぼれ落ちていくのを感じた。

会社に着いてもテンションは一向に戻らない。むしろ、いつ人事や赤田に呼ばれて内示が出るのかずっと気になっていたソワソワしてしまう。

案の定、今日も赤田はフロアにいないあたりを見ると、大阪支社の強化に向けて最終調整の会議ずくめなのだろう。自分は東京に残れるのだからいいよなと僕は何度も心のなかで赤田のことを恨めしく思う。

その後、僕は手につかないながらも仕事をしていたが、待てど暮らせど誰からも呼ばれるこ

第7章
家を買うのはゴールじゃない

とはない。オフィスの時計を見るともう16時だ。言うなら言うで早くしてくれと僕がイライラしていると、背後から僕を呼ぶ声が聞こえた。

「青井さん」

ついに来たかと振り向くと、そこには同じ部署で、5年後輩の庄司が立っていた。彼のことは新卒のときから知っている。

「ちょっといいですか？」

「あぁ、うん」正直、今は後輩の話を聞いている余裕などないのだが、大事な後輩のお願いだ。僕はいつものように反応する。

「実は俺、大阪支社に異動することになりまして」

「え⁉」

僕は一瞬なにが起きたのかわからず固まる。

「驚きますよね」

「うん……」庄司が思っている理由とは違うが、驚いているのは間違いない。

「青井さんにも言ったことありますけど、俺、神戸出身じゃないですか。それで関西戻りたかったんでずっと大阪支社希望してて、今回ようやく叶った形です。まだ内示が出たばかりなんですけど、青井さんには新人の頃から特にお世話になったんで先にお伝えしようかと」

「そうだったんだ……、うん、ありがとう」

「どうかしました？」

「いや、実は大阪転勤になるの僕だと思ってたから」

「あぁ、そうか。たしかにそうですよね。なんか赤田さんが青井さんは東京に残すって頑張ったらしいですよ」

「え？」

「いや、人事部にいる同期に聞いた話なんで細かいことはわからないんですけど」そう言って庄司は続ける。

「年齢的に青井さんを大阪支社でって人事も最初は思ってたみたいなんですけど、『青井はこの部署に必要だから絶対に東京に残せ！』って赤田さんがめちゃくちゃ粘ったとか。それで、じゃあ誰が大阪に行くんだってなったときに、たまたま大阪支社を希望していた俺に白羽の矢が立って一件落着みたいな」

「そうだったんだ……だから……。あっ、なんか庄司に押しつけちゃって悪かったなぁ」

「いや！　さっきも言いましたけど俺はずっと異動希望出してたんで、ようやく来たって感じです！　とはいえ、ここ最近は大阪支社の引き継ぎで赤田さんと会議ばっかりなんで、それはちょっとうんざりですけどね。なんというか、青井さんいつも赤田さんに絡まれて大変そうだなって思ってましたけど、想像以上でした」

庄司は笑いながら言う。

「あぁ。それはめちゃくちゃ大変だ」

「このあともまた赤田さんと打ち合わせなんで失礼します」

「うん。送別会開くから、そのときにゆっくり話そう」

「ありがとうございます！　ぜひお願いします！」

庄司と話し終わったところで肩の力が急に抜けた。それと同時に、これまで赤田にしてきた自分の行動を誠心誠意謝らなければと頭がいっぱいになった。

その後、仕事をしながら、赤田が戻ってくるのをずっと待っていたが、忙しいのか赤田が夕方までに戻ってくることはなかった。


その日は、自分の行動に対するもやもやした気持ちと安心の気持ちの両方が同居したまま家に帰った。

僕がドアを開けるなり、どうなったか気にしていた花があれこれと聞いてきた。

「どうだった？」

「転勤、僕じゃなかった」

「まじ⁉」

「うん。後輩に大阪支社希望してた社員がいて。その後輩が大阪に行くことになった」

「よかった……」

「赤田さん、あの駅で会った人ね。よく愚痴ってたけど、あの人が東京に残れるようにやってくれたみたい」

「え、本当に？　あんまりうまくいってないんじゃなかったっけ？」

「うん、でも僕が誤解してたみたい。今日会えなかったけど、会ったら謝らないと」

「そうだね。ちゃんと筋通しておきなよ」

「筋って……。でも、ごめんね。バタバタさせちゃって」

「ううん。全然！　小原さんにも連絡したの？」

「まだ。まずは先に花に報告しようと思って」

「早く連絡しなきゃ！」

僕は花に言われるがまま、小原にも一本メールを入れた。するとすぐに小原から電話がかかってきた。

「はい。青井です」

「小原です。突然すみません！　転勤なかったんですね！　今回はもう厳しいのかなってちょうど今帰ろうとしてたらご連絡いただいたんで、嬉しくてつい電話してしまいました！　いや、ほんと……よかったです！」

小原は本当に自分のことを心配して待ってくれていたのが声からもわかる。

「ありがとうございます。僕も自分でないのは驚きで」

「本当によかったですね」小原は嬉しそうに言う。

「それで、もし可能なら、あのマンションで進められたらと思うのですが、大丈夫でしょうか。振り回してしまって申し訳ないんですが」

「まったく問題ないです！　お任せください！　明日確認しますが、申込みし直すも必要ないので、このまま次のステップに進んでいきましょう！　ここからまた忙しくなるかと思いますが、精一杯サポートしますので何卒よろしくお願いいたします！」

「はい……！　こちらこそ、よろしくお願いします」

「夜分遅くにすみませんでした。失礼します！」

電話が切れて、結局、住宅購入は無事に進むことになったのだった。明日こそは赤田に謝ろうと僕は心に決めた。


翌日、僕は赤田に会うために、いつもより早く会社に来ていた。おそらく、日中の赤田は今日も会議や引き継ぎなどで忙しいのだろうから、この時間しかないと思っていた。とはいえ、早く来すぎたのは間違いなくて、部署で一番どころか会社で一番に出社してしまい、早朝から一人で仕事をしている。

カタカタとパソコン作業をしていると、エレベーターが到着する音が聞こえた。入口のほうを見ていると案の定、赤田がフロアに入ってきた。

「おはようございます」僕は立ち上がって赤田に言う。

こんなに朝早くから僕がいるとは思っていなかったのだろう。赤田は驚いた顔をしたあとに、短く返事をした。いつものように嫌味を言ってくるような様子もない。

「この度は本当にすみませんでした」僕は赤田のデスクまで行き、深く頭を下げた。

「……なにが？」少しの沈黙のあと、赤田は言う。

「転勤の件です」

「転勤？　なんのことだ。まだ正式な辞令は出てないが」

「庄司から聞きました」

「……あいつ。あのな、一応辞令は出るまで口外禁止だからな。まぁ庄司がお前に言うのはわからんでもないけど」

「わかってます。でも本当にいろいろ失礼なことを言ってしまってすみませんでした。赤田さんが僕の転勤に反対してくれていたとも知らず」

「別になんもしてねぇよ」

第7章

家を買うのはゴールじゃない

「これも庄司から聞いてます」

「あいつもおしゃべりだねぇ。ほんと一回言わないとな」

「これから、恩返しができるよう頑張ります」

「それはそうしてくれ。実際、大阪行くより東京のほうが忙しくなるのは間違いないんだから。今まで以上に頑張ってもらわなきゃいけないのはたしかだよ」

「はい。でもどうして僕を残してくれたんですか？」

「はぁ。しつこいねお前も。仕事的な面でお前にはもう少しここで頑張ってもらわなきゃいけないっていうのが一番。これが9割9分」

「じゃあ残りは？」

「言わなきゃいけないかね」

「お願いします」

僕がそう言うと、赤田は大きく息を吐いてから話しはじめた。

「俺も前に家買おうとしてたときに転勤になりかけたんだよ。それで、そのとき庇ってくれた上司がいて。だからってわけじゃないんだけど、今回はたまたま庄司が大阪支社を強く希望してたから、ちょうどいいんじゃないかって人事に言っただけ。どうせお前あれだろ？　家もいい感じに進んでんだろ？」

「どうして知ってるんですか？」

「見てりゃわかるさ。俺も家買ったとき嬉しくて仕事頑張れたから」

「そうですか。実は先日申込みの書類も出して」

「ほらな。で？　戸建て？」

「マンションです。中古の」

「でたよ、お前は本当に俺の言うこと聞かないね。家はオーダーメイドの戸建て一択って言ってるだろ？」赤田は少し笑いながら言う。

「いや、でも壁とか床も張り替えます。そこは赤田さんと同じくちゃんとこだわりを持った家にする予定です」

「まぁあの感じだと、お前のところは奥さんがしっかりしてそうだから大丈夫か」

「いや、僕もしっかりしてます！」

「それはこれから見せてくれ。まぁなんにせよ、よかったな」

「はい。赤田さんのおかげです」

「だから、俺はなにもしてねぇって」赤田は最後まで自分の功績であることを認めないつもりだ。

「とにかくだ。庄司が東京で担当してたクライアントは全部お前にやってもらうから、今日から引き継ぎよろしくな。忙しいとは思うが、庄司もまだ危なっかしいところがあるからしっかりとフォローしてやってくれ」

「わかりました」

こうして僕は赤田への謝罪を済ませて仕事に向かった。

「よしっ……頑張ろう」

これまで以上に気合いを入れて仕事に向かったのは言うまでもなく、とにかく前向きに働くように僕はなっていた。


1週間後の週末。なんとか一難を乗り越えた僕と花は高松不動産にいた。

「青井さん、本日はどうぞよろしくお願いします」いつもより少しだけ神妙な面持ちの小原が引き締まった笑顔で言う。

「はい、ついに契約ですね。1週間あっという間でした」

そのあと、大きな問題もなく、僕らは契約に進めることとなった。異動だなんだでバタバタしていて気づかなかったが、住宅ローンの事前審査は提出した銀行に関してははすべて通っていた。同じ住宅ローンでも、銀行によって提示条件が異なるのは興味深かった。

「私は、物件の調査などなど、奔走しておりましたよ」

「え、そうなんですね」花が驚いた様子で尋ねる。

「ええもちろん。今回は売主の仲介もいるので、ベースの書類はあちら側が作成してくれますが、それが間違っていないのか、そもそもその情報で足りるのか。青井さんにとって不利益な情報はないか、などを抜け目なく確認するのは買い手の仲介である私たちの役割です」

「あとは、他の会社はやらないことが多いですが、私はマンションの管理人の方にも、過去トラブルがないかなどの聞き込みを必ずやっています。この辺りも合わせて報告しますね」

手元には分厚い書類が揃っていた。

「事前に、資料と確認していただきたいポイントをお送りしておりましたが、そちらはご確認されましたでしょうか？」

「はい、今日改めて確認したいことも少しですがまとめてきました」

「さすがです。気になったことはなんでも聞いてくださいね」

住宅購入契約日の流れと注意点 ―― ★★★

ついに訪れる契約日。初めての人ほど、不安と期待が入り混じる時間になると思います。当日の流れと、契約に関して知っておいたほうがいいことをまとめます。

契約の流れ

① 重要事項説明
② 契約書、その他書類読み合わせ
③ 署名・捺印を行い、契約の締結
④ 契約と同時に手付金の支払い

契約は全体で2~3時間かかる長丁場です。注意点としては、申込みから契約までの間に、細かい諸条件についてのすり合わせで担当者と細かいやり取りがなされることがありますが、それらがすべて正しく反映されているかしっかりと確認しましょう。

というのも、売主と買主との二者間の契約になりますので、もちろんある程度の業界基準はありながらも、すべては二者による取り決めになります。その結果、決めることは多岐にわたります。

たとえば引き渡しの日付からローン特約の期日、また、違約金の設定や引き渡し時に置いていきたいものについてなど確認事項は膨大です。事前に話した内容がうっかり契約書などに記載されていない、ということは起こり得ます。少しでも違和感がある部分があれば、必ず確認しましょう。

加えて、重要事項説明は、物件の情報についてかなり専門的な観点からも調査を行い作成されるものですが、そのなかには今後の生活に大きく影響を与えそうなポイントも含まれます。基本的に内見時から契約までに重要な事項の説明はなされていることが基本ですが、もし「え、そうなの？」ということがあれば、必ず詳細を確認し、不安のない購入に進みましょう。

「重要事項説明は以上となりますが、そのほかご不明点はございますでしょうか？」

「僕は大丈夫だけど、花はどう？」

「うん、私も大丈夫です。詳しくありがとうございます」

小原は同マンションの住人にも話を聞いたり、物件に再度赴き、故障などがないかなどの確認もしてくれており、僕らが知らない間にここまでやってくれてたのかと驚いた。そんなことまでやってくれるなら、大金の仲介手数料を支払う価値があったと心から思える、文句なしの働きぶりだ。

「えっとこのあとは……」

「はい、おそらく15分後くらいに売主様と仲介会社さんがいらっしゃいますので、そちらで契約書の読み合わせと、署名・捺印、そして手付金のお支払いと進んでいきます。ちょうど半分といったところですかね。お疲れ様です」

「いやいや、大変とは聞いてましたが、時間がかかるものですね」

「そうですねぇ。もっと効率化できる部分もあると思いますが、同時になにか抜けや漏れがあってはいけないものですので、どうしても時間はかかってしまいます。これから何年も住むものですので、ご容赦ください」

「はい。でもなんだかこうしっかりやるほど、家のオーナーの自覚も湧いてくる感じがして、嫌いじゃないですよ」

「翔平、なんかかっこいいじゃん」花が笑い、僕は少し鼻をかいた。

「おっと、売主様がいらしたみたいです。お呼びしますので、よろしくお願いします」

そう言って小原が席を立った。

契約の場で「物件の不備」が見つかったときの対処法

「田中です。よろしくお願いします」マンションの現在の保有者、売主の男性が入ってきた。おそらく50代ほどだろうか。白髪は目立つが、身なりもよくて柔和で素敵な印象を受ける。

「青井です。この度はどうぞよろしくお願いします」お互いにあいさつを交わす。

「では、この度はパレス西町の売買契約につきまして、よろしくお願いします。」売主側の仲介がどうやら取り仕切るようだ。小原から聞いていた流れの通り、売買契約書の読み合わせが進む。この点については事前に小原より要点について説明を受けていたこともあり、スムーズに進む。

「では続いて、設備に関する確認に移らせていただきます」

手元にはさまざまな設備が一覧になった書面が届く。そこには各設備に不備があるかどうかの記載が細かく並んでいた。

「では上から順に確認していきますね」と言って読み合わせが進む。

その途中、

「あっ……」

売主の田中さんが目線を上げる。

「すみません、ちょっと今思い出したんですが、今がどうかちょっとわからないのですが、キッチンの食洗器、急速モードみたいなのにすると勝手に止まっちゃうことがあったような気がして……すみません、お伝えしてなくて」

「えっ」僕と花から合わせて心配そうな声が出る。

「そ、それは困りますね……利用する予定でしたので……」

内見したときは、古くとも総じてきれいな印象で、特に大きな故障や壊れは心配してなかった。また、小原からもそういった故障はないと聞いていた。

加えて、何かあった場合でも、入居後7日間以内に発覚するものであれば、売主負担で直してくれるとも聞いていたが、この場合はどうなってしまうのだろう……と不安が頭を巡った。

契約不適合責任と付帯設備の不具合 ―― ★★☆

不動産を購入する際に、不安に思うことの1つは設備故障や家そのものの壊れです。故障だけならまだしも最悪のケースは「雨漏りなどによって住むにも住めない」ということが、物件引き渡し後に判明することではないでしょうか。これは中古であろうと新築であろうと関係なく起きるものです。そう聞くと、高い買い物なのに心配で買えない……となりますが、安心してください。法律はしっかりと皆さんを守ってくれます。

まず、不動産を購入する場合は、住宅として成り立つための構造上重要な部分に関する保証が存在します。マンションの場合は雨漏り・給排水管に関することがそれにあたり、加えて戸建ての場合はシロアリ被害がある場合は売主負担での補修を買主は請求できます。ただし、期間が決まっており、新築住宅の場合は引き渡しから10年間にわたって売主が保証することが業法上義務付けられています。売主・ハウスメーカーによっては個別にそれ以上の期間の保証を提供している場合もあります。

中古住宅の場合は売主が不動産会社（宅建事業者）の場合は2年、それ以外の売主の場合は引き渡しから一般的に3カ月以内に発覚した不具合に関して対象になります。一般的には、両者が合意すればこの期間は変更可能ですが、商習慣的に3カ月（6カ月の場合もある）となっています。（不動産会社の保証は最低2年以上と法律で定められています）

ただ、実務面からすると構造上の不備以上に、物件引き渡し後の設備面でのトラブルのほうが多いのが実情です。（もちろん、構造上の問題が発生した場合は大きなトラブルになります）

特に中古住宅の場合、キッチン・風呂・トイレ・洗面所など、中古かつ備え付けの設備を一緒に購入するため、それらの不都合が住んでから起きることはどうしても多々あります。

その場合でも、聞かされていない不具合があった場合は、一般的に引き渡し7日間以内であれば、売主責任のもと修繕をすることを請求する条項を契約書に盛り込みます。

再度、一般的にとお伝えしたのは、普通はこういった文言を契約書に盛り込みますが、これは義務ではなく、トラブルを防ぎ責任を明確にするために設定するものだからです。意識の低い不動産会社にお世話になってしまうと、こういった内容を入れてこない場合もありますので、注意してください。

そしてこの設備の状況について把握するための資料が「付帯設備表」となり、売主側が用意する書面として契約時に添付されます。そこに記載のない故障や不具合については買主が引き渡し後に補修を要求できますので、確認するようにしましょう。今ここで細かく見る必要はないですが、こういった設備表があることを知っておいてください。

また、設備表に近しいものとして「物件状況確認書」というものあり、これは近隣のトラブルや騒音など、住むうえで把握していることについての調査報告書も添付されます。

付帯設備表

付帯設備表 **（物件名：XXXX）**

「設備の有無」欄に「有」とした付帯設備等は、売主から買主に現況のまま引渡されます。引渡す設備等には、下記の「判明している故障・不具合の具体的内容」の欄に記載された故障・不具合のほか、経年劣化及び使用に伴う性能低下、傷、汚れ等があることをご了承ください。

「設備の有無」欄に「無」とした付帯設備等は、該当するものがないか、または売主が引渡しまでに撤去するもの

表1．主要設備

	主要設備の名称	設置箇所・設備の内容・付帯設備等（該当する箇所に○をご記入ください。）	設備の有無	判明している故障・不具合の具体的内容
給湯関係	給湯器	（電気・ガス・石油・太陽熱） 給湯箇所：（キッチン・浴室・洗面所）	□有・□無	
			↳ 特定保守製品の表示（注2）□ 有☑ 無	
			□有・□無	
		屋内式ガス湯沸かし器（個別）	□有・□無	
			↳ 特定保守製品の表示（注2）□ 有□ 無	
			□有・□無	
水周り関係	キッチン設備	流し台	□有・□無	
		混合水栓	□有・□無	
		レンジフード《換気扇》	□有・□無	
		コンロ　（電気・ガス）	□有・□無	
		グリル　（電気・ガス）	□有・□無	
		ビルトインオーブンレンジ（電気・ガス）	□有・□無	
		ビルトイン食器洗浄乾燥機（電気・ガス）	□有・□無	
			↳ 特定保守製品の表示（注2）□ 有□ 無	
		浄水器	□有・□無	
		ディスポーザー	□有・□無	
			□有・□無	
	浴室設備	シャワー	□有・□無	
		混合水栓	□有・□無	
		浴室（追炊き・足し湯・保温・湯張り）	□有・□無	
		浴室洗面台　鏡（有・無）	□有・□無	
		屋内式風呂がま《バランス釜》	□有・□無	
			↳ 特定保守製品の表示（注2）□ 有□ 無	
		浴室内乾燥（浴室内乾燥（暖房）機）	□有・□無	
			↳ 特定保守製品の表示（注2）□ 有□ 無	
	洗面設備	（洗面台・照明・シャワー・コンセント 鏡・曇り止め）	□有・□無	
			□有・□無	
	トイレ設備	（便器・温水洗浄・保温・乾燥・ロータンク 手洗い・　　）	□有・□無	
	洗濯設備	防水パン	□有・□無	
		洗濯用水栓	□有・□無	
			□有・□無	
空調関係	冷暖房機	（電気・ガス・石油） 設置箇所：リビング・寝室　　計　台	□有・□無	
	冷房機	（電気・ガス・石油） 設置箇所：　　計　台	□有・□無	
	暖房機	（電気・ガス・石油） 設置箇所：　　計　台	□有・□無	
			↳ 特定保守製品の表示（注2）□ 有□ 無	
	床暖房設備	（電気・ガス・石油） 設置箇所：　　計　ヶ所	□有・□無	
	換気扇（設置箇所	浴室・洗面所・トイレ）	□有・□無	
	24時間換気システム		□有・□無	
その他	インターホン	（モニター　有・無）	□有・□無	
			□有・□無	
備考				

出所：全国宅地建物取引業協会連合会付帯設備表（区分所有建物）

物件状況確認書

物件状況確認書　　（物件名：XXXX）

売主は、売主が現在知っている売買物件の状況について、以下の通り買主に説明いたします。
表１物件の状況 本物件は通常の経年劣化があるほか、下記のとおりの状況であります。

項　目	状　　況
①雨漏り	□　現在まで雨漏りを発見していない。 □　過去に雨漏りがあった。箇所： 修理工事：未・済　年　月頃 □　現在雨漏り箇所がある。箇所：
②白蟻被害	□　現在まで白蟻の被害を発見していない。 □　白蟻予防工事：未・済年月頃 □　過去に白蟻の被害があった。　箇所： 駆除と修理工事：未・済　年　月頃 □　現在白蟻の被害がある。　箇所：
③建物の不具合（傾き・腐蝕・不具合等）	□　発見していない・□　発見している 箇所・状況：
④給排水施設の故障・漏水	□　発見していない・□　発見している 箇所・状況：
⑤改築・修繕・リフォーム・用途変更の履歴及び資料	□　実施していない・□　実施している（　年　月頃）□　不明 箇所：内容： 建設業者： 建築確認済証：　□　有・□　無　検査済表：　□　有・□　無 設計図書：　□　無・□　有
⑥火災（ボヤ等含む）の被害	□　無・□　有　時期：　年　月　頃 箇所・状況：
⑦石綿使用調査結果の記録	□　無・□　有 調査年月日：　年　月　日 調査の実施機関： 調査の範囲： 備考欄：
⑧建物状況調査	□　無・□　有 （　□　建物状況調査報告書・　□　建物状況調査の結果の概要） 作成年月日：　年　月　日 調査実施者：
⑨耐震診断及び地震に対する安全性に関する資料	□　無・□　有　（保存している資料） □　耐震基準適合証明書　□　既存住宅性能評価書 □　耐震診断結果報告書　□　既存住宅売買瑕疵保険の付保証明書 □　その他（資料名：　）
⑩住宅性能評価	□　無・□　有　（保存している資料） □　設計住宅性能評価書　□　建設住宅性能評価書 □　既存住宅性能評価書
⑪建物新築時の資料及び分譲業者名	建築確認済証：　□　有・□　無　設計図書：　□　有・□　無 検査済証：　□　有・□　無 分譲業者・宅建業者名：
⑫土壌汚染に関する情報	敷地の住所以外（店舗・工場等）の用途での使用履歴 □　無・□　有・□　不明 （　年　月頃　用途：　） 土壌汚染に関するその他の情報　□　無・□　有・□　不明 （内容：　）
⑬騒音・振動・臭気等	□　無・□　有・□　不明 状況：
備　考	

出所：全国宅地建物取引業協会連合会物件状況確認書（告知書）

第7章
家を買うのはゴールじゃない

「そうでしたか」固まっていた僕の横で、小原が落ち着いた声で話す。

「事前に設備の状況も伺っておりましたが、そのような不具合がないというお話の前提で購入の検討を進めておりました」小原は続ける。

「そうしましたら、本日の契約から引き渡しまでのあいだに、田中様のほうで不具合の確認と、引き続き不具合があった場合は修理していただいたうえでお引渡しいただく、という形でいかがでしょうか？」

たしかに、と僕と花は頷く。

「そうですね。ご迷惑かけてすみません」

「いえ、ご対応いただきありがとうございます。では、設備表のほうにその旨明記しておきましょう」

そう言って小原と相手方の仲介で軽く話し合い、設備表の食洗器の欄に、

「不具合がある可能性。ただし、引き渡し時までに売主が修理等を行い、不具合のない状態での引き渡しを行う」

という文言を追加し、再び読み合わせを進めた。

「以上になりますが、ご両者ご不明点などありませんでしょうか？」

必要な書類の読み合わせをすべて終えた。

「大丈夫です」田中さんを含め、三人は頷いた。

「では、書類への署名捺印を進めていきますね。また、お持ちいただいている印紙もご用意ください」

そう言って手際よく、必要な書類に署名と捺印を行っていった。なかなかの量ではある。小原より、オンライン契約であればある程度楽であり、3万円の印紙もかからなくて済むとすめられていたが、売主側の仲介会社が対応しておらず、今回は紙での契約になった。

「ありがとうございます。署名・捺印が完了しました。最後に手付金のお支払いになります」

事前に小原に聞かされていたが、今回は物件価格の5％程度ということで、300万円の手付金を支払う。物件価格の一部ではあるが、まずこんな大金の支払いも初めてなので、少し緊張する。このために、オンラインバンキングの振込上限も変更する必要があった。

「……はい、振込しました」スマートフォンの銀行アプリから振込を行い、僕は伝える。

その後すぐ、売主である田中さんの口座に着金されたことが確認された。

家を買うまであと

37日

第7章
家を買うのはゴールじゃない

「おめでとうございます！　以上で契約は完了でございます。皆様、お疲れ様でした！」

小原が清々しい笑顔で、小さく拍手をする。僕はなんだかしばらく息を止めてたんじゃないかと思うくらい、ふーっと胸をなでおろした。

住宅ローンの関係もあり、引き渡しは5週間後の予定となった。それまでのあいだにローンの本契約をするようだ。ローンの打ち合わせもあるということで、僕らは少し残るが、売主の田中さんと仲介担当は帰宅した。


小原は書類を手早くまとめて、いくつかコピーも取り、書類をまとめて渡してくれた。

「あらためて、お疲れ様でした！」

「いやぁ、一生分のハンコを押した気分です」

「ね、緊張してちょっと力はいっちゃって、指がまだなんか変だもん。あと、住所も名前もたくさん書いたわ」花も安心したようで、声のトーンは少し高い。

「食洗器の件は事前に気づかずすみません。ただ、売主様が快く対応してくれるようでよかったです」

「ですね！　最初聞いたとき僕は固まっちゃって」

「翔平、完全に目が点になってたよね。小原さんが冷静に対応してくださって本当によかったです」

「いやはや、あぁいったときにサポートするのが我々の役割ですから。慣れたものですよ」いつもは優しい雰囲気の小原だが、今日はいつもより大きく見えた。

「次のステップは住宅ローンの本審査になります。今回の契約書類とお持ちいただいた資料を銀行に提出し、ローンの本審査がはじまります。予定としては早ければ再来週の前半には結果が出るはずです。その後、最終的に使うローンを決めていただき、ローン契約になります」小原は丁寧に説明をしてくれる。

「さて、ローンについてあらためて確認ですが、お二人はペアローンで全額借入れで本審査を進めていきます」

「はい。手元のお金は諸費用に充てようかと」

「いいと思います。賛成です。今回ネット銀行と都市銀行の2つの銀行に本審査を出しますが、事前審査に比べ、出すべき書類は多いですし、追加で情報を求められることもたまにあります。ぜひともスムーズな対応をよろしくお願いします」

金利が安いのがネット系の住宅ローンだが、審査も厳しいので都市銀行系も出しておくべきというのは灰島から聞いたとおりだ。

「そうですね。お二人はかなり勉強されているので大丈夫かと思いますが、気になることとかあればなんなりとお申しつけください」

「それじゃあお言葉に甘えて」花が口を開く。

「なんでしょうか！」

「私たち、変動金利のペアローンの計画じゃないですか。事前に小原さんともしっかり話し合って決めているので不安はないのですが、今後金利があがるかも、というニュースも最近多くて、大丈夫なのかなっていうのは少しありまして。いろいろ勉強はしましたけど、あらためて確認したいんですが」花は元ヤンながらも、こういう細かいところはしっかりしていて、頼りになる。

「たしかに、気になりますよね。じゃあ復習も兼ねて確認していきましょうか」

固定金利と変動金利 ——★☆☆

固定金利にするか変動金利にするかは誰もが悩むと思います。最近では、ローンを組む方の約7割が変動金利を選択していると言われているほど、今の変動金利の金利の低さは魅力的です。一方で、アメリカでは約9割が固定金利を選択しているとも言われます。なぜここまでの違いが出るのでしょうか。

まず、変動金利と固定金利は金利の成り立ちが異なります。変動金利は短期プライムレ

住宅ローン新規借入金利動向（2024年3月）

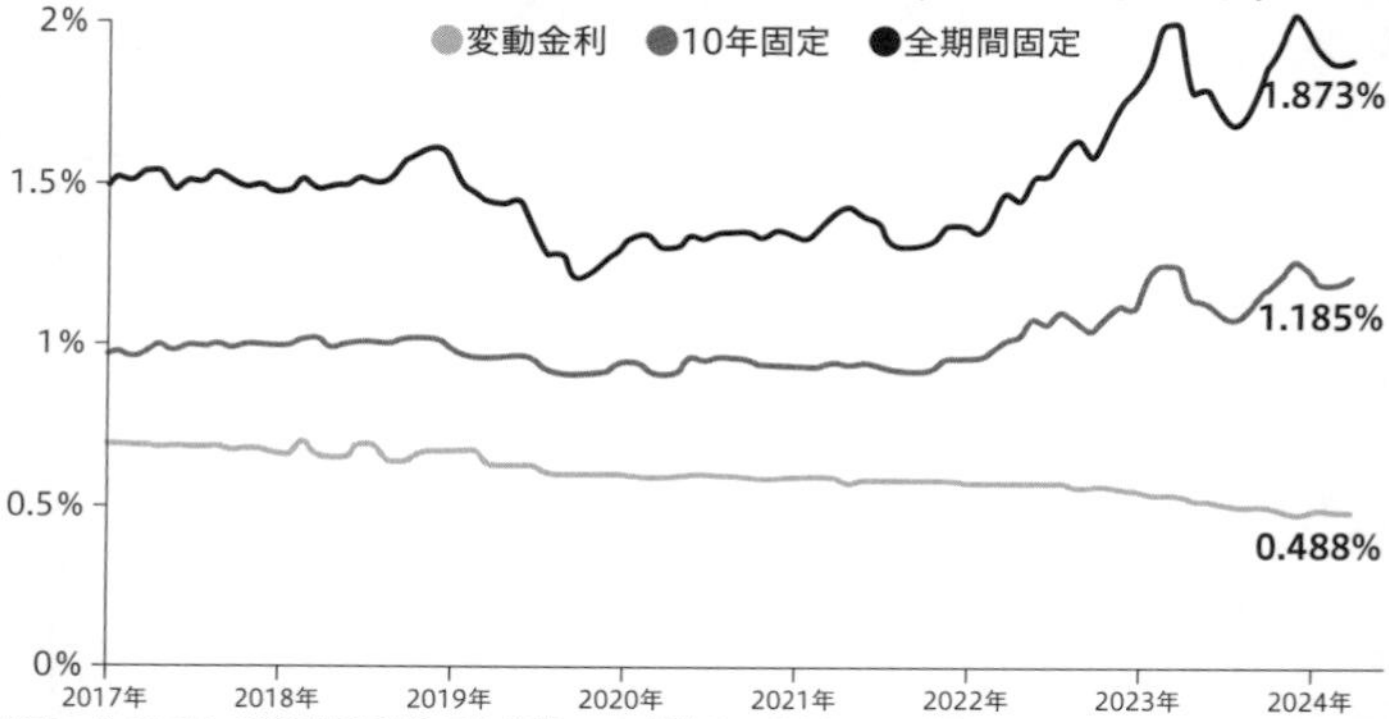

出所：ダイヤモンド不動産研究所。DH住宅ローン指数は、ダイヤモンド社とホームローンドクター株式会社で作成した、諸費用込みの住宅ローン金利の指標。主要15金融機関の実質金利の平均値を毎月計算。実質金利の計算の前提条件は、借入金額3,000万円、借入期間35年、元利均等返済、普通団信適用。諸費用については、融資手数料、保証料、団体信用生命保険料が対象。

ートに基づき決まり、さらに短期プライムレートは政策金利の影響を受けながら決まります。政策金利は２０２４年３月にマイナスから０〜０・１％への引き上げが決定したばかりですが、まだまだ低い基準で推移しています。プライムレートだ政策金利だと難しそうな用語ですが、大事なポイントは変動金利は政策によって決まる部分が大きいという点です。日本はこれまで景気を刺激するために政策金利を下げ、法人・個人がお金を借りて投資・消費をしやすくするように促してきました。

一方で固定金利は10年物国債利回りと連動します。「国債と言われても」という人も多いと思いますが、こちらのポイントは国債は取引市場で取引されるため、グローバル市況の影響も大きく受けるものという点

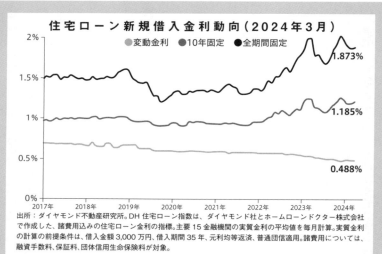

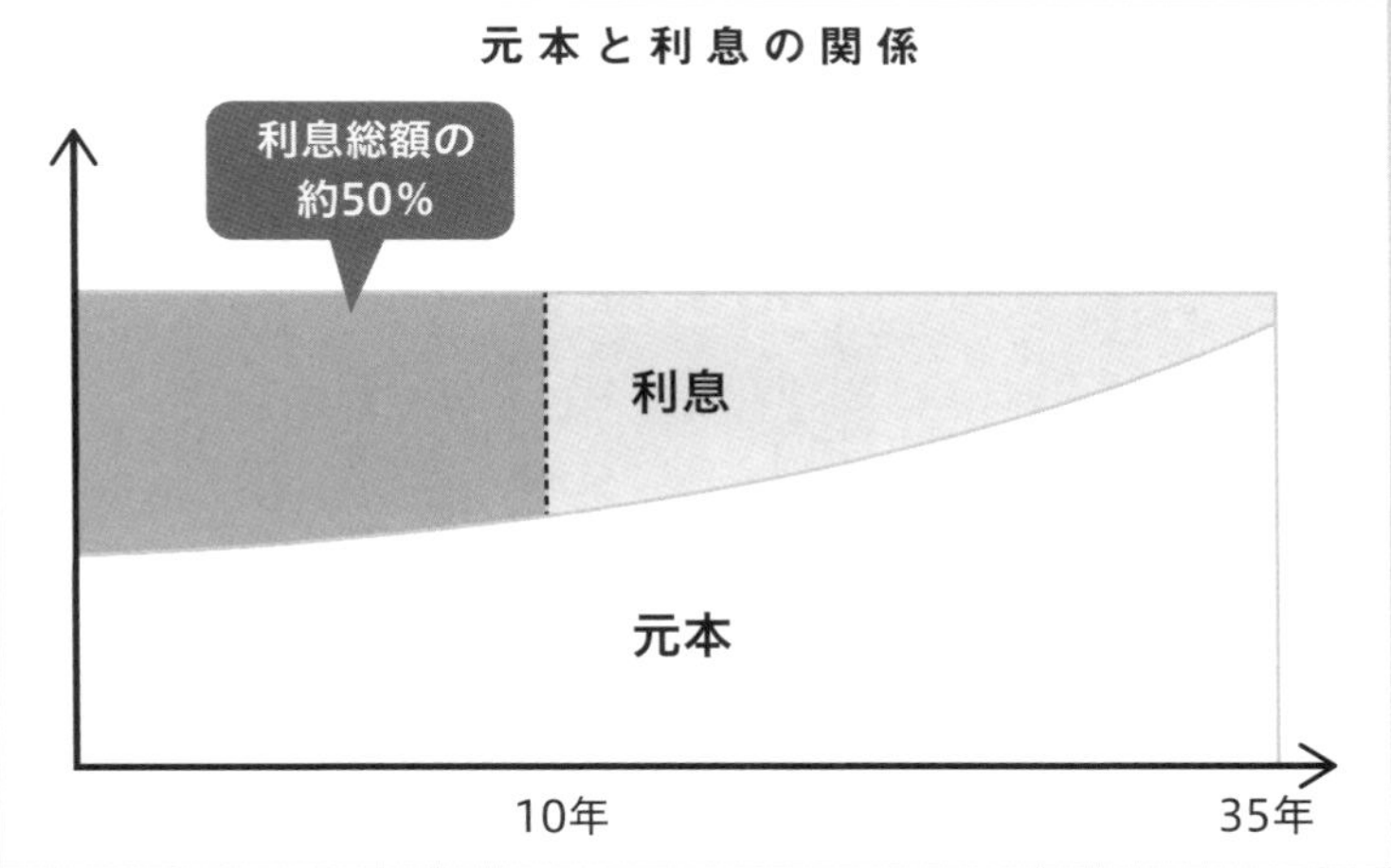

です。

ただし、政策金利同様に経済の刺激のために長期金利の基準となる10年物国債の金利を抑えたいと考える政府・日銀は、国債を買い支えることで金利抑制を行うYCC（イールドカーブコントロール）を行ってきました。2016年には金利0％程度を目標に運用されていましたが、2024年の3月にはマイナス金利の解除とともにYCCの撤廃を発表しました。これにより、固定金利の上昇は続くと考えられています。

少し難しい話が続いてしまいましたが、押さえてほしい点は次の2点です。

① 固定金利と変動金利は金利の決まり方が異なるため、固定金利が上がっているからといって変動金利も上がるというわけで

はない

② 景気を刺激するために低金利政策を実施してきたことから、金利が上がるときは景気がいい＝給与や物価が上がるときである。

なお、私は固定か変動かと聞かれたら、変動金利一択です。今後上昇のリスクももちろんありますが、そのときは給与が上がる可能性も高いという点（もちろん全国民が一律に上がるとはいきませんので、仕事に励み続けることは必要です）、固定金利の負担を上回るほどの金利上昇は日本の人口・経済成長上考えにくい点、そして、住宅ローンの仕組み上、最初の10年で多くの金利を払うため、将来上がる可能性よりも今現在の金利のほうが重要だからです。（元利均等返済の場合）そういった視点から、変動金利をおすすめしています。

ただし、それでも不安がある場合には、たとえば半分を固定金利にしてリスクヘッジを行い、半分を変動金利にするのも一案です。もし変動金利が固定金利を上回った場合は変動金利のほうから繰り上げ返済していくことでリスクをコントロールすることもできます。

このあたりは正解がなく、個人のリスク許容度によりますので、パートナーや営業担当とよく話してみるといいでしょう。

ペアローンのリスクと対策

★★★

ペアローンについても触れましょう。共働き世帯の増加と、物件価格の上昇により、ペアローンを選択する世帯は増えています。新築マンション購入者かつローン利用者のうち、30%はペアローンを利用しています。また、共働き世帯に絞ると48・2%がペアローンを利用しています。

ペアローンのメリットは2つあります。

① 夫婦で力を合わせてローンを組めるため、借入れ金額を大きくできたり、一人の負担が減る

② 住宅ローン控除をダブルで受けられる（住宅購入の大きなメリットを最大2倍として受けることもできる※借入金額による）

そんなペアローンですが、注意点としては「普通のローン以上に、資金計画は慎重に」という点です。平たく言えば、ペアローンで二人の借入限度額上限パンパンに組むのはリスクが高いです。

夫婦二人が35年のローンを組み、どちらもフルで働き続ける、というのは、世帯主一人が働き続ける以上に現実的ではないでしょう。特に子育て世帯になると産休育休や時短勤務も選択肢に入ってくるなかで、今の年収を維持し続けることの難しさがあります。

また、子供のためや生活のために働く時間を調整する選択肢を取りたいのにローンのせいで取れない、となってはなんのための住宅購入なのでしょうか。

もちろん、そうなったら売却をしてライフスタイルの変更に合わせるというのも大いに賛成です。何年住むかを考えてから家探しをはじめるべきというのはこういった理由もあります。

ですから、ペアローンであっても7：3か8：2の割合で組むのが最も安定感もありながら、住宅ローン控除も両者受けられる借入れの仕方になってきます。ただし、当然その世帯の状況にもよるため、その手前の綿密なライフプランニングを行って無理のない借入れ計画を立てましょう。

「なるほど……よくわかりました。こうやって変動金利のグラフとか見ると経済的背景もよくわかりますね」

「そうですね。結局、そういったこととの連動ですから、仮に金利が上がるよとなったときもなにも前触れがないなんてことはありません。ですから、ちゃんと意識的に社会のことを知っておくのは重要だなと私も思います」

「そうですね。でもおかげでよくわかりました。このまま8：2のペアローンで進めようと思います」

「承知しました」

そうして僕らは、住宅購入の思考法を活かした住宅購入の契約を終えた。

家探しをはじめて困惑した時期もあったが、まさかそのときはこんなに納得感と自信を持った住宅購入を迎えられるとは思っていなかった。

自分の資産に対する考え方、不動産会社の人に対する接し方や考え方、物件の見方、資産性に対する考え方、住宅ローンに対する考え方などすべてが大きく成長した手応えがある。

灰島に「住宅購入は思考法が大事」と言われた理由が今はよくわかる。大事なのは知識ではなく、その背景にある考え方。知識やノウハウだけあったとしても、実際に行動し自分で意思決定しなければいけないこの住宅購入においては、足りないのかもしれない。むしろ知識ばかりを得てしまったがために、足が重くなってしまう可能性があるとすら感じた。

大事なのは思考法。十人十色の住宅購入には、絶対的な正解はない。賃貸か購入どちらがいいか、戸建てかマンションどちらがいいか。それらもすべて目指す家族の形によって異なる。自分にとっての正解を各々が出せるようになるために、そしてゴールへのたどり着き方を伝えるために、「思考法」と彼は名付けたのだろう。

家探しを初めてから6カ月。早いようであっという間だった。気がつけば季節はすっかり変わっていた。

契約から1カ月弱が経過した。僕と花は灰島に久々に会うために駅前のカフェにいた。この1カ月はお互いになかなか予定が合わず、連絡を取り合うだけになっていた。しばらく時間があいたからか、少しだけ緊張する。

「ごめんごめん。おまたせ」灰島がいつもの笑顔で店内に入ってくる。

「大丈夫です。いつもお時間ありがとうございます」

「そんなのいいよ。それで無事に進んでるんだって？」

灰島は座るなり聞いてくる。どこか嬉しそうだ。

「はい。おかげさまで。先日ローンの契約も済ませました。家もリフォームもローンも、ちゃんと納得のいく選択ができたと思ってます。今日はぜひお礼をしたくて」花がいつもより明るい笑顔で灰島に返す。

「それはよかった。お礼なんて大丈夫だよ。でもせっかくだから、今日はここまでの二人の話も聞きつつなんだけど、僕からも最後の思考法を授けよう」

思考法

8 家を買うのはゴールではなくスタート

「二人は今回家を買ってみてどうだった？」

「大変でしたけど、楽しくもありました。達成感もありますし」

家を買うまで
あと
14日

第7章
家を買うのはゴールじゃない

「花さんも？」

「そうですね。やり切ったなって感じです」

「なるほど。いい成果を得ることができたのは二人の頑張りの賜物だ。本当におめでとう」

「ありがとうございます」灰島に褒められて、なんだか照れくさい。

「ただ、この達成感で満足してしまってはダメだ……！」

「え？」

「もちろん、それは喜んでいけないということじゃない。大いに喜んでいい。ただ、二人はなんのために家を買ったんだっけ？」

「将来のためです」僕と花は声を揃えて答える。

「そうだよね。それであれば、ここはゴールじゃなくて、むしろスタートなんだ」

「スタートですか……？」

「そう。スタート。よくある失敗として、『家を買うこと』がゴールになってしまって、その後は一切お金のことを気にしなくなってしまうみたいなことがある。家を買うまではたくさん悩んで決めたから、あとは言われたとおりローンを返すだけでしょって」

「ダメなんですか？」僕はすっかりローンを返すだけのつもりになっていて、思わず聞き返す。

「はっきり言おう。ダメだ。出会ったころにも話したように家は『資産』だよね。その観点から考えれば、資産価値を保てるように適切な努力をしなければならないし、家計のことも定期的に見直していかなければならない。なぜなら二人はオーナーなんだから。会社の社長が会社経営をするように、二人も自分たちの家をしっかりとマネジメントしていくことが大事で、お金を払っていればいいという考え方は好ましくない」

「な、なるほど……」

「もちろん、毎日緊張感を持って過ごす必要はまったくないけど、たまには、自分たちの資金計画通りの生活になっているか、修繕計画の進みはどうかなどを確認していくことが重要。二人の場合は資産性も重視したんだから、最終的にこの家に資産性はなくなりましたっていうのは悲しいでしょ？」

「それはそうですね……」

「それであれば、しっかりとこれからも家のことをメンテナンスしたり、お金の計画を見直したりは定期的に行ってほしい。言うなれば、家を買うだけじゃなく、『家を育てる』って観点も大事にしていこう」

「家を育てる……、なんかいい言葉ですね」花が言う。

「子育ても、出産がゴールじゃなくて、親としてのスタートになるわけでしょ？　家も同じで、二人はここからがスタートなんだ」

灰島の言葉はこれから子供も生まれてくる僕らの胸に強く刺さった。

「それとね、お金の面でも、二人は変動金利だからしっかりと世の中のことを見ながら、準備をしておく必要がある。金利は急に上がるものではなく、ちゃんと予兆があるから、なにかあっても早めに動けるようにしておこう。よく、『金利が上がるかも！　やばい！』って言っている人もいるけど、あれは準備不足。明日からいきなりなんてことはないんだから、準備が大事。わかったかな？」

「はい……！」僕も花も自然と背筋が伸びて、再び気合が入る。

「ただ、さっきも言ったとおり、意識が高すぎるとストレスも溜まるから、毎日ではなく、あくまで『定期的に、無理のない範囲で』がポイントね」

家は幸せになるひとつの手段でしかない ―― ★★★

家を買うのは大変なことです。人生で一番大きな買い物なのは間違いないですし、その金額的インパクトや精神的プレッシャーは間違いなくあります。ですから、多くの人は家を買った段階で、ある程度、自分は満足した状態になります。

しかし、家はあくまで人生を豊かにするための手段であるということも忘れてはいけません。巷にはタワーマンションの高層階に住めば人生の勝ち組と考える人もいますが、残念ながらそんなことはありません。もちろん家を買うことで幸せになってほしいですが、同時に家を買うだけでは人生が満たされないケースも多く見てきました。

大事なのは、住宅購入を大きなきっかけとして、どうやって自分の人生を豊かにしていくかです。その意味では家は箱でしかなく、中身である皆さんの在り方が大切なのです。

一度買ったら終わりの時代ではない

かつて、家は一生に一度の買い物と呼ばれていました。金利も高く、中古住宅の取引も少なかった日本ではまさに家を買うことが大きな決断であり、大人としての成功の証だったのです。

しかし、これからの時代は一生で数回住み替えることができます。金利は低く、選択肢は増え、自分の人生のステージに合わせて家を替える時代になりつつあります。賃貸は引っ越しがしやすく柔軟性が高いというメリットがありますが、この柔軟性を購入でも目指せる時代なのです。

昔は家に合わせて人生を過ごしていましたが、これからの時代は自分に合わせて家を替えていく時代です。ですから、定期的に家の見直しやライフプランの設計をするのがいいですし、そうすることによってその都度最適な答えが見つかるはずです。

たとえば、子供のためにと家を買って住んでいたとして、大学進学とともに18歳で子供が家を出たらどうでしょうか。急に家を広く感じ、持て余すような感覚になる人がほとんどかと思います。

もちろん、そこで売却をしろというような話ではなく、そういった転機に、もしかしたら家を替えて人生をさらにアップデートしてもいいのではないかと少し立ち止まって考えてみてほしいのです。**大事なことは「もう家買っちゃったから……」と家を重荷に感じないようにすること**です。

家は皆さんの人生を豊かにするものでなくてはいけません。持ち家があるせいで身動きが取れなくなるのであれば、それは家ではなく、ただの負債です。

ですから、定期的に家のことを考える時間をつくってほしいと思います。もちろん、購入のときほど重たく考える必要はありませんが、一度家を買うと皆さんのレベルはかなり上がるので、自分では意識せずともきっと深いところまで考えられる自分がいることに気がつくと思います。

自分の家の資産を見える化する

住宅購入の思考法では、「住宅購入はバランスシートで捉えることが必要だ」と説いてきました。なぜなら、そうすることで住宅が立派な資産であるということを理解できるからです。

このバランスシートは、実は購入後にも使えます。むしろ、購入後のほうが威力を発揮するかもしれません。バランスシートで見えてくるものとは、端的に言うと隠れた自己資

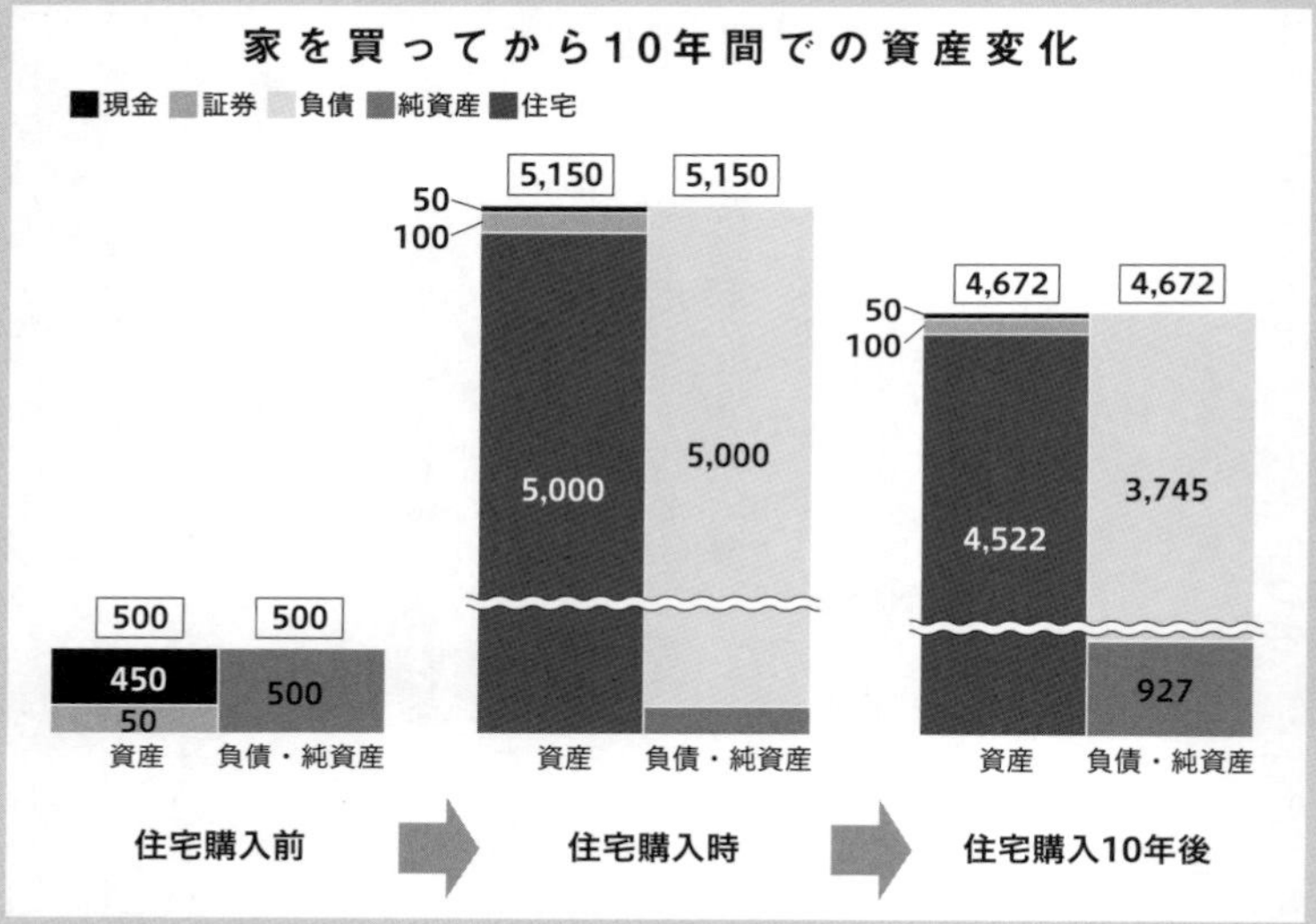

本です。

　お示しした図だと、住宅購入10年後の純資産927万円のうち現金と証券の150万円を除いた777万円が、住宅を売却した場合に得られる現金ということになります。（税金や売却諸費用を除く）とはいえ、普通に暮らしているだけでは、なんとなく資産は増えていっているんだろうなくらいにしか感じることはできないので、年1回を目安にローン残債と家の資産価値を確認するのがおすすめです。そうすることで、いいタイミングでの住み替えも視野に入れられますし、なにより大小関係なく立派な「資産家」としての楽しさを味わうことができます。

　ここで自宅の価値の簡単な確認方法をご紹介します。

①自分のマンションの売り出し事例をチェックし、おおよその価格を確認

『マンションレビュー』や『マンションマーケット』といったサイトには、各ポータルサイトのデータをもとにした売り出し事例の履歴が載っています。あくまで売り出し事例になりますので、成約価格とは乖離がありますが、おおよその価格感を掴むことができます。

近い条件の部屋ほど参考になりますが、補正もできます。

たとえば広さが違う場合は平米単価から自宅の広さに合わせることができますし、階数が高いほど価格も高くなることを覚えておけば、自分の家のだいたいの価値を見積もれるでしょう。

②AI査定の活用

本来、査定は事例の収集と条件面の補正といった手間がかかるものですが、テクノロジーの進化によってその手間が大きく削減されています。近年ではAI査定として、ものの数秒で査定結果を出してくれるサービスが増えてきました。

『HowMa』、『Dr．Asset』といったオンラインサービスを使えば、簡単に価格予想をしてくれますし、その後価格が変化した場合は自動でメールで伝えてくれることもあります。

注意点としては、あくまで簡易的な査定に過ぎないので、あまり信用しすぎるのもよくない（感覚としては10％程度はブレがあります）ということと、サービスによっては査定後に（売却意欲がないにもかかわらず）延々連絡がきて嫌な思いをすることもありますので、注意は必要です。（もちろん企業としては見込み顧客獲得としてやっているので、連絡が来ること自体はしょうがない部分はありますが、「あくまで参考程度に価格を見ただけ」としっかり伝えるようにしましょう）

繰り返しになりますが、家の購入はゴールではなくスタートです。住宅購入の思考法も初めて家を買うことに特化した考え方ではなく、「誰でも何度でも自分なりに家と向き合える」ための考え方です。

ぜひ、今回限りではなく、何度も使ってください。加えて、住宅購入の思考法は一度理解すれば誰にでも教えられる普遍的な内容です。

自分が家で困っているときというのは、同世代も家に悩んでいることが多いですし、自分の家でなくとも親の住み替えや、子供の住宅購入など間接的に住宅に触れることは多くあります。そういった際にぜひ、皆さん自身が思考法アドバイザーとして相談に乗るようにしてみてください。

『ここからがスタート』。たしかにおっしゃる通りですね。今は家を買えたのが嬉しくて少し浮かれてしまっていたような気がします」

「それは悪いことじゃないよ。伝えたいことは、できる範囲でいいから今後も今みたいに積極的に家のことを考えてみてほしいってこと。購入するときほどハードでなくていいから」

「それじゃあ灰島さんも今でも家のこと考えてるんですか?」

「まぁ、こういう仕事もしているっていうのはあるけど、ふとしたときに自分の家については考えるかな。というか自分の資産全体だね。たとえば、前は事務所で仕事することが多かったんだけど、最近はこうしてクライアントのところとか外に行くことが増えて、そのまま外で仕事することも多くなったから、事務所近くに住むんじゃなくて、いろんなところへのアクセスを優先したほうがいいかなとか」

「なるほど。そういったときに次はここのエリアもいいなとかあるわけじゃないですか? どうやって見極めているんですか?」

「そこまで意識しているわけじゃないんだけど、その街の再開発計画がないかとか見ているかも。たとえば、駅前の再開発が決まっているとか、路線の延伸、乗り入れが新たにあるとか。大学や病院、企業など大型の施設の誘致が決まっているとか、そういった数年後の街の様子がなんとなくわかる情報は集めるのがくせになってるかな。僕は不動産投資もしているからね」

「街の盛り上がりを見てるってことですか?」

「そうだね。開発されたらファミリー層は増えるなとか、大学が来るってことは若い人が増えるなとか。そういう情報から今度はどんなお店が増えるだろうかとかも想像ができると、資産性もまた想像しやすくなるというか」

「そうやって考えていくのか。勉強になります」僕は手元のノートにメモを書く。

「そうするのが正解ってわけじゃなくて、それくらい興味を持つように意識しておくことが大事ってこと」

「わかりました。覚えておきます！」

その後、灰島とは不動産に関することもそうでないこともいろいろと話して別れた。帰り際に、入居して落ち着いたら灰島を家に招待する約束をした。

その後、心配をしていた食洗機も、引き渡し前の確認で無事修理されていることも確認でき、引渡しへと進めることになった。売主の田中さんもホッとした様子で、こちらとしても感謝の気持ちが湧いた。

そして、物件の引き渡しも無事に終わり、残りは壁と床のリフォームの完了を待つのみになった。小原が紹介してくれたリフォーム会社はとてもよくしてくれて、床材・壁紙も気に入ったものを選ぶことができた。さまざまな人が丁寧かつ迅速に対応してくれて、予定よりも1週間も早く入居できることになった。

完成内見の当日。

僕は新居のドアを開けた。新しい壁と床に張り替えた新居は思っていた以上によく、思わず口元が緩む。

「わぁ……すごい！」隣にいた花も嬉しそうに言う。

「ね。いいよね。ちょっとほかの部屋も見てみようよ」

そういって僕らはそれぞれの部屋を見てまわる。内見のときに家のなかもチェックしていたはずなのに、自分の家だと思って見てみると全然見え方が違う。

「長かったねぇ」スマホで新居の写真を撮りながら、花がぼそっと言う。

「でも、買ってよかったでしょ？」

「家がほしいって言い出したの私じゃん」

「そうだっけ」

「でも、これからこれから」

「そうそう。ゴールじゃなくてスタートだね」

こうして僕らは無事に理想のマイホームを手に入れたのだった。

こうして住宅購入の思考はつながっていく

半年後。

僕と花は広島にいた。しかも今回は二人ではなく三人でだ。もう一人はというと、花の腕のなかですやすやと寝ていた。

家を買ったそのあと、出産も無事に終わり、我が家は晴れて三人家族になった。ベビーベッドやおむつなど荷物は格段に増え、あのまま狭い賃貸にいたらどうなっていただろうとたびたび思う。

駅の改札の先にはいつもと同じで母が待っている。

「花ちゃんよく来たね。遠かったでしょ！　きゃー！　まどかちゃん！　おばあちゃんでちゅよ〜！」母は僕が一人で帰るときよりも圧倒的にテンションが高い。初孫まどかとの再会で満面の笑みだ。

「あ、あぶぶ」まどかも元気に返事をする。

「なかなか来られなくてすみません」出産のときに立ち会ってくれてから早いものでもう3カ月が経つ。

「全然いいのよ。どうぞゆっくりしていってね」

「ありがとうございます。今回はまどかも連れてきたのでゆっくりしていきます！　そうだよね、まどか」花はそう言って娘のまどかの顔を母に近づけた。

「や〜んかわいい〜、やっぱり女の子よね」

「それどういう意味？」僕は母の言葉に突っかかる。

「言葉そのままよ。もう。うちはお父さんとあなたで男しかいないんだから、女の子ほしいと思ってたのよ。あんたたちすぐ喧嘩するし。これで、私と花ちゃんとまどかちゃんで女性が三人に増えてほんと嬉しい」

「まったく……」

この母のペースで話が進んでいく感じが、地元に帰ってきた感が満載だった。僕らは母の運転する車に乗って実家に向かった。家に着くなり、父も僕には見せたことがない顔で娘にデレデレするのであった。母曰く、僕が生まれたときも同じだったそうだが、信じられない。

母はいろいろ料理を用意してくれて、その日は家に着くなり宴会がはじまった。めずらしく母もお酒を飲む。

「二人ともほんとよかったなぁ」酔って声が大きくなった父が言う。

「花が頑張っただけだよ」

「もちろんまどかのこともそうじゃけ、家のことも。東京で中古の家なんてってわしは思うとったが、ちゃんといい買い物をしたんじゃろう。今楽しいか」

「まぁね」

「そうでのぉ。わしもこの家買うたとき嬉しかったっけなぁ」父はしみじみしながら言う。

「あのときはこの街も盛り上がってたからね」母が父の言葉に反応する。

「今はこれだけ廃れるとなぁ。好きな土地じゃが、これからどうなるかちと不安に思うこともある」

「そんなこと言わないでよ、気に入ってるのに」母が笑う。

「でも、バスも少のうなったし、買い物行くんも車で20分もかかるからの。今はまだ、わしも母さんも動けるからええが」

「それはそうねぇ」

「家買い替えたらいいんじゃない？」僕は無意識にそう言っていた。

「なにを言うとる。わしらの年齢じゃ無理じゃろ。この家だって売れるかわからんし」

「でも父さん働けてるわけだし、このあたりだったらものすごく高いわけじゃないから。だって、いいなって思ってるんでしょ？」

「まぁの」

「母さんは？」

「私もそりゃもっと街のほうに出て便利なところがいいなとは思うけど」

「じゃあ考えてみようよ。無理って判断するのは動いてみてからでも遅くないし」

「私もそう思います！　遅いとかないですよ！」花が言う。

「でも、今回、家買うて二人もわかっとると思うが、もうわしらも化石じゃけぇなぁ」

「大丈夫だよ。情報を更新できればいいんだから。しかも大事なのは知識じゃなくて考え方だから」

「考え方？」

「そうだよ。だから二人だったら大丈夫だよ」

「でも、具体的にどうするのがいいの？　いい不動産会社でもあるの？」母が聞いてくる。

「ううん。違う」

「じゃあなにをすれば」

「仕方ない。それじゃあ二人にも住宅購入の思考法を教えよう」

気がつけば、自信を持ってそう答えている自分がいたのだった。

Column

住宅購入ではじまる新たな人生

無事に満足のいく住宅購入ができた翔平と花。素晴らしいですね。書いている私も、なんだか嬉しい気持ちです。ただ、本編にもあったとおり、家は買ってからがスタートです。では、一体なんのスタートかというと、『家を買う目的』を叶えるためですね。このストーリーでは書いていませんが、これから住みはじめてもいろいろなことが起こります。特に中古・リフォーム後というものは、買った直後に程度の差はあれど多少の想定外なことは起こります。なぜなら、リフォーム・リノベーションといっても、人の手で作り上げている部分が多くあるからです。

気になる部分に対して、こういうところを直してほしいといった、売り主もしくは工務店とのコミュニケーションはおそらく発生するでしょうし、営業担当者・エージェントとしても、入居いただいてから、また新しいお付き合いがはじまると考えている人もいます。

『マンションは管理を買え』いう格言もありますが、次は自分がオーナー側として、いいマンションの管理ができているのか、そして修繕の計画が正しく行われているのかといったことに目を配って、自分たちでこの物件を守るんだという意識を持って住んでほしいです。もちろん戸建てであっても同様です。戸建では管理会社などがいない分、将来のリフォームや修繕に対してお金をある程度貯めておくことも必要になります。

また、長い人生を考えれば、今後さまざまなライフスタイルの変化が起こります。過去、家は一生の買い物と言われてきましたが、今は中古住宅の取引が活発化しており、買って終わりではなく、ライフスタイルの変化に合わせて適切に住み替えていくような社会がはじまってきています。

アメリカや欧州と比べても、日本は一生のうちに買う住宅の回数が非常に少いのが現状です（日本は人生で約1・4回、アメリカは人生で約4回家を買うと言われています）。この差の背景には、転勤の有無や住宅価格の変化の違いはありますが、ライフスタイルに対してある程度の我慢が隠れているのではないかと思います。もちろん、不動産を売買するには仲介・ローンの手数料がかかるため、安易に住み替えるべきではないですが、自分・家族の理想の住み方に合わせて適切に自分の住宅を替えていく。これは決して賃貸だけの特権ではありません。住宅購入であっても、資産性が高い物件を買っていれば、住宅ローン残債に対して自宅の不動産価値が高い状態を作ることは十分可能です。

住宅に縛られず生きるために、住宅に強くなってほしい。日々、住宅のことを考える必要はありませんが、あらためて買って終わりではありません。常に自分のライフスタイルにとって最適な住宅なのかということを定期的に考えながら、的確なタイミングで住み替えをしていく。その際にまたこの住宅購入の思考法というものが必ず役に立ちます。ぜひ、新しい時代の住宅・不動産ライフを送ってほしいと思います。

住宅購入までの大まかな流れ ――★★☆

最後に、住宅購入の大まかな流れを記載します。本書の復習としてご活用ください。また、ケースによって前後する部分もあり、あくまで理想的な流れとしてお考えください。

1 住宅購入を思い立つ・明確な購入理由を決める
【ポイント!】「なんとなく家賃がもったいないから」は理由として弱い!

2 購入理由に沿ってサポートをしてくれる不動産会社担当者・エージェントを見つける

3 ライフプランの作成および購入可能金額の決定
【ポイント!】住宅ローンを組める金額=買うべき金額ではないので要注意!

4 ほしい物件の優先順位整理・広さの精査・エリアの候補出し

5 ポータルサイトなどで物件情報を得ながら、相場感覚を養っていく

6 ある程度インプットが完了したタイミングで、現在販売中の物件をすべて精査し、希望順位をつけて3~5つの物件の内見に行く

7 自分たちの購入理由を満たせそうな物件かつ懸念点がない物件に出会えたら、購入申込みをする

8 住宅ローンの仮審査。年収や借入状況によるが、金利の低いネット銀行と、審査に落ちにくい都市銀行/地方銀行の両方審査をする

9 リフォーム・リノベーションをする場合は、申込み前に現地調査（簡易リフォームは不要）と概算見積りをもらい、それらの費用を含めて住宅ローンの仮審査を進める

10 仮審査の通過後、契約日の設定を行う
手付金の額も決定されるため、現金の準備を進める

11 契約の実行

12 住宅ローンの本審査通過後、ローン契約を行う

13 引渡し前確認を現地で行う

14 決済／引渡し（早くて契約から1カ月後）
住宅ローン借入れの実行と諸費用の支払いも併せて行う。登記が完了して一件落着

15 引渡し後、7日以内に物件に不具合などがないかを必ず確認をする
問題がある場合は対応をしてもらう

おわりに

「はじめに」でも書きましたが、この本を書こうと思い立ったきっかけは日本の不動産リテラシーを上げたい、という思いからです。

いわずもがな、ほぼ誰しもが家に住み、日々暮らしています。住宅とは生活の基盤であり、人生を歩む力の源となる存在です。その家に対する知識と、住宅とお金にまつわる意識が高まることで、皆さんの人生がより豊かになると私は信じています。

日本は国際比較において住環境に対する満足度が低い傾向にあります。60歳以上に絞った住宅の満足度において「満足している」と答える人はアメリカや欧州と比較して半分以下です。国土の広さや地震の存在、国民性も関係していると思いますが、それでも低い。しかしそれは、まだまだ日本の住宅というものをより満足できるものになる余白だとも私は考えています。

ただ、住宅を扱う不動産業界に対する全体的なイメージがどこか悪いものであることも残念ながら否めません。口が達者で嘘つき、ブラック企業が多く、粗悪な不動産を買わされて自己破産や訴訟になっているという報道を誰もが一度は聞いたことがあるのではないでしょうか。

不動産といっても賃貸・管理・分譲・投資など、一概には言えませんが、どうしても、「頻度は少ない・専門性は高い・扱う金額は大きい」ためトラブルになりやすいものです。

たとえば、外食した700円のランチでは、思っていた味と違ったとしても「まぁいいか」

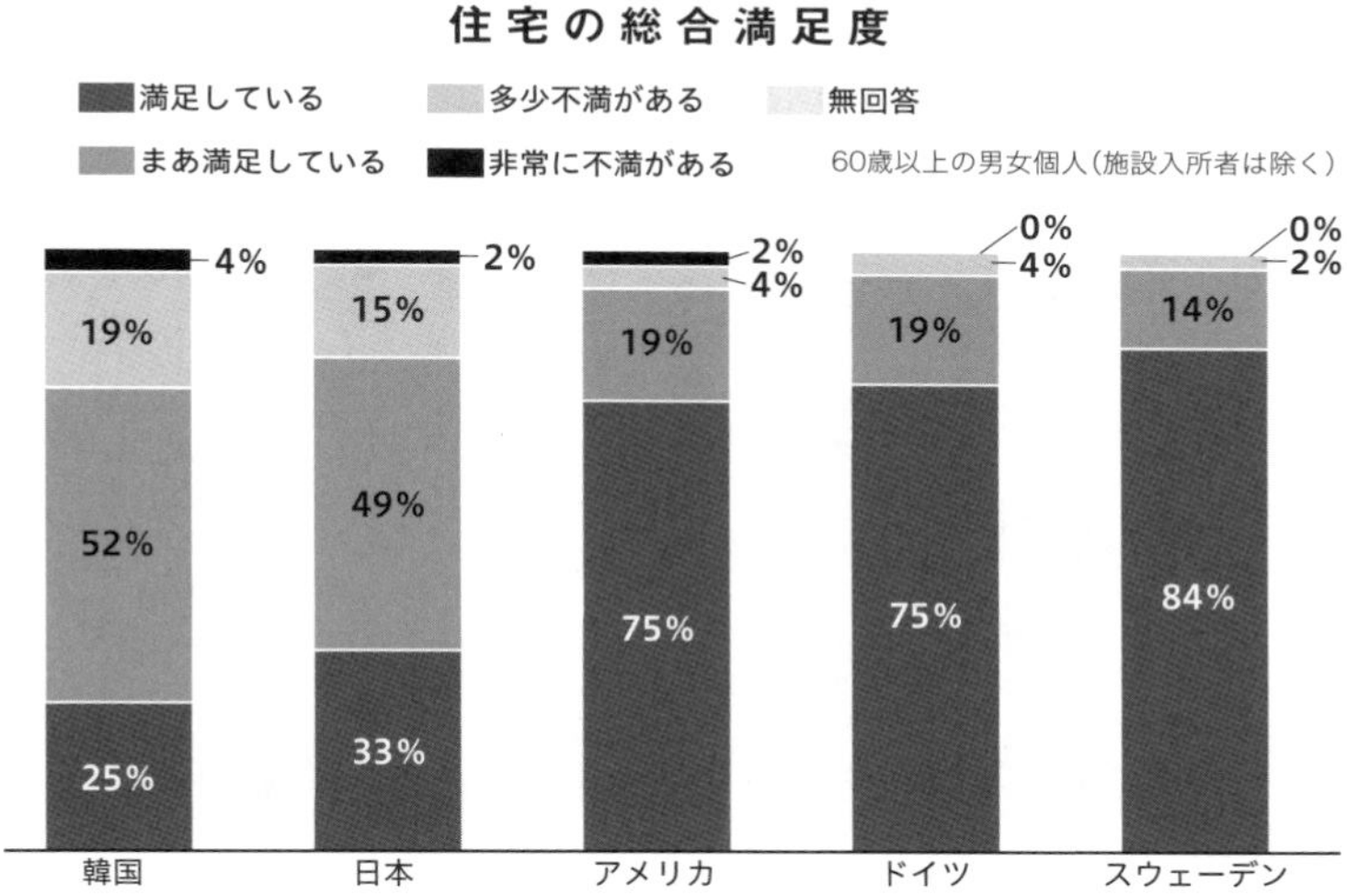

出所：内閣府『平成22年度 第7回高齢者の生活と意識に関する国際比較調査結果』

で済みますが、不動産となればそうはいきません。それゆえに不動産業に携わる我々は多くの業法・ルールに則りサービスを提供することが求められますし、また高い倫理感を持って日々取り組む必要があります。

よい住宅取引には優秀な不動産専門家・エージェントが必要不可欠です。特にこれからますます中古住宅の取引が増え、扱いの難しい築古の物件が市場に占める割合も増えていく日本においては、専門性の高いエージェントの重要度が増していきます。私はそういった能力の高いエージェントがより効率的に働けて、顧客に対してもより時間を使えるような環境を生み出したいと考え、２０１９年に株式会社ＴＥＲＡＳＳを創業しました。スローガンは、「**いい不動産取引は、いい不動産エージェントから**」。従来の不動産企業とは異なる仕組みと構造で成り立ち、真に顧客本位になれる不動産仲介を行いたい。そう願い、一歩ずつ前進を続けています。現在、おかげさまで日本最大の不動産エージェントファームとなりましたが、より一層いい不動産取引を増やすために努力を続けています。

一方で、消費者となる皆さん側も正しい知識と思考法を身につけることによって、無用なトラブルを防ぐことができます。また、いい不動産会社・エージェントと出会える可能性も増していくでしょう。そしてなにより、もっと積極的に住まいとお金と家族について話していってもらいたいと私は感じています。住宅とは決してライフスタイルの大きな変化のときにだけ考えるものではありません。常に社会や経済の変化を感じながら、自分にとって最適な住宅の選択肢を選び続けてほしいと思っています。

この本のストーリーを書くにあたって意識したことは、「家探しは楽しく、ワクワクするものだ」ということです。ストーリー上、悩みやトラブルに触れる必要は出てきますが、それでも前向きに、そして翔平自身が成長できるような物語にしたく、筆を進めました。楽しい・ワクワクとはある意味、変化と成長のきっかけです。新しい事柄、考え方に触れ、また時には家族と腹を割って話し合ったことで、家探しの前と後では違う世界が翔平には見えているでしょう。

そして、それは決してストーリーのなかだけの話ではありません。住宅購入という一大イベントを通じて、人としてもビジネスパーソンとしても成長する経験をぜひ皆様にもしてもらいたいと思っています。過去の私がそうだったように。

謝辞

最後にはなりますが、これまで私のセミナーや相談会に参加してくださった方、そして数々の動画を閲覧いただいた方、また今までたくさんの質問を投げかけてくださった方々に感謝申し上げます。

最初はもしかしたら私だけの持論に過ぎなかったかもしれませんが、どうやったらわかりやすく住宅購入の魅力と、うまくいく方法を伝えられるのか、ノウハウだけでは足らず、考え方・思考法から伝えることが必要なのではないか、と常にいろいろな方の悩みに触れながら過ごせたからこそ本書が出来上がったと思っています。

加えて、本書の執筆は、本当に多くの方とのディスカッションを行い、一歩一歩紡いでいった内容となっています。当社で活躍する不動産エージェントからは、彼らが何百何千のお客様をサポートしてきた経験を。当社のスタッフからは抜け漏れのない、専門的な知識を。関わる皆様全員で生み出し磨いていったのが本書だと思います。

特に、ＴＥＲＡＳＳの鈴木彩さんは構成からアイデア、キャラクターの設定、どうしたらより面白く読み進められるかを二人三脚で考えてくれました。どうしても堅くなりがちな不動産の話を、温かみのあるストーリーとしてまとめられたのは彩さんのおかげです。そして慣れない執筆にときに心が折れそうになりながらも進めることができたのも彩さんのおかげです。本当にありがとう。

そして長尾隆之さん、野崎拓哉さん、後藤優花さんには素直な視点でのフィードバックをいただき、そのおかげで、ときには大きく話の方向性を見直しながら、よりよい本へと仕上げることができました。井上利勉さん、物江一樹さんには、不動産プロフェッショナルとして私が見落としている視点や知識を補完してもらい、どこに出しても恥ずかしくない一冊にできました。そして日々バタバタとせわしなく動いている私を支えてくれているメンバーのみんな。いつも本当にありがとう。

加えて、カバーイラストおよび挿絵を描いてくださったナオミ・ＩＲＩＳ・ニヘイさん。この本を見事に彩っていただき、ありがとうございました。細かなオーダーやときに抽象的な依頼に対しても、実に的確に素晴らしいイラストを提供いただき、文字だけだった翔平と花のストーリーが、ナオミさんのイラストによって生き生きと色づいていきました。

私にとって初めての著作ではありましたが、おかげで充実した作品とすることができました。

深く御礼申し上げます。

最後に、ダイヤモンド社の石田尾孟さんには感謝しても感謝しきれません。この本の立ち上げから、構成、そしてさまざまな仕掛けのアイデアを出してくださり、まさに目から鱗の瞬間が多くありました。そしてなにより、あなた自身がこの住宅購入の思考法を実践して、この本の執筆中に素晴らしい住宅購入に至ることができたことが、私と本書にとってはなによりの誇りです。あなたはすごい！

最後の最後になりますが、本書を手にとってくれたあなた。ありがとうございます。あなたの住まいと生活が、よりよいものになるきっかけに本書がなれていれば、なによりも幸いです。

住宅購入の思考法が、あなたを幸せにしますように！

２０２４年４月吉日　ＴＥＲＡＳＳ　江口 亮介

［著者］
江口亮介（えぐち・りょうすけ）
株式会社TERASS代表取締役社長。
2012年に株式会社リクルートに新卒入社し、住宅領域（SUUMO）の広告営業や商品企画に携わる。その後、マッキンゼー・アンド・カンパニーでの経営コンサルティング経験を経て、2019年株式会社TERASSを創業。「いい不動産取引はいいエージェントから」をミッションに、仲介領域のDXを通して不動産の売買体験を向上する事業を展開している。Forbes JAPAN主催のRISING STAR AWARD 2021受賞、2021年にForbes JAPAN 100に選出、NewsPicksプロピッカー&住宅売買トピックスオーナー。YouTubeチャンネル『江口亮介／TERASS住まいアカデミー』

本当に家を買っても大丈夫か？ と思ったら読む
住宅購入の思考法

2024年4月23日　第1刷発行

著　者——江口亮介
発行所——ダイヤモンド社
〒150-8409　東京都渋谷区神宮前6-12-17
https://www.diamond.co.jp/
電話／03･5778･7233（編集）　03･5778･7240（販売）
ブックデザイン—小口翔平＋須貝美咲＋畑中茜（tobufune）
イラスト——ナオミ・IRIS・ニヘイ
ＤＴＰ———ニッタプリントサービス
校正————鷗来堂
製作進行——ダイヤモンド・グラフィック社
印刷————勇進印刷
製本————ブックアート
編集担当——石田尾孟

写真（P38）：©Nobuyuki Yoshikawa / SEBUN PHOTO amanaimages

ISBN 978-4-478-11825-2